Lesepredigten

Er ist unser Friede

Herausgegeben von Helmut Schwier
In Verbindung mit
Alexander Deeg, Wilfried Engemann,
Bischof i. R. Christoph Kähler,
Sebastian Kuhlmann, Jörg Neijenhuis,
Kathrin Oxen, Traugott Schächtele und Christiane de Vos

Er ist unser Friede

Lesepredigten

1. Advent 2018 bis Pfingstmontag 2019

Textreihe I/1

EVANGELISCHE VERLAGSANSTALT
Leipzig

Bibliografische Information der Deutschen Nationalbibliothek

Die Deutsche Nationalbibliothek verzeichnet diese Publikation in der Deutschen Nationalbibliografie; detaillierte bibliografische Daten sind im Internet über http://dnb.dnb.de abrufbar.

Printed in Germany

Das Buch wurde auf alterungsbeständigem Papier gedruckt.

Cover: behnelux gestaltung, Halle/Saale
Gesamtherstellung: Druckerei Böhlau, Leipzig

ISBN 978-3-374-05689-7
www.eva-leipzig.de

ZU DIESEM BAND

Liebe Leserinnen und Leser, liebe Predigende,
mit dem 1. Advent 2018 beginnt die neue Perikopenordnung, durch die Lesungs- und Predigttexte geordnet werden. 40 Jahre nach der letzten und 60 Jahre nach der vorletzten Revision wird nun die im Ergebnis moderat reformierte neue Ordnung eingeführt. Moderat ist sie im Blick auf die Änderungen der Schriftlesungen. Eine deutliche Änderung, die von vielen gewünscht und im Zuge des Erprobungsverfahrens als starke Verbesserung wahrgenommen wurde, ist die Durchmischung aller Predigttextreihen. In jedem Predigtjahr werden nun alt- und neutestamentliche Perikopen gepredigt, erzählende und lehrhafte, weisheitliche, ermahnende und poetische Texte. Die Fülle der biblischen Traditionen wird auf der Kanzel deutlicher als bisher erschlossen, der „Tisch des Wortes", um die katholischen Stimmen aufzunehmen, wird auch auf evangelischen Kanzeln künftig reicher gedeckt werden.

Freuen Sie sich als Liturginnen und Prediger, als Musikerinnen und Gottesdienstfeiernde auf Begegnungen mit der Bibel, mit alten Bekannten und neuen Freunden! Die vorliegenden Lesepredigten beginnen mit einem alten Bekannten: Jesu Einzug in Jerusalem – eine Geschichte, die als Evangelium unverzichtbar zum 1. Advent gehört. Dann folgen Predigten zu Jes 35, Röm 15, Lk 1,39ff. Die Weissagung aus Jes 9, aber auch der große Prolog des Johannesevangeliums und der Beginn des Römerbriefs prägen die Weihnachtspredigten. Das Epiphaniasfest, in diesem Kirchenjahr auf einen Sonntag fallend, zeigt als Lesungs- und Predigttext das matthäische Weihnachtsevangelium. Waren im Kirchenjahr bisher die Sonntage nach Epiphanias wie ihr Pendant, die Sonntage nach Trinitatis, je nach dem Ostertermin variabel in der Anzahl, so gilt mit der neuen Ordnung, dass die Epiphanias- und damit die Weihnachtszeit am 2. Februar (Lichtmess) endet und die Anzahl der Sonntage vor der Passionszeit variabel wird. Daher werden 2019 vor dem bekannten Sonntag Septuagesimae (mit dem neuen Predigttext Pred 7) noch zwei weitere Sonntage vor der Passionszeit gefeiert – mit Predigten zu 1 Kor 1,4ff und Mk 4,35ff (Sturmstillung). An Judika, am Karfreitag und am Ostersonntag begegnen wir größeren Abschnitten der Passions- und Ostergeschichten des Johannesevangeliums.

Der 27. Januar, in diesem Kirchenjahr der letzte Sonntag nach Epiphanias, ist auch der Gedenktag an die Shoa, die grausame Ermordung der Jüdinnen und Juden durch das NS-Regime und der beabsichtigten Vernichtung des Judentums. Die Kirche tut gut daran, eine Memorialkultur zu pflegen, die nicht nur ihre eigenen Traditionen beachtet, sondern mahnend und orientierend auch das gesellschaftliche Erinnern begleitet. Die besondere Predigt von Kathrin Oxen ist diesem Gedenktag zugeordnet.

Im Namen der Herausgebenden danke ich allen Autorinnen und Autoren für ihre anregenden Predigten, für die Gebete und Liedvorschläge, Herrn Dr. Sebastian Kuhlmann für sein bewährtes, umsichtiges Wirken als Geschäftsführer, Predigtautor und Redakteur und den Mitarbeitenden der Evangelischen Verlagsanstalt für die stets gute und konstruktive Zusammenarbeit.

Heidelberg, im Juni 2018 *Helmut Schwier*

Inhaltsverzeichnis

	Zu diesem Band		5
2. Dezember 2018	1. Advent Matthäus 21,2–11	*Isolde Meinhard*	11
9. Dezember 2018	2. Advent Jesaja 35,3–10	*Christiane de Vos*	18
16. Dezember 2018	3. Advent Römer 15,4–13	*Helke Döls*	23
23. Dezember 2018	4. Advent Lukas 1,39–55	*Michael Dorsch*	28
24. Dezember 2018	Christvesper Jesaja 9,1–6	*Martina Berlich*	34
24. Dezember 2018	Christnacht 1. Timotheus 3,16	*Traugott Schächtele*	38
25. Dezember 2018	Christfest I Johannes 1,1–5.9–14(16–18)	*Traugott Schächtele*	45
26. Dezember 2018	Christfest II Römer 1,1–7	*Jochen M. Heinecke*	49
30. Dezember 2018	1. Sonntag nach dem Christfest Matthäus 2,13–18(19–23)	*Eberhard Harbsmeier*	55

31. Dezember 2018	Altjahrsabend Jesaja 51,(1–5)6	*Frieder Burkhardt*	60
1. Januar 2019	Jahreslosung: Suche Frieden und jage ihm nach	*Wiebke Köhler*	66
6. Januar 2019	Epiphanias Matthäus 2,1–12	*Simone Rasch*	71
13. Januar 2019	1. Sonntag nach Epiphanias Josua 3,5–11.17	*Wiebke Köhler*	75
20. Januar 2019	2. Sonntag nach Epiphanias Römer 12,9–16	*Nathalie Buskmanns*	80
27. Januar 2019	Letzter Sonntag nach Epiphanias 2. Mose 3,1–14	*Friederike Rüter*	84
3. Februar 2019	5. Sonntag vor der Passionszeit 1. Korinther 1,4–9	*Sebastian Kuhlmann*	91
10. Februar 2019	4. Sonntag vor der Passionszeit Markus 4,35–41	*Jürgen Schilling*	95
17. Februar 2019	Septuagesimae Prediger 7,15–18	*Sebastian Kuhlmann*	102
24. Februar 2019	Sexagesimä Apostelgeschichte 16,9–15	*Beate Bentrop*	107
3. März 2019	Estomihi Lukas 10,38–42	*Matthias Blume*	112

10. März 2019	Invokavit Hebräer 4,14–16	*Christian Willm Rasch*	118
17. März 2019	Reminiszere Johannes 3,14–21	*Nikolaus M. Jensen*	122
24. März 2019	Okuli Jeremia 20,7–11a(11b–13)	*Frank Hiddemann*	126
31. März 2019	Laetare Johannes 6,55–62	*Frank Hiddemann*	131
7. April 2019	Judika Johannes 18,28–19,5	*Jörg Neijenhuis*	136
14. April 2019	Palmsonntag 2019 Jesaja 50,4–9	*Ulrich Löffler*	141
18. April 2019	Gründonnerstag 1. Korinther 11,23–26	*Christian Plate*	148
19. April 2019	Karfreitag Johannes 19,16–30	*Christoph Kähler*	152
21. April 2019	Osternacht 1. Thessalonicher 4,13–18	*Steffen Groß*	159
21. April 2019	Ostersonntag Johannes 20,11–18	*Volkmar Latossek*	165
22. April 2019	Ostermontag Jesaja 25,6–9	*Dieter Splinter*	171

28. April 2019	Quasimodogeniti 1. Petrus 1,3–9	*Simone Rasch*	177
5. Mai 2019	Miserikordias Domini Johannes 10,11–16	*Helmut Schwier*	184
12. Mai 2019	Jubilate Sprüche 8,22–36	*Jürgen Kegler*	190
19. Mai 2019	Kantate Apostelgeschichte 16,23–34	*Christian Schoberth*	195
26. Mai 2019	Rogate Johannes 16,23b–28(29–32)33	*Christian Willm Rasch*	202
30. Mai 2019	Christi Himmelfahrt 1. Könige 8,22–24.26–28	*Arnd Morgenroth*	209
2. Juni 2019	Exaudi Epheser 3,14–21	*Jochen Maurer*	213
9. Juni 2019	Pfingstsonntag Johannes 14,15–19(20–23a) 23b–27	*Karl-Heinz Weber*	219
10. Juni 2019	Pfingstmontag Matthäus 16,13–19	*Friedrich Teubner*	225
	Die besondere Predigt 27. Januar/Tag der Befreiung Epheser 4,25–32	*Kathrin Oxen*	231
	Verzeichnis der Autorinnen und Autoren		237

1. Advent

Matthäus 21,2–11

Der Predigttext wird erst im Verlauf der Predigt verlesen. Die Zwischenüberschriften gliedern den Text, werden aber nicht vorgelesen.

[Advent – gestaltete Atmosphäre]

Liebe Gemeinde!

Eine Zäsur, ein Neubeginn. Ersehnen Sie sich das manchmal? Für Ihr eigenes Leben? Für die Machtverteilung und politischen Prozesse im Land? Für uns christliche Gemeinden und den gelebten Glauben?

Ein Neubeginn – wir feiern ihn heute. Zünden eine erste Kerze an. Handeln gegen den Lauf der Natur. Zunehmen sollen die Lichter bei uns, während das Tageslicht noch immer mehr abnimmt. Zunehmen soll Licht in uns, gegen die Stimmungsmache im Land. Wir richten unsere Aufmerksamkeit auf Kommendes, schauen vorwärts. Und wir tun das mit Augen, die Gutes sehen, die auf Besserung blicken: Wir feiern Advent, neue Zukunft. Gegen die Stagnation, gegen den Pessimismus, gegen die Faszination für Abstieg und Untergang rings um uns: Wir feiern Neubeginn.

Selbstverständlich ist das Adventfeiern nicht – alle Jahre wieder, ausgerechnet –, wenn das Jahr entmutigend dunkel ist. Doch gerade jetzt: jeder Ort, die ganze Stadt begeht Advent und wirkt mit an seiner besonderen Atmosphäre. Auf den zugigen Platz bauen viele Menschen ihre Stände, und die Weihnachtsmarkt-Besucher drängen sich durch Gassen voller Fellschuhe und Seidenschals, Glaskugeln und Holzschnitzereien. Kollegen verabreden sich zum Glühweintrinken und plaudern stundenlang am Stehtisch auf Schneegrund. Bei Posaunenchören und Liederkränzen steht der Atem vor dem Mund, aber die vertrauten Weisen flattern über den Markt. Im Seniorenheim Blockflötentöne. Fenster, Gärten und Straßenzüge blinken voller Lichtkunstwerke. Aus der Küche stiehlt sich Plätzchenduft ins Haus. Viele überlegen sich wirklich, womit sie anderen eine kleine Freude bereiten können, und die

Kolleginnen necken sich mit Wichtelgeschenken. Kalt ist es und dunkel, aber die Wärme zwischen den Menschen wird umso sorgfältiger gehegt. Adventstimmung. Alle wirken irgendwie mit. Jedes Jahr wieder üben wir uns darin, und wir können das ja: Leben gegen das Klima ringsum, Energie aufbringen gegen die entmutigende Dunkelheit und die isolierende Kälte. Als einzelne sind wir freilich stark beeinflussbar durch die Stimmung um uns. Aber wir Menschen, besonders gemeinsam, sind dem nicht unterworfen. Wir können die Atmosphäre gestalten und prägen, in der wir leben.

Aus dem Advent in Stadt und Land komme ich zurück in diesen Gottesdienst und den Advent in der christlichen Gemeinde. Woher nehmen wir denn die nötige Energie und Fantasie, um mitzubauen an einer Atmosphäre der Zuversicht? Das Evangelium von Jesus Christus ermutigt uns dazu. Ja, recht ursprünglich setzt es uns dazu instand.

[Lesung des Predigttextes]

[Einzug – treffende Inszenierung]

Hosianna, aus zahllosen Kehlen. Hosianna, Schreien erlaubt. Hosianna. Zweigewedeln, Büschelwerfen, ausgelassenes Hüpfen und Rufen. Da ist Stimmung. Ein Neubeginn. Und Zuversicht. Und das überfällt Jesus nicht unversehens, er hat es gut inszeniert. Hat sich den Esel bestellt, ganz nach der Drehbuchvorlage beim Propheten Sacharja. Esel statt Schlachtross. „Denn ich will die Wagen wegtun aus Ephraim und die Rosse aus Jerusalem, und der Kriegsbogen soll zerbrochen werden. Denn er wird Frieden gebieten den Völkern …“. Hier zieht der Friedenskönig ein, die Menge jubelt ihm zu.

Wie kommt es eigentlich, dass Jesus so viel Zustimmung erfährt? Wie entsteht da Neubeginn und neue Hoffnung? Vielleicht liegt es daran, dass Jesus Gegensätze auf sich vereint, gleich mehrere Gegensätze. Da ist als erstes der Gegensatz zwischen der Menge und dem Hoffnungsträger. Die jubelnden Leute kommen hauptsächlich vom Land herein, reisen an für das bevorstehende Fest. Da sind die tatsächlich Armen, die sich um das tägliche Brot sorgen müssen; dann auch diejenigen, die wohl zum Leben genug haben, aber unter der Steuerlast leiden und bange sind um das, was sie haben. Verschiedene Misstrauische sammeln sich gegen die da oben, die in der Stadt. Sie alle erwarten nun Verbesserungen durch den Mann aus Nazareth. Irgendwie gehört er zu ihnen, aber bejubelt wird er als „Sohn Davids“, als einer aus dem Herrscher-Geschlecht, dem von Gott gesegneten Königshaus, das in die Hauptstadt gehört. Als König zieht er ein, auf einem Reittier und bestreuter Straße, und zugleich nur auf einem Esel und authentisch in demütiger Haltung.

Von Herzen demütig – so ist Mose genannt worden, als Mirjam mit ihm stritt um die rechte Auslegung von Gottes Willen. Der wahre Prophet ist demütig. Mit ihm redet Gott, wie mit einem Freund. Und für einen Propheten halten die Leute auch Jesus, als sie gefragt werden. Die Propheten aber, die berühmten, solche wie Elia, die Propheten waren zumeist Gegner der Könige. Als Mahner und Warner kamen sie von Gott her und brüskierten die Herrscher. Auch diesen Gegensatz vereint Jesus in sich, von Herzen demütiger Prophet und Sohn Davids und Thronanwärter zugleich. Macht soll er haben, Macht wird er brauchen – aber nicht für sich selbst, sondern um Frieden zu stiften.

Und zum dritten: Als kommender Friedefürst wird er begrüßt. Hosianna! Das ist längst zum Jubelruf geworden. Ursprünglich ist es ein Hilferuf. Für die, die da jubeln, ergibt auch dies Sinn: So hilf, so rette doch! „Hoschia‘na!“ – du Friedenskönig, du Gottesmann. Das begleitet Jesus auf seinem Weg. Und wohin führt ihn dieser Weg? Zum Tempel, erzählen die nächsten Verse. Jesus zieht in Jerusalem ein, aber nie zieht er zu einem Schloss, einer Burg, einer Tribune. Jesus strebt dem Tempel zu. Dort wettert er gegen den Handel mit Opfertieren. „Ein Bethaus“ soll der Tempel sein. Eigentlich gehören Opfergaben zu verschiedenen Gottesdiensten im Lauf eines Lebens und im Lauf des Jahres. Auch zum anstehenden Passah-Fest gehört das Opferlamm. Jesus kommt zum Fest, wird festlich bejubelt – doch er selbst kommt zum Gebet, ein priesterlicher Diener Gottes, und fordert ruppig, dass alle beten sollen, die Gottes Nähe und Weisung suchen. Sie sollen still sein, sich sammeln, sonst nichts!

Lauter Gegensätze: zwischen einfachem Volk und Herrscherdynastie; zwischen König aus alter Regentenfamilie und machtkritischem Prophet; zwischen bejubeltem Retter und stillem Beter, der zum Gebet ruft. Wie passt das auf einen Menschen? Für alle scheint er der richtige zu sein. So öffnet Jesus eine Vision. Er bringt den Funken mit, um eine neue Atmosphäre zu schaffen, und die vielen Menschen um ihn wirken begeistert mit.

[In dieser Welt – Sicherheit gegen Freiheit]

Es fällt jedoch ein Schatten auf den strahlenden Einzug Jesu. Jerusalem, die Stadt, der Regierungssitz, das Zentrum der Kaufleute, Schriftgelehrten, Regierungskreise, Jerusalem „erregte sich" – heißt es in der Übersetzung. Mehr noch: Erschüttert wurde die Stadt, ähnlich einem Erdbeben – das bedeutet das griechische Wort. Und es ist kein Begeisterungssturm, der die Stadt so bewegt. Eher geht Furcht um vor einem Umsturz. Die Stadt, so erzählt es Matthäus, nimmt Jesus nicht an. Und im Verlauf von nur wenigen Tagen ist auch die Menge nicht mehr überzeugt von ihm; Jesus von Nazareth kann ihr nicht zum Helfer werden.

Der strahlende Hoffnungsträger der einfachen Leute auf dem Weg zur Regierungsgewalt, ein Land voller Aufbruchshoffnung, das ist die weltliche Seite unserer Geschichte. Sie hat sich im Zeitenlauf ähnlich immer wieder ereignet. Lydie Salvayre z. B. erzählt, was ihre Mutter 1936 in Katalonien erlebte. Inzwischen war sie 90 Jahre alt, konnte sich an viele Jahrzehnte ihres Lebens nicht mehr erinnern, aber die kurze Zeit der Revolution steht ihr lebendig vor Augen: „In der Stadt liegen eine Leichtigkeit und eine Heiterkeit in der Luft, die die Zeit beschleunigen und der Angst keinen Raum lassen. Was für eine Freude zu leben, sagte ich mir, sagt meine Mutter zu mir." Aus der bitteren hässlichen Armut eines katalonischen Dorfes damals ist die 15jährige Montse zusammen mit ihrem Bruder nach Barcelona ausgerissen. „Die Menge wird von einem Gefühl der Sympathie, der Freundschaft, der Güte getragen. Zwischen den Nachrichten Strophen der Internationale, die im Chor von den Passanten mitgesungen werden, Passanten, die sich freundlich grüßen, freundlich unterhalten und umarmen, ohne sich zu kennen, als hätten sie verstanden, dass es nichts Schöneres geben kann, als wenn alle daran teilhaben." Im Café an den Ramblas „wird laut diskutiert (der Spanier denkt immer, dass er mit Schwerhörigen zu tun hat, weiß der Himmel, warum), es wird geraucht, gelacht, ich bin betrunken, man duzt sich, ohne sich zu kennen. Und in diesem Durcheinander, in diesem Gewirr aus Stimmen, Gelächter und dem Klirren beim Anstoßen der Gläser erhebt sich plötzlich eine Stimme, eine ernste und leicht bebende Stimme. Ein junger Mann beginnt – Ganzaufnahme, sehr aufrecht – ein Gedicht aufzusagen. Er zitiert Verse, die vom Meer sprechen. Er ist schön wie ein Gott. Wir sagen nichts mehr. Wir hören ihm zu. Und am Ende des Gedichts applaudieren wir frenetisch.

Nach dieser Unruhe, nach dieser reinen Stille, die aus der Schönheit einer Geste entsteht, leben die Gespräche wieder auf. Man beginnt über Durruti zu diskutieren, über seine Anziehungskraft, seinen Heldenmut, seine Güte, seine Loyalität, seine Großzügigkeit, seine Integrität und über diese Bescheidenheit, die ihn auf den gleichen Strohmatten schlafen und den gleichen ekligen Reis wie seine Waffengefährten essen lässt."

Während die Mutter die strahlenden Sommerwochen aufleben lässt, weiß und erzählt die Tochter auch von den Gewalttaten der Zeit, von den Massenmorden der Faschisten besonders auf Mallorca, auf der anderen Seite von den Morden an Geistlichen im ganzen Land, vom beginnenden Krieg. Während in Katalonien für gut ein Jahr Landwirtschaft, Bergbau, Dienstleistungen kollektiviert und profitabel arbeiten, wird Spanien insgesamt zum Kampfplatz zwischen Hitler und Stalin, errichtet am Ende Franco seine Diktatur. Montse kehrt in ihr Dorf zurück. Dort kommt es zur Auseinandersetzung zwischen Anhängern der Kollektivwirtschaft ohne Hierarchie einerseits und der bolschewistischen Herrschaftsordnung andererseits. Die Bauern, die zunächst Montses Bruder, dem begeisterten Anarchisten, zujubeln, folgen allmählich alle seinem Gegner, einem berechnenden Kommunisten stalinistischer Prägung. Montse selbst schreckt vor dem Leben einer alleinerziehenden Mutter zurück und willigt in eine arrangierte Ehe mit eben dem Kommunisten. Schließlich müssen sie beide vor den Schergen Francos außer Landes fliehen.

Am Beispiel und Leben ihrer Mutter erzählt Lydie Salvayre, wie in der Seele zwei Sehnsüchte kämpfen: die Sehnsucht nach Selbstbestimmung und Freiheit mit der Sehnsucht nach Sicherheit und Planbarkeit. Wenn die neue Zukunft scheitert, liegt es nicht nur daran, dass Mächtige selbstsüchtig und brutal ihre Macht erhalten. Auch die einfachen Menschen, sie werden zerrissen zwischen diesen beiden Sehnsüchten – und entscheiden sich für die Sicherheit.

[In der neuen Schöpfung – Gewissheit]

Jesus von Nazareth, wahrer Mensch, reitet auf seinem Esel mitten in den Menschheitskampf zwischen Freiheit und Sicherheit. Binnen wenigen Tagen wird er daran zugrunde gehen. Aber das Evangelium als ganzes ist damit nicht zu Ende. Es erzählt uns noch von einem letzten, großen Widerspruch, den Jesus verkörpert. Einerseits ist er ein Mensch auf dem Weg zum Fest, auf dem Weg zum Tempel, auf dem Weg zu Gott; zugleich aber ist er der Christus – in ihm ist Gott auf dem Weg zu uns Menschen. Gott mit seinem Reich des Friedens ist uns entgegengekommen in die Welt. Gott hat einen umfassenden Neubeginn gesetzt, eine neue Schöpfung begonnen. Und so bringt Jesus Christus ein Drittes, durch den Kampf zwischen Sicherheit und Freiheit hindurch, das ist die Gewissheit, es ist das Vertrauen in den Gott der Lebendigen. Jesus geht keinen Kompromiss ein für die Sicherheit, nicht den kleinsten. Und doch weiß er sich gehalten, gehalten von Gott.

Liebe Gemeinde, dies ist der Neubeginn, an den wir uns nicht oft genug erinnern können. Mit Gott leben wir nicht in der Alternative zwischen Freiheit und Sicherheit, mit Gott leben wir in vertrauensvoller Gewissheit. Sie ist nichts angeboren Menschliches, obwohl manche mehr, manche weniger davon zu haben scheinen. Aber die Glaubensgewissheit ist nicht von dieser alten Welt, sondern sie kommt uns zu mit der neuen Schöpfung. Deswegen haben auch wir Grund zu jubeln. Wir haben allen Grund, Jesus zuzujubeln. Mit Jesus beginnt Gott das neue Menschsein. Und wir haben Anteil daran, wir leben schon aus der neuen Schöpfung, wir, die wir auf Christus getauft sind. In Montses Leben wurden allmählich alle liebevollen Beziehungen durch den Kampf um Sicherheit und Macht zerstört. Was bleibt aber, wenn sie auf ihr Leben zurückschaut? Da gibt es fast nur die Zeit von echter Lebendigkeit, die Wochen voller Güte und Freundlichkeit gegeneinander und voller unbändiger Zuversicht, Wochen, in denen sie aus Gewissheit leben konnte – das ist eigentlich Montse.

Liebe Gemeinde, wir müssen den Neubeginn nicht machen. Aber lasst uns den Neubeginn Gottes ernst nehmen! Lasst uns leben gegen die Dunkelheit und die Kälte, nicht nur die jahreszeitliche, sondern vor allem gegen die menschengemachte! Lasst uns dran bleiben an Heiterkeit, an Sympathie und Güte, weil wir von einer Zukunft wissen, in der wir die Fülle des Lebens genießen. Sie beginnt schon jetzt, und desto spürbarer, je zuversichtlicher wir daraus leben. Stimmen wir ein in den Zuruf an Jesus: „Hoschia'na!“[1]

---

[1] Literatur: Lydie Salvayre, Weine nicht, aus dem Französischen von Hanna Laak, München 2015.

Vorschläge für das Predigtlied

EG 99	Nun jauchzet all ihr Frommen
EG 13	Tochter Zion

Fürbittengebet

Barmherziger Gott,
du öffnest uns Zukunft und zeigst uns den Weg dahin. Du hast deine neue Welt mit uns schon begonnen. Hilf uns, auf deine Nähe zu trauen, nicht allein am Sonntag, nicht allein am ersten Advent, sondern in all den Realitäten in dieser Welt, in unserem eigenen Leben, in den Entwicklungen von Gesellschaft und Politik, in deiner Gemeinde und Kirche.
Komm, Gott, Schöpfer und Neuschöpfer der Welt! Du hast als Mensch unter Menschen gelebt, im Widerstreit zwischen der befreienden Hoffnung auf Neues und der beruhigenden Erwartung von Bekanntem. Du hast einen Vorschein gezeigt von Lebensgewissheit – bis über den Tod hinaus. Hilf uns, auf deine Zukunft zu trauen, nicht allein am Sonntag, nicht allein am ersten Advent, sondern in all den Realitäten in dieser Welt, in der Friedlosigkeit unserer Seele, in den Kriegen in dieser Welt, im allzu Menschlichen in unserer Kirche.
Komm, Gott, Heiland aller Menschen! Du bewegst Menschen bis heute im Geist Jesu Christi. Hilf uns zu merken, wie dein Geist wirkt, bei uns selbst und den Menschen um uns, nicht allein am Sonntag, nicht allein am ersten Advent, sondern in all den Realitäten dieser Welt, wenn auch wir selbst Sicherheiten schaffen wollen, wenn in Gesellschaft und Politik sich Stabilität und Macht behaupten, wenn in der Kirche die Traditionen überwiegen.
Komm, Gott, Tröster aller, die dich suchen!

Isolde Meinhard

2. Advent 2018

Jesaja 35,3–10

Der Predigttext wird erst im Verlauf der Predigt verlesen.

Liebe Gemeinde!

Immer wieder träumen Menschen von einer besseren Zukunft, von einer Zeit, in der es keine Gewalt, keine Krankheiten, keinen Mangel gibt. Und da wäre noch mehr aufzulisten. Im Advent kommt die Zukunft auf uns zu. Wir brauchen nur zu warten, und Gott kommt in unsere Welt, zu Weihnachten. Mit Weihnachten beginnt aber nicht die erhoffte Zeit, in der alles gut ist. Genau um eine solche Zeit drehen sich die Schriftlesungen des heutigen Sonntags. Sie sind voller Ermutigungen, nicht nachzulassen in der Hoffnung auf eine heile Welt und in dem Warten auf Erlösung am Ende der Zeiten. Mit ganz konkreten Bildern malt der Prophet aus dem Jesajabuch diese Zukunft. Ich lese aus Jesaja 35:

[Lesung des Predigttextes]

Das ist wunderschön. Aber doch wohl zu schön, um wahr zu sein. Ja, man kann unterschiedlich auf diese Vision reagieren. Stellen wir uns vor, nach dem Hören dieser Prophetie stehen ein paar Menschen auf und sagen laut, was ihnen beim Hören des Textes in den Kopf kommt. Drei von ihnen lasse ich hier zu Wort kommen:

Die erste Person ist eine Zynikerin. Sie sagt: „So ein alter Text, der ist doch schon weit über 2000 Jahre alt. Und noch immer können die Menschen das Träumen nicht lassen? Wasser in der Wüste? Dass ich nicht lache – die Sahara wird doch eher immer größer als kleiner! Ich gebe es zu, solche Bilder von paradiesischen Zuständen ohne Böses und Lebensbedrohliches sind schön. Aber was haben wir davon? Wer noch immer solchen Propheten glaubt, ist nicht ganz bei Trost. Das ist so was von unrealistisch. Kommt mit euren Köpfen mal runter aus den Wolken. Gott findet ihr da eh nicht. Und auf sein Eingreifen können wir wohl noch lange vergeblich warten. Darum: Ich bin für Ehrlichkeit. Gegen Selbstbetrug. Bibel hin oder her, wir müssen uns damit abfinden, dass unsere Welt ein immer schlechterer Ort zum Leben ist. Ihr könnt mir Bescheid geben, wenn die ersten Wunder passieren. Bis dahin muss ich davon nichts haben. Ist nur Selbstbetrug."

Danach steht ein Mann auf. Ihn können wir am ehesten den Besinnlichen nennen. Er sagt: „Ich bin total ergriffen von diesen Worten. Wie stark sie doch sind! Da wird ein Gegenentwurf zu unserer Welt geschildert. Taube hören und Blinde sehen, aus Wüste wird fruchtbares Land. Ja, ja, ich weiß, es gibt Menschen mit Behinderung, die nicht sehen oder hören oder reden können. Und Wüste, die gibt es auch und immer noch. Nicht nur in der Natur, auch in unserem Miteinander. Da ist vieles verwüstet. Wie ermutigend ist da doch diese Vision: Es gibt einen Weg raus aus dieser Welt voller Einschränkungen, in der wir alle auf unterschiedliche Weise gefangen sind. Von Ängsten, von Sorgen, von Nicht-mehr-weiter-Können. Ich will mich nicht damit abfinden, dass alles nun mal so wüst und bedrückend ist. Der letzte Vers ‚Jubel und Freude holen die Menschen ein, und es fliehen Kummer und Sorgen': das ist ein Satz, der mich hoffen lässt. Ich glaube Gott."

Der dritten Person merkt man an, dass sie es kaum erwarten kann, endlich auch mal was sagen zu können. Sie ist eine echte Anpackerin: „Ja, hoffen lässt mich dieser Text auch. Aber nur die innere Einstellung reicht nicht. Es ist zwar schön, wenn man sein Herz öffnet und sich von der Aussicht auf eine bessere Welt berühren lässt. Doch unsere Welt wird davon keinen Deut besser! Es kommt auf uns an. Wir müssen uns engagieren. Nur betend und hoffend die Hände in den Schoß legen, das bringt nichts. Wer kann etwas tun, wenn nicht wir? Es gibt so viel zu tun, so viele Organisationen und Arbeitsfelder, für jede und jeden ist etwas dabei. Niemand kann von sich sagen, dass sie oder er nicht begabt genug ist, um irgendetwas zur Verbesserung der Lebensverhältnisse in unserer Welt zu tun. Also: Wenn die Wüste blühen soll, dann lasst uns nachhaltige Landwirtschaftsprojekte fördern. Ideen gibt es genug. Auch für die Wüsten im übertragenen Sinn: Solidarität kann man lernen. Mit dem Herumsitzen muss jetzt endlich mal Schluss sein."

Drei Reaktionen, die der Prophetentext ausgelöst hat. Wahrscheinlich könnten da noch weitere Menschen aufstehen und weitere Gedanken beisteuern. Was hätten

Sie gesagt? Finden Sie sich in einer der Positionen wieder? Nachvollziehbar sind sie alle drei, mehr oder weniger. Mehr oder weniger können wir sie wahrscheinlich verstehen; abhängig von unserer Mentalität und unserer Lebenssituation bekommt die Anpackerin, der Besinnliche oder die Zynikerin von uns den meisten Beifall.

Die Bibel hat etliche solcher Texte, die im wahrsten Sinne des Wortes „wunderbar" sind. Sie schildern eine Welt ohne Not und Bedrängnis, die Welt, wie Gott sie für uns Menschen will. Hätte die Zynikerin Recht, müssten wir diese Aussicht auf eine andere Welt in den Restmüll werfen. Dann wäre Glaube wirklich „Opium für das Volk", eine Vertröstung, mit der Menschen ruhiggestellt werden können. Der Blick auf die Welt, in der Wüsten blühen werden, wäre nichts anderes als die berühmte Möhre, die man einem Esel vor das Maul hängt, um ihn zum Gehen zu bewegen. Dann könnten wir jetzt auch aufstehen und lange vor dem Schlusssegen unserer Wege gehen. Denn dann wäre auch ein Gottesdienst nichts anderes als Selbstbetrug.

Was bezweckt der Prophet eigentlich? Ich zitiere noch einmal den Anfang. „Stärkt die schlaffen Hände, und die wankenden Knie macht fest. Sagt Bedrängten des Herzens: Seid stark, fürchtet euch nicht." Die Menschen, auch die, die kaum noch Kraft, Stehvermögen oder Hoffnung haben, die Menschen sollen ermutigt werden. Selbst wenn wir nicht zynisch sind wie die Frau, die als erstes zu Wort kam, selbst mit Wohlwollen ist dieser Aufruf ein starkes Stück. Oder, mit anderen Worten: Diese Ermutigung ist eine Zumutung! Die, die gar nicht mehr können, sollen voller Mut solch einer Ankündigung einer paradiesischen Welt glauben? Die mit den wankenden Knien sollen sich auf den Weg machen?

„Das geht", würde der Prophet jetzt sagen, „denn ihr habt etwas Entscheidendes überhört: Gott handelt, er kommt, und zwar mit Macht. ‚Seht, da ist euer Gott! Er selbst kommt und wird euch retten.'" Wir sind jetzt beim 2. Advent, mehr als 2000 Jahre später. Wo ist dieser Gott, der mit Macht eingreift, das Böse ausmerzt, Verletzungen und Verwüstungen heilt?

Alle, die erwarten, dass da einer eingreift und mit einem Handstreich alles klarmacht, dürften enttäuscht sein. Zu diesen Menschen gehört wohl die Zynikerin, die am Anfang zu Wort kam. Gibt es eine Alternative zur Enttäuschung darüber, dass dieses Prophetenwort leider bisher nicht in Erfüllung ging? Ein Rezept hat sich auch nicht gezeigt, so nach dem Motto: Wenn du genug glaubst wie der Besinnliche und dich einsetzt für die Welt wie die Anpackerin, dann wird alles gut.

Ein paar Wegweiser bietet uns dieser Predigttext im Advent aber sehr wohl. Drei nenne ich zum Schluss: Ein erster Wegweiser: Gott wirbt um unseren Mut, dass wir uns auf den Weg machen. Einen Weg im Vertrauen auf das Ziel. Dieses Ziel – die blühende Wüste, die Welt ohne Tränen – ist unwahrscheinlich und kaum zu glauben. Dieses Ziel ist die Welt Gottes am Ende der Zeiten. Gott wirbt um unseren Mut und unser Vertrauen.

Ein zweiter Wegweiser: Gott zeigt sich nicht nur mächtig, wie es der Prophet ankündigt. Er ist auch der, der sich in Ohnmacht in der Welt zeigt, in der Menschen meinen, wer weiß wie mächtig zu sein. Wie? Der Blick auf Weihnachten zeigt uns, wie Gottes Welt in unsere Welt einbricht – völlig anders als erwartet. Jesus Christus steht für die Welt, wie Gott sie uns Menschen wünscht. Christus kann für uns ein leibhaftiger Wegweiser auf unserem Weg sein.

Ein dritter Wegweiser zeigt sich, wenn wir um uns herum blicken: Wir sind nicht allein, es gibt Menschen, die mit uns zusammen um das Vertrauen auf Gott ringen. Wir feiern miteinander Gottesdienst: also müssen wir – im Unterschied zu der Aktivistin – zwar loslegen, uns aufmachen, aber eben nicht allein. Gott ist der, der kommt. Er ist der, der auch handelt. In dieser Erwartung singen wir im Advent „O Heiland, reiß die Himmel auf", damit es keine Trennung mehr gibt zwischen den Menschen und Gott.

Es gibt einen Weg – lasst uns losgehen. Wir lassen uns anstecken von Visionen, lassen uns ermutigen von Gottes Zusage, uns zu retten. Wir handeln im Sinne der künftigen Welt, weil wir es nicht aus uns heraus können müssen. Gott steht am Anfang und Ende. Amen.

Vorschläge für das Predigtlied

EG 19	O komm, o komm, du Morgenstern
EG 16,1+4+5	Die Nacht ist vorgedrungen

Fürbittengebet

Mächtiger Gott,

du ermutigst uns, dass wir dir vertrauen. Manchmal fällt uns das Glauben nicht leicht. Wo bist du mit deiner Macht und deiner Kraft? Zeige dich, dass wir dich erfahren. Komm uns entgegen auf dem Weg in deine Zukunft.

Großer Gott, deine Verheißung von einer Welt ohne Leid ist so anders als die Welt um uns herum. Wo bist du mit deinem Trost? Dringe du durch in unsere Herzen, dass wir hoffen können. Durchkreuze die Verwüstungen in unserer Welt.

Gnädiger Gott, zur Weihnachtszeit bist du in unsere Welt gekommen, doch die Welt ist kein besserer Ort geworden. Wo bleibst du mit deiner Liebe? Schicke uns Wegweiser und mache uns selbst zu Zeugen deiner Welt. Amen.

Christiane de Vos

3. Sonntag im Advent

Römer 15,4–13

Der Predigttext wird erst im Verlauf der Predigt in der hier angegebenen Übersetzung verlesen.

I.

„Das ist ja gerade der Ernst unseres Daseins, dass die Stimme, die uns auf den rechten Weg ruft, sehr leise spricht, während tausend laute Stimmen in und außer uns genau das Gegenteil behaupten. – Man muss im Leben sehr aufpassen, wenn das Stichwort kommt." Diese Worte von Sören Kierkegaard erinnerten uns daran, gerade im Advent aufmerksam zu werden auf die Stimme, die uns auf den rechten Weg ruft.

Aus den Geschäften, dem Fernsehen, dem Internet dröhnt uns der Advent entgegen. Die Adventszeit ist keine leise Zeit in unserer Gesellschaft. Es braucht eine gewisse innere Haltung, von diesen tausend lauten Stimmen nicht völlig ins Außen gelockt zu werden. Die Stimme, die uns auf den rechten Weg ruft, spricht leise, aber sie spricht, beharrlich und tröstlich. Lauschen wir, wo wir sie hören können – etwa im Brief des Paulus an die Gemeinde in Rom, im 15. Kapitel:

> Alles, was zuvor geschrieben wurde, ist uns zur Belehrung geschrieben, damit wir mit Beharrlichkeit und mit dem Trost der Schriften an der Hoffnung festhalten. Der Gott der Geduld und des Trostes lasse euch untereinander eines Sinnes sein, nach dem Vorbild des Christus Jesus, damit ihr den Gott und Vater unseres Herrn Jesus Christus einmütig und einstimmig lobt. Darum nehmt einander an, wie auch Christus euch angenommen hat, zur Ehre Gottes.

An der Hoffnung festhalten. Darum geht es. Und zwar mit Beharrlichkeit und mit dem Trost der Schriften. Mit der Hoffnung ist es wohl wie mit dem Glauben und der Liebe, sie können auf Dauer nicht allein vom Feuer der ersten Begeisterung leben, sie brauchen Beharrlichkeit und Geduld. Das Feuer der ersten Begeisterung, den Überschwang, die Motivation braucht es auch, aber sie müssen vertieft und gestärkt werden, wie eine junge Pflanze, deren Wurzeln stärker und deren Stamm widerstandsfähiger werden.

Die Hoffnung entfaltet so ihre Wirkung. Die Verwurzelung im Trost der Schrift wird stärker und der Stamm des gelebten Glaubens wird widerstandsfähiger. Die Hoffnung wächst. Die Wirkung, von der Paulus schreibt, ist eindrucksvoll. Sie wäre bahnbrechend für unsere Gesellschaft, wenn sie denn mehr und mehr einsetzen würde. Wir wären Menschen, die untereinander eines Sinnes sind und die einander annehmen. Darin liegt der Lobpreis! Stellen Sie sich vor, was für eine Wirkung das auf unsere Gegenwart haben würde. Das Christentum als die Gemeinschaft der Hoffnungsfrohen, die Gemeinschaft der Menschen, die einander annehmen.

Das Annehmen will gelernt und geübt sein. Sicher teilen auch Sie Ihr Leben mit Zeitgenossen, die es einem nicht gerade leicht machen, sie zu ertragen, geschweige denn, sie anzunehmen. Die Haltung der Annahme stellt eine große Herausforderung dar. Das macht sich nicht so nebenher, weil man sowieso ein netter Mensch ist. Es braucht dazu schon einen überwältigenden Grund. Und den gibt es auch. Christus hat uns zuerst angenommen. Er ermutigt uns, zuerst ganz bei uns zu bleiben und dieses Angenommensein für unsere Existenz anzueignen.

Aus diesem Trost und dieser Hoffnung entfaltet sich die Fähigkeit, einander anzunehmen. Einander annehmen ist nicht gleichbedeutend damit, lieb zu sein und jeglichen Konflikten aus dem Weg zu gehen. Einander annehmen heißt auch, sich auseinanderzusetzen, dem anderen den Respekt zu erweisen, sich mit ihm zu streiten.

II.

Konflikte gehören auch für Paulus zur Realität. Einen dieser Konflikte, der bereits vorher im Römerbrief eine Rolle gespielt hat, nimmt er auf. Das Verhältnis der Judenchristen zu den Heidenchristen in der Gemeinde. Er schreibt ihnen folgendes:

> Ich sage nämlich: Um der Wahrhaftigkeit Gottes willen ist Christus zum Diener der Beschnittenen geworden, um die Verheißungen, die an die Väter ergangen sind, zu bekräftigen. Die Heiden aber sollen um der Barmherzigkeit willen Gott

> preisen, wie geschrieben steht: Darum werde ich dich bekennen unter den Heiden und deinem Namen lobsingen. Und an anderer Stelle heißt es: Freut euch, ihr Völker, zusammen mit seinem Volk. Und an anderer Stelle: Preiset, all ihr Völker, den Herrn, loben sollen ihn all seine Völker. Jesaja wiederum sagt: Ausschlagen wird die Wurzel Isais, und hervortreten wird, der sich erhebt, um über die Völker zu herrschen; auf ihn werden die Völker hoffen.

Paulus stellt für seine Leserschaft Bezüge zum Alten Testament her. All diese Worte sind „uns zur Belehrung geschrieben“, wie Paulus sagt, und zum Trost. Judenchristen und Heidenchristen jener Zeit sollen sich nicht gegenseitig die Regeln diktieren, streiten und durch ihren Unfrieden die Kraft der christlichen Hoffnung schwächen. Sie sollen zusammenhalten und einander ertragen in ihrer Verschiedenheit.

Angesichts der frühen Geschichte des Christentums muss man sich fragen, inwiefern Paulus gehört worden ist. Juden-christliche Gemeinden hat es nicht lange gegeben, und nachdem die Machthaber der westlichen Welt das Christentum für sich entdeckt hatten, hat die Kirche oftmals politisch mitgemischt, aber selten zugunsten von Einigkeit und gegenseitiger Annahme. Und ganz besonders das Judentum hat zu leiden gehabt unter der Macht des Christentums.

Bis heute ist der Aufruf des Paulus „Nehmt einander an“ eine Mahnung und eine Herausforderung für unser Leben, unseren Alltag. Merkt man unserem Leben, als Einzelne und als Gemeinde, die Hoffnung an? Strahlen wir die Fahigkeit zur Annahme und die Bereitschaft zur Einmütigkeit aus? Werden wir mehr und mehr zur Gemeinschaft der Hoffnungsfrohen? Paulus’ Worte wollen immer noch gehört werden.

III.

Wir können die Aufgabe nicht aus uns heraus stemmen. Lauschen wir noch einmal auf die Stimme, die uns auf den rechten Weg ruft:

> Der Gott der Hoffnung aber erfülle euch mit aller Freude und allem Frieden im Glauben, den er euch schenkt, und ihr werdet im Überfluss teilhaben an der Hoffnung durch die Kraft des Heiligen Geistes.

Das Stichwort, das wir nicht verpassen dürfen, ist „Hoffnung". Gott erfüllt uns mit Hoffnung, mit Frieden im Glauben, mit Teilhabe im Überfluss. Dieser Vers überschüttet uns förmlich mit guten Gaben. Vergessen wir nicht, dass Paulus diesen Brief einer Gemeinde mit schwerwiegenden Differenzen und Konflikten schreibt. Und doch überwiegt die Hoffnung, und zwar nicht wegen des großen Potentials der Gemeinde, sondern durch die Kraft des Heiligen Geistes.

Kurz vor Weihnachten beschäftigen wir uns viel mit Geschenken. Wir verschenken und wir bekommen Geschenke. Normalerweise sagen wir dann Danke. Schon kleine Kinder, die etwas geschenkt bekommen, werden mit dem ewigen „Was sagt man da?" malträtiert. Entnervte Eltern legen dann manchmal noch nach, „das kann doch nicht so schwer sein". Ist es auch nicht. Besonders, wenn das Geschenk wirklich toll ist. Wenn ein Kind etwas wirklich Großartiges geschenkt bekommt, gibt es nur noch das: Auspacken, freuen, danke sagen, mit Spielen anfangen.

Seinen Glauben zu leben, funktioniert so ähnlich. Gott selbst schenkt sich uns und er erfüllt uns mit Freude und Frieden im Glauben. Wir sind Teil einer Hoffnung, die überfließt. Wir schwimmen in Hoffnung, wie in einem Bällebad. Fangen wir an zu spielen! Das Hoffnungsfrohe, Fröhliche, Spielerische des Glaubens hat einer besonders berührend in Worte gefasst, Hanns Dieter Hüsch[1]:

> *Wir müssen endlich damit beginnen, das Zaghafte und Unterwürfige abzuschütteln, denn wir sind Kinder Gottes: Gottes Kinder! Jeder soll es sehen und ganz erstaunt sein, dass Gottes Kinder so leicht und fröhlich sein können, und sagen: Donnerwetter! Jeder soll es sehen und jeder soll nach Hause laufen und sagen, er habe Gottes Kinder gesehen, sie seien ungebrochen freundlich und heiter gewesen, weil die Zukunft Jesus heiße und weil die Liebe alles überwindet und Himmel und Erde eins wären und Leben und Tod sich vermählen und der Mensch ein neuer Mensch werde durch Jesus Christus. Amen.*

[1] Michael Blum, Hanns Dieter Hüsch, Das kleine Buch zum Segen, Düsseldorf 6. Aufl 2001, S. 36.

Vorschläge für das Predigtlied

EG 1,1–3	Macht hoch die Tür
EG 18	Seht, die gute Zeit ist nah

Fürbittengebet[2]

Herr, unser Gott,

damit die Zweifel uns nicht verzehren, damit die Traurigkeit uns nicht lähmt, damit die Angst uns nicht das Herz zuschnürt, damit Tränen uns nicht blind machen, damit Gleichgültigkeit uns nicht hoffnungslos macht – gib uns deinen Geist der Hoffnung, damit wir wie neugeboren mit hellen Augen dich sehen, mit wachen Ohren auf dein Wort hören und unsere Füße in Bewegung setzen zu den Zweifelnden und Selbstsicheren, zu den Traurigen und Gleichgültigen, um die Botschaft des lebendigen Christus weiterzusagen.

Helke Döls

2 Kurt Wolff.

4. Advent

Lukas 1,39–55

[Lesung des Predigttextes]

Liebe Gemeinde!
Lang ist es her. Es war spät geworden. Ein Abend im Advent. Weihnachtsfeier in der Schule. Der Schüler hatte eine seiner ersten Zigaretten geraucht. Eine kleine schmale ovale Jubilar. Gefertigt in Dresden. Er atmete wachsam. Durch die Nase. Den Mund geschlossen. Dass denn der Lehrer, der mit mir sprach, den fatalen Geruch nicht röche. Damals war's! „Und Du willst also Theologie studieren?“ Und die schwere Wolke einer allgemeinen Geringschätzung schob sich über ihn. „Und Du willst also Theologie studieren? Christlicher Glaube? Ist doch von gestern!“ Filmleinwand der Ohnmächtigen, Seufzen an den Himmel geworfen. Statt Weltveränderung Daseinsvernebelung. „Vertröstung“ nannte man das.

Er hat Zeit seines einst jungen Lebens still mit dem Vorwurf gekämpft, christlicher Glaube vertröste aufs Jenseits: still, den Stimmen im Inneren ausgeliefert. Und manchmal hat er auch trotzige Christensprüche geklopft oder sich Siegerargumente zu borgen versucht. Und wollte nachweisen, dass Christen keine Vertröster sind und dass Beten und Tun zusammengehören. Dass zum Glauben unbedingt die Tat gehöre, für Gerechtigkeit einzutreten, den Mund aufzumachen, wenn Menschen herabgewürdigt werden, und sich zu kümmern um die Traurigen und die, die da Armut leiden, und die, die vor Angst die Sprache verdrehen oder verlieren. Und dass Glaube die blinden Blicke der vielen bemerke, die nach der Freude am Leben suchen und nichts anderes finden als das Karussell der flinken Angebote und der flotten Sprüche. Die blinden Blicke, dass es doch, bitteschön, ganz und gar nicht um ein Jenseits dort droben gehe, hinter den Bergen, bei den sieben Zwergen und dem lieben Gott.

Aber hat er mit solchem eilfertigen Bemühen nicht auch den Himmel kleiner gemacht? Vergessen den leuchtenden Bogen? Die atemberaubende Sehnsucht nach dem geheilten, dem geretteten, dem gelungenen, dem seligen Leben glatt gehobelt und eingesperrt in die Rechtecke der Zukunftskonferenzen und der Gemeindeaufbauprogramme und in die Regale der Glücksversprechen? In Schachteln gepackt, die große, versteckte, vergessene, die schwelende, unruhige Sehnsucht mit ihrem glühenden Kern? Er sehnt sich doch in seines Herzens Grunde nach dem Leben aus der unbändigen Liebe und hat keinen höheren Namen für sie als Jesus Christus.

Diese Sehnsucht ist unsere Würde. Sie ist mächtig wie ein Sturm und scheint doch schier verweht, heutzutage. Die großen Konzepte der Weltgestaltung sind unbrauchbar geworden. Materialermüdung. Abgegriffen wie Spielsachen aus einer Kindheit. Und Weihnachten wird sie wieder einmal herausgeholt, die Sehnsucht, und wir spielen mit ihr hoppe, hoppe Reiter, für ein paar Tage. Und tun's doch so gern. Und die Adventszeit ist prall gefüllt mit ihrem Rumoren. Sie treibt auf die Straße, diese Sehnsucht, sie lockt in die Läden, sie sucht sich Glöckchen und Blasmusik, sie schwemmt die Supermärkte mit den Heerscharen der roten Armee von Weihnachtsmännern. Das Fest greift mit ihr seit Wochen an. Und treibt auch die Einsamen oft nur noch tiefer in ihre Einsamkeit. Und sie wird emsig eingekleidet, uniformiert, verpackt, verladen und verschenkt und verliert sich im Getümmel. Und kommt an zuweilen, unbemerkt und leise. Diese Sehnsucht. Glühend und glimmend. Ein paar Tage. Alle Jahre wieder.

Die Sehnsucht ist unsere Würde. Und die Sehnsucht Gottes nach uns sucht uns auf. Maria. „Übers Gebirg Maria geht zu ihrer Bas Elisabeth", so erzählt das Evangelium. Sie geht den Weg, den mühsamen über Stock und Stein. Hinauf und hinab, auf schwindligen Pfaden, durch dunkles Gebüsch. Maria. Und sie kommt in das Haus der Elisabeth. Und bringt ihr die Sehnsucht Gottes nach uns Menschen. Maria trägt ein Kind in ihrem Leibe. Sie hat keine Karte vom Gebirge, noch den Plan der Welt. Sie sucht den Menschen. Elisabeth. Die Verwandte. Maria trägt Gott in ihrem Leibe. Und sie bringt ihn zu uns. Himmel und Erde berühren sich. Es muss wie ein Wetterleuchten, wie ein Sturmwind sein. Das Evangelium erzählt. Und Elisabeth öffnet die Türe und wird ergriffen von diesem Sturm. Das Kind hüpft in ihrem Leibe.

Das gemütliche Adventsevangelium ist eigentlich gar nicht gemütlich. Und Maria beginnt zu singen. Sie hält keine Predigt. Sie belehrt nicht, noch führt sie selbstsicher goldene Weisheiten vor. Sie schüttet ihre Erschütterung und ihre Freude aus, sie schüttet sie hinein in einen Gesang.

> Meine Seele erhebt den Herrn und mein Geist freuet sich Gottes, meines Heilandes, denn er hat die Niedrigkeit seiner Magd angesehen. Er hat große Dinge an mir getan. Und seine Barmherzigkeit währet für und für. Er stößt die Gewaltigen vom Thron und erhebt die Niedrigen. Die Hungrigen füllt er mit Gütern und lässt die Reichen leer ausgehen. Er gedenkt der Barmherzigkeit und hilft seinem Diener Israel auf.

Das Evangelium ist ein Evangelium der Armen, die den Stern suchen. Es erzählt von unserer Sehnsucht und der Sehnsucht Gottes nach uns. Und so treffen sie beide zusammen, von ganz unten und von ganz oben, sozusagen. „Ich weiß nicht, ob der Himmel niederkniet, wenn man zu schwach ist, um hinaufzukommen?“ (Christine Lavant). Und auf einmal wird auch deutlich, dass unsere Träume vom Leben wohl nicht ohne die Erschütterung dieses Umsturzes wahr werden können. „Und Gott wird abwischen alle Tränen von ihren Augen, und der Tod wird nicht mehr sein, noch Leid noch Geschrei noch Schmerz wird mehr sein; denn das Erste ist vergangen.“ Er stößt die Gewaltigen vom Thron und den letzten aus ihrer noblen Reihe, den Tod.

Maria verkündet mit ihrem Gesang nicht einen revolutionären Geschichtsplan, sondern sie singt in Ekstase und Zuversicht. Gott sehnt sich nach uns. Er kommt in einem winzigen Kind. Im Mutterleibe. Übers Gebirg Maria geht.

Die Sehnsucht nach einem geheilten und gelungenen Leben, die kannte ganz gewiss auch jener Lehrer. Aber er fürchtete wohl, dass der Mensch, der dabei seinen Kopf hebt, um über sich hinauszublicken, sich klein machen und zur Voraussetzung dafür auf die eigene Meinung verzichten müsse und zudem die feste Überzeugung von einem höheren Wesen über den Wolken brauche. Es war eine „Weltanschauung“, wie man damals sagte. Genauer, Weltaufteilung: In die Aufgeklärten und die Zurückgebliebenen. In die Klassenfreunde und die Klassenfeinde.

Sind wir heute weiter? Und ist der Himmel noch „so weit die Wolken ziehen“? „Übers Gebirg Maria geht.“ Die Bibel redet vom Anfang Gottes bei den Menschen, von der Krippe unterm Dach, über dem der Stern steht zur Nachtzeit, und sie redet am Ende vom Ende, den fahlen Reitern und den stürzenden Welten. Keine Entwicklung zum Maximum des Menschen und der Welt. Ein Ende ist denkbar, in der Tat, das wissen und sehen wir heute, aber wäre solch ein Ende ein Ziel zu nennen? Oder gäbe es ohne Ende am Ende das Wohlstandsreich einer höheren Intelligenz? Es gibt viele Szenarien für die Zukunft.

Szenarien vom Wahn-Traum des digitalen unsterblichen Menschen bis hin zu Überlebenskrieg und Selbstvernichtung. Und tief innen, tief unten, schwelt Angst. Wohin gehen wir? Und tief innen, tief unten glüht Sehnsucht. Ihr Lieben, ich liebe dieses Leben und seine Adventsfeiern und sein Weihnachten, weiß Gott! Ich liebe mein Leben. Aber: Moment. Ist das alles? Was kommt eigentlich, wenn alles gekommen ist? Manchmal habe ich den Verdacht: Es gibt eine sehr ernste Form der Oberflächlichkeit in mir, es ist eine Art „ungläubige Oberflächlichkeit“, die sich mit einem Ende vollends begnügt. Ende. Aus. Schluss. Basta. Anfang und Ende aber gehören Gott, sagt die Bibel. „Die Nacht des Herrn. Siehe, ich verkündige euch große Freude und seine Barmherzigkeit währet für und für.“

Und ich vergesse immer wieder, dass der Anfang in Gottes Nacht *seiner* Sehnsucht Gestalt gibt. Und es berührt und beeindruckt mich immer wieder, mit welcher Leidenschaft die erste Gemeinde auf ihren Herrn Jesus Christus gewartet hat: dass er komme, das Kind und der Auferstandene. Dass er komme, unsere Verließe und die Gräber zu öffnen wie ein Tor in die Sonne. Dass er meine Kinderfragen endlich beantworte: „Warum müssen wir sterben?“ „Wann werden die Tränen abgewischt von den Augen, endlich?“ Dass wir leicht werden wie er, das Kind, und wie ein Kind, das nur seinen Namen hat: Hier bin ich! Hier sind wir! Geh nicht vorüber. Du. Komm! Wir warten doch auf Dich, wir warten auf den, der sucht, die verloren sind, der heilt, die zerbrochen sind, der aufrichtet, die erniedrigt sind, der schützt, die da lieben, und der erweckt, die gestorben sind. Alle.

Die Sehnsucht glüht, und sie ist groß. Und ihr Geheimnis ist, dass sie nicht erdacht noch erdichtet, nicht erarbeitet noch beschützt und gesichert werden kann, sondern dass sie einfach da ist. Im Dunkel eines menschlichen Leibes kommt sie.

Jetzt und alle Zeit und von Ewigkeit zu Ewigkeit. Die Sehnsucht ist unsere Würde und die Barmherzigkeit Gottes bringt sie zu sich selber.

Und der Junge, von dem ich am Anfang erzählte, wünscht sich, einmal seinen alten Lehrer zu treffen. Und dann raucht er vielleicht eine Zigarette mit ihm. Amen.

Vorschläge für das Predigtlied

EG 16,1–5	Die Nacht ist vorgedrungen
EG 18	Seht, die gute Zeit ist nah

Fürbittengebet

Lieber Vater, barmherziger Gott,
wir suchen dich an diesem Tag, wie wir das Leben suchen alle Tage. Wir danken dir, dass du uns das Licht dieses Adventssonntages schenkst. Wir danken dir für deine Güte.
Erleuchte uns, deine Welt zu sehen, die wir so gedankenlos umgraben und ausplündern. Leuchte uns doch, dass wir sehen, wie du uns erhältst, Tag für Tag und Nacht für Nacht. Wir leben von deinem Atem und deiner Wärme,
wir leben von den Früchten deiner Erde und von den Menschen mit uns, wir leben von deiner Liebe und Barmherzigkeit noch und noch. Wir leben von der Verheißung deiner Ankunft.
Wir breiten vor dir aus unsere ganze Sehnsucht nach dem geheilten Leben und einer geretteten Erde. Wir breiten vor dir aus unsere Sorgen und unsere Angst. So bringen wir vor dich, uns und die Menschen, die zu uns kommen. Erleuchte uns, dass wir klug und fähig werden, Zeichen der Liebe aufzurichten. Wir bringen in dein Licht die Angst und den Hass in unserem Land. Erleuchte uns, dass wir verstehen und widerstehen lernen.
Wir bringen vor dich unsere zerrissene Welt. Bringe die Verantwortlichen und die Mächtigen auf den Weg des Verstehens und des Friedens.
Wir bringen vor dich die ärmsten deiner Kinder, die Menschen in Syrien. Menschen, die fliehen müssen vor Krieg und Unrecht, Menschen, die allein sind und Angst haben, Menschen, die sich sehnen nach einer Tür zum Licht.

Wir bringen vor dich die Menschen neben uns, wir haben viele Namen. Wir bitten dich, öffne unsere Augen für deinen Advent. Wir suchen dein Licht.

Michael Dorsch

Christvesper

Jesaja 9,1–6

Der Predigttext wird erst im Verlauf der Predigt verlesen.

Liebe Gemeinde!
Mitten im Kalten Krieg schicken die USA drei Astronauten auf den ersten bemannten Flug um den Mond.[1] Zu Heiligabend (heute vor genau 50 Jahren) gibt es eine Live-Schaltung aus der Mondumlaufbahn, hunderttausende Kilometer von der Erde entfernt.

„Du wirst das größte Publikum haben, das Weihnachten jemals einem Menschen im Fernsehen zugehört hat. Mach etwas Angemessenes“[2], sind die einzigen Vorgaben der NASA. Kommandant Frank Borman grübelt lange nach: Was ist für eine derartig außergewöhnliche Übertragung aus dem All angemessen? Schließlich kommt er auf eine Idee. Seine Kollegen sind einverstanden. Die Astronauten schreiben uralte Verse auf feuerfestes Papier.

Heiligabend zur besten Sendezeit erleben weltweit etwa anderthalb Milliarden Menschen in 64 Staaten die Live-Übertragung im Fernsehen oder Radio[3]. Auch wenn das Bild über die weite Entfernung unscharf und der Ton verzerrt ist, niemals zuvor war dieser Anblick zu sehen: Über dem Horizont des Mondes geht langsam die Erde auf. Dann schwenkt die Kamera auf die karge Mondoberfläche. Kommandant Frank Borman schildert seine Eindrücke: „Hier ist Apollo 8 mit einer Live-Übertragung vom Mond … mein eigener Eindruck ist der einer gewaltigen, einsamen Ausdehnung von Nichts.“ Kollege Jim Lovell fährt fort: „Ja, Frank, meine

---

1 https://de.wikipedia.org/wiki/Apollo_8 aufgerufen am 28.03.2018
2 www.spiegel.de/einestages/weihnachten-in-der-apollo-8-a-946944.html aufgerufen am 28.03.2018
3 S. Anm. 2

Gedanken sind ähnlich. Die riesenhafte Einsamkeit des Mondes hier oben ist furchteinflößend, und sie lässt einen erst begreifen, was ihr zu Hause auf der Erde wirklich habt. Von hier aus gesehen ist die Erde eine grandiose Oase in der weiten Wüste des Weltalls."[4]

Später nimmt einer nach dem anderen der drei Astronauten das feuerfeste Papier zur Hand und beginnt vorzulesen. Auf der fernen Erde hallt es aus Millionen Empfangsgeräten: „Am Anfang schuf Gott Himmel und Erde. Und die Erde war wüst und leer, und es war finster auf der Tiefe.". Gebannt lauschen die Menschen den Worten der biblischen Schöpfungsgeschichte: „Und Gott sprach: Es werde Licht. Und es ward Licht." Kommandant Borman beendet die Live-Schaltung mit den Worten: „Und Gott sah, dass es gut war. Und von der Besatzung der Apollo 8: Wir schließen mit einem Gute Nacht, Viel Glück, fröhliche Weihnachten und Gott segne euch alle – euch alle auf der guten Erde."[5]

Mit allem hätten sie gerechnet, sagen die drei Astronauten nach dem Flug, nur nicht damit, ins All zu fliegen, um die Schönheit der Erde zu entdecken. Frank Borman spricht vom „schönsten, herzzerreißendsten Anblick" in seinem Leben, der bei ihm das schiere Heimweh geweckt habe. „Die Erde war der einzige farbige Punkt im All."[6]

Heute vor 50 Jahren fotografierte die Apollo 8-Crew zum allerersten Mal den blauen Planeten. Eine Oase in der weiten Wüste des Weltalls. So hatten Menschen die Erde noch nie gesehen. Und jetzt haben wir dieses Bild vor Augen, ohne selbst jemals im All gewesen zu sein. Das NASA-Foto AS8-14-2383HR vom 24. Dezember 1968 mit dem Titel Earthrise (engl. Erdaufgang)[7] ist zu einem zeitlosen Symbol geworden für die Schönheit und die Verwundbarkeit der Erde. Natürlich wussten die drei Astronauten damals auch, wie dunkel es auf dem blauen Planeten werden

---

4 S. Anm. 1
5 S. Anm. 1
6 S. Anm. 2
7 https://de.wikipedia.org/wiki/Earthrise aufgerufen am 28.03.2018

kann – mitten im Vietnamkrieg – auf dem Höhepunkt der Protestbewegung der 68iger. In dem Jahr, als Martin Luther King ermordet wurde und russische Panzer den Prager Frühling niederwalzten.[8]

Wie wunderschön und zugleich gefährdet der blaue Planet ist, erforschen nicht nur die Naturwissenschaften. Das lehren auch alle Religionen der Welt. Zu jedem religiösen Fest gehört so eine Art Live-Schaltung aus dem Universum, die uns dazu bringt, unsere eigene Welt mit anderen Augen zu sehen. Wie Kommandant Frank Bormann: Oh, mein Gott! Seht euch dieses Bild da an! Hier geht die Erde auf. Mann, ist das schön!“[9] Jedes religiöse Fest sendet solch eine prophetische Botschaft aus, wie die uralten Verse auf dem feuerfesten Papier der Astronauten. Auch wenn sich die Religionen immer wieder um die Übertragungsrechte streiten, die Technik noch anfällig ist und das Bodenpersonal manchmal versagt – die Übertragung bricht nie ab. Jahr für Jahr wird zu Weihnachten an unzähligen Orten der Welt die „I have a dream“-Rede des jüdischen Propheten Jesaja übertragen:

[Lesung des Predigttextes][10]

Aus dem dunklen Mutterschoß kommt ein Kind ans Licht. Winzig und verletzlich liegt das Neugeborene da, wie der blaue Planet in der weiten Wüste des Weltalls. Als nacktes Menschenleben kommt die göttliche Botschaft zur Welt. Und ist nicht totzukriegen. Auch nicht am Kreuz. Das Licht bleibt in der Welt. Mit dem Traum von Martin Luther King. Mit den Blütenträumen des Prager Frühling. Mit der Sehnsucht nach dem Messias.

Nirgends, selbst in den Familien nicht, gibt es heute eine heile Welt. Zum Fest des Friedens wird gestritten und geschossen. Doch wer zum Mond fliegen kann,

---

8 https://de.wikipedia.org/wiki/1968 aufgerufen am 28.03.2018

9 S. Anm. 6

10 Falls das bereits vor dem Evangelium erfolgt ist, werden die folgenden Verse zitiert: „Das Volk, das im Finstern wandelt, sieht ein großes Licht … Jeder Stiefel, der mit Gedröhn dahergeht, und jeder Mantel, durch Blut geschleift, wird verbrannt und vom Feuer verzehrt. Denn uns ist ein Kind geboren, ein Sohn ist uns gegeben, und die Herrschaft ruht auf seiner Schulter; und er heißt Wunder-Rat, Gott-Held, Ewig-Vater, Friede-Fürst; auf dass seine Herrschaft groß werde und des Friedens kein Ende.“ (Jesaja 9,1–6).

kann auch die Welt retten. Die Menschheit im Jahr 2018 ist (wie niemals zuvor) in der Lage, ihre Krisen zu bewältigen und ihre Probleme zu lösen. Sogar Hunger, Krankheit und Krieg wären beherrschbar.[11]

Am Anfang war alles gut. Und am Ende wird alles gut sein. Dazwischen ist die Religion kein Ersatz für menschliches Versagen. Religion wirkt eher wie die Versorgungsleine beim Weltraumspaziergang. Glaube schenkt Energie, spendet Licht! Und so wünschen wir uns Weihnachten 2018 gegenseitig wie Kommandant Frank Bormann von Apollo 8: Gute Nacht, Viel Glück, fröhliche Weihnachten und Gott segne euch alle – euch alle auf der guten Erde."[12] Amen.

Vorschläge für das Predigtlied

EG 30,1–3 Es ist ein Ros entsprungen

EG 20,1+5–8 Das Volk, das noch im Finstern wandelt

Fürbittengebet

Wie der blaue Planet im All leuchtet das Weihnachtsfest in die Dunkelheit der Welt: Ehre sei Gott in der Höhe und Friede auf Erden.

Wir hören die uralten Worte, singen die vertrauten Melodien und schauen uns mit anderen Augen an. Unsere Herzen sehnen sich nach Wärme, Liebe und Geborgenheit, nach Erlösung von Schmerzen und Sorgen. Wir schauen ins Licht, es geht von der Krippe aus – vom Wunder-Rat, Gott-Held, Ewig-Vater, Friede-Fürst – in menschliche Windeln gewickelt.

Wir schöpfen Mut für unser Leben auf dieser Erde. Zart, nackt und klein wächst unsere Kraft. Wir können Berge versetzen. Mit Glauben winzig wie ein Senfkorn.

Wie der blaue Planet im All leuchtet das Vertrauen, dass alles gut wird. Ehre sei Gott in der Höhe und Friede auf Erden.

Amen.

Martina Berlich

[11] Yuval Noah Harari: Homo Deus. Eine Geschichte von morgen, München 2017

[12] S. Anm. 1

Christnacht

1. Timotheus 3,16

Der Predigttext wird erst im Verlauf der Predigt in der hier angegebenen Übersetzung verlesen. EG 47 kann strophenweise während der Predigt gesungen werden.

I.

Liebe Gemeinde!
Groß ist das Geheimnis des Glaubens in dieser weihnachtlichen Nacht! Hören wir aus dem 1. Timotheusbrief im 3. Kapitel:

> Und groß ist, wie jedermann bekennen muss, das Geheimnis des Glaubens: Er ist offenbart im Fleisch, gerechtfertigt im Geist, erschienen den Engeln, gepredigt den Völkern, geglaubt in der Welt, aufgenommen in Herrlichkeit.

Endlich ist sie da, die Heilige Nacht! Endlich Weihnachten! Diese langen Wochen, mit denen sich dieses Fest ankündigt – sie sind vorbei. Diese anstrengenden Gänge durch die Stadt, mit den Straßen voller Menschen und den überfüllten Geschäften – sie sind vorbei. Diese manchmal zunehmende Gereiztheit, diese Liste voller Dinge, die ich vor Weihnachten unbedingt noch erledigen muss – all das ist vorbei. Die häusliche Feier der Weihnacht in ganz unterschiedlichen Traditionen – auch sie ist schon wieder vorbei. Was bleibt jetzt noch – außer den Gedanken an das noch schnell zur Seite gestellte Geschirr oder das noch nicht ordentlich zusammengefaltete Geschenkpapier?

Die Straßen voller Lichter, die geschmückten Fenster, der Christbaum zu Hause, die Lieder, die nur in dieser Zeit zu hören sind – sie sind Gottseidank noch nicht vorbei. Sie haben uns eingestimmt auf diese heilige Nacht und auf die weihnachtlichen Tage, die ihr folgen.

Schon als Kind habe ich mir gewünscht, dass zu Weihnachten alles außer Kraft gesetzt wird, was mein Leben belastet hat. Weihnachten als Unterbrechung all dessen, was Menschen am Leben hindert und sie klein macht. Weihnachten als Unterbrechung von Streit und Gewalt. Weihnachten als eine Zeit, in der zumindest früher weder Mahnungen noch Kündigungen verschickt worden sind. Weihnachten als Erfahrung des Zusammengehörens: der Familie und der Verwandtschaft zum einen; zum andern all derer, die schon lange hier leben, wie derer, die hier Schutz suchen und Gerechtigkeit, die ihnen in ihrer Heimat vorenthalten worden ist.

Weihnachten – nicht nur als Unterbrechung des Bisherigen. Sondern viel mehr noch als Fest des Neuanfangs – mitten im Alten. Wir brauchen solche Feste des Neuanfangs. Wir brauchen sie immer wieder. Der Blick in die Nachrichten – er zeigt, dass der Friede auf Erden, von dem die Engel gesungen haben, weiter auf sich warten lässt. Er zeigt, dass Krieg und Gewalt in der Welt sind und sich nicht unterbrechen lassen – nicht einmal zu Weihnachten. Unter vielen Christbäumen wird nicht vom Friede auf Erden gesungen – weil die vielen Verletzungen des Alltags nicht einfach weg sind. Manchmal nicht einmal unterbrochen. Die heilige Familie ist ein frommer Wunsch. Das Kind der heiligen Nacht im Stall von Bethlehem – schon kurze Zeit später ist es ein Flüchtlingskind. Weil die Mächtigen ihm nachstellen.

Doch die Sehnsucht bleibt. Die Sehnsucht zumindest nach der Unterbrechung. Die Sehnsucht nach der Ahnung, wie alles noch einmal ganz anders sein könnte. Unser weihnachtliches Schenken, die Bescherung, wie es so schön heißt: ich finde, sie ist ein Bild der Erfüllung dieser Sehnsucht. Verpackt und versteckt findet sich wieder, was uns am Ende zumindest ein kleines Glück beschert. Das Glück der Unterbrechung dieses Gefühls, dass da noch etwas aussteht.

Und so möchte ich mit Ihnen noch einmal ein Geschenk auspacken. Einen einzigen weihnachtlichen Bibelvers möchte ich mit Ihnen auspacken – wie ein Geschenk zu Hause. Wie die ins Leben gezogene Erfüllung dieser weihnachtlichen Erwartung. Wie ein Geheimnis, das gelüftet wird. Ganz allmählich. Voll durchgehaltener Spannung, die erst ganz am Ende der Freude über das Gefundene weicht.

Um die einhundert Jahre nach dieser ersten heiligen Nacht versucht ein uns unbekannter Theologe das Geheimnis der Weihnacht zu lüften. Mit einer Art

Weihnachtslied, das er wohl gar nicht selber geschrieben hat. Das er vielmehr anderen verdankt. So wie das mit unsren weihnachtlichen Liedern ja auch ist.

II.

Und so nehmen wir dieses fast zweitausend Jahre alte Lied entgegen. Stellen es uns vor wie ein weihnachtliches Geschenk. Schön in farbiges Papier verpackt. Und mit einem breiten und großzügig langen Band verziert.

Geoffenbart im Fleisch!

Das ist die erste Strophe. (EG 47,1) Ich knote das Band um das Geschenk auf, sorgfältig, mit Geduld. Ohne es zu zerschneiden. Geoffenbart. Also wie ein Geheimnis enthüllt, von der Verpackung befreit. Das Kind der Weihnacht. Mensch wie ich und du. Kind, wie jeder und jede hier einmal war. Aber doch noch viel mehr. Ein enthülltes Geheimnis des wahren Menschseins. So sehr Mensch, dass mit den Händen zu greifen ist: Das Wunder dieses Kindes speist sich noch aus einer anderen Quelle. Ein Kind, angewiesen auf andere, verletzlich, und das gerade darum zum Hoffnungsträger wird. Das uns eine andere Welt erahnen lässt, in der Schwäche zur Stärke wird. Und der Mensch nicht des Menschen Wolf bleibt.

III.

Und ich will wissen, was sich dahinter verbirgt, und löse das Papier um das Geschenk.

Gerechtfertigt im Geist!

Das ist die zweite Strophe dieses Liedes. (EG 47,2) Ganz leicht ist dieses Papier. Und erfüllt doch seine Funktion. Verhüllt in ansehnlicher Weise, was sich in diesem Geschenk verbirgt. Nicht im Materiellen, wie wir das gewohnt sind. In dem, was wir getrost nach Hause tragen können. Was andere uns vorgaukeln, dass wir es bräuchten zu unserem Lebensglück. Was wir haben. Was wir besitzen müssten. Nein, im Geist schon sei dieses Kind wirksam, so der Dichter dieser Liedstrophe. Im Verstehen. Im Staunen. Im Nachahmen. In der Vorstellung, in der Erfahrung, die uns beflügelt. Die nicht auf Gewalt setzt, sondern auf das lösende, das Konflikt entschärfende, Horizont eröffnende Wort.

Und ich sehe einen Geschenkkarton vor mir. Dessen Deckel muss ich erst abnehmen, um seinem eigentlichen Inhalt, dem Geheimnis dieses Geschenks auf die Spur zu kommen.

IV.

Und die nächste Strophe ist vernehmbar, gesungen mit den himmlisch leichten Stimmen, die damals schon die Hirten aus ihrem Nachtschlaf geweckt haben:

Erschienen den Engeln!

(EG 47,3) Ohne Engel ist dieser Heiligabend, diese Heilige Nacht nicht zu denken. Engel sind unübersehbare Zeichen, dass es um ein himmlisches Geheimnis geht, dass sich da noch etwas anderes in das Spiel unseres Lebens einmischt. Dass die uns vertrauten Spielregeln von der Macht des Stärkeren und den tagtäglichen Überforderungen des Lebens außer Kraft gesetzt sind.

Engel versetzen Menschen in Erwartung. Und lassen sie ausbrechen aus den gewohnten Strategien, um im Leben zurecht zu kommen. Die Hirten sind dafür Beleg, die sich auf den Weg machen, um den Stall mit diesem Kind zu suchen – und sich um ihre Schafe plötzlich keinen Kopf mehr machen. Kein Weihnachtsspiel kommt darum ohne die neue Sorglosigkeit des Lebens dieser Hirten aus.

Und als ich den Inhalt des Kartons herauszunehmen suche, sehe ich gleich: Ich bin noch nicht am Ziel. Zerknülltes Papier und Kugeln aus Styropor umgeben seinen Inhalt, nach dem meine Hände weitersuchen.

V.

Unmerklich summe ich die nächste Strophe vor mich hin:

Gepredigt den Völkern!

(EG 47,4) Nein, es ist keinesfalls unnötig, was das Geschenk umgibt. Was sich der

Form des Inhalts anpasst. Was zum Vorboten des Eigentlichen wird. Diesen schützt und umgibt. Und aus dem Vorgang des Auspackens fürs Erste noch einmal das Tempo herausnimmt.

Nicht nur für mich ist von Bedeutung, was ich als Geheimnis der Weihnacht ergründe. Nicht nur für die Betroffenen und die Erwartungsvollen damals, die sich längst den Einen erhoffen, der die böse Welt aus den Angeln hebt und eine neue Zeit in Gang setzt. Das Geheimnis der Weihnacht, das Geheimnis dieses Kindes, verborgen zwischen Ochs und Esel in einem Stall, verbirgt ein Geheimnis für die ganze Welt. Verbirgt womöglich das Geheimnis der ganzen Welt, ein Geheimnis, das es in dieser Welt und mit allen Menschen guten Willens zu entdecken gilt. Gott wagt den neuen Anfang. Nicht nur mit ausgewählten Heiligen, sondern mit allen, die sich auf den Weg machen.

Und ganz sorgfältig halte ich jetzt den Inhalt des Kartons, das eigentliche Geschenk, in meinen Händen. Erstaunlich, was da zum Vorschein kommt, denke ich.

VI.

Und: Ich staune tatsächlich! Unglaublich! Und dennoch, wie ich es mit der nächsten Strophe Singen höre:

Geglaubt in der Welt

(EG 47,5) Das Geschenk bleibt nicht ohne Wirkung. Menschen finden Gefallen an diesem Geschenk der Weihnacht. Es ist Gott, sich selbst verschenkend mitten hinein in diese Welt. Es ist Gott, ohne alle Kennzeichen äußerer Macht. Und gerade deshalb machtvoll sich einbringend und einmischend in die bösen Spiele der Mächtigen. Es ist Gott, herabgekommen in die Wirklichkeit meines Lebens. Aber gerade ohne sich herablassend zu gebärden. Es ist Gott, keinen Raum findend in der Herberge. Und gerade deshalb Raum gebend allem, was Leben ermöglicht und lebenswert macht. Es ist Gott, geworden wie einer und eine von uns. Mensch geworden. Und gerade deshalb dem Menschlichen Bahn brechend. Und menschlichen Umgang unter uns ermöglichend.

Und mein Blick fällt auf das, von dem ich glaube, es in den Händen zu haben, auf dieses so kostbare Geschenk, dieses Geheimnis des Lebens – und ich entdecke: Meine Hände sind leer. Das große Geschenk der Weihnacht lässt sich nicht festhalten. Es will gelebt werden. In der Ausrichtung an diesem Kind, dessen Geburt vor zweitausend Jahren wir in dieser Nacht feiern.

VII.

Was bleibt, als gemeinsam einzustimmen in das große Loblied dieser Nacht. „Ehre sei Gott in der Höhe!" – so haben die Engel gesungen.

Aufgenommen in die Herrlichkeit! –

So lautet die letzte Strophe dieses alten Weihnachtsliedes – wenige Generationen später von diesem uns unbekannten Briefschreiber schriftlich festgehalten. Und weiterüberliefert. Bis es auch uns erreicht. In dieser Heiligen Nacht 2018. Vom großen Geschenk der Weihnacht lässt er uns singen. Vom Urbild unseres Schenkens in dieser Nacht.

Endlich ist sie da, die Heilige Nacht! Endlich Weihnachten! Gott wird Mensch, damit wir uns als Menschen begegnen! Das lässt uns singen in dieser heiligen Nacht! Gott wird Mensch! Das ist das große Geschenk der Weihnacht. Das lasst uns feiern. Amen.

Vorschläge für das Predigtlied

EG 47	Freu dich, Erd und Sternenzelt
EG 27	Lobt Gott, ihr Christen, alle gleich

Fürbittengebet

[Liturg(in):] Gott, Menschgewordener, wir suchen dich im Himmel, aber du lässt dich auf der Erde finden. Im Unscheinbaren und Kleinen scheint deine Größe auf mitten in unserem Leben.

In einem Kind lässt du uns deine Gegenwart entdecken, damit wir nicht länger nur den Mächtigen und den Machern vertrauen.
Bitten wollen wir dich für alle Menschen, die dich nicht finden können, weil andere und anderes ihnen den Blick auf dich verstellen. Mit ihnen zusammen lasst uns das Geschenk der Weihnacht entdecken und singen:
[Liturg(in) und Gemeinde:] Freue, freue dich, o Christenheit!

[Liturg(in):] Bitten wollen wir dich für alle Menschen, die kein festes Dach über den Kopf haben, die auf der Flucht sind vor Armut und Verfolgung, damit ihnen aus unserem Gesicht deine Freundlichkeit entgegenleuchtet.
Bitten wollen wir dich für alle, denen Weihnachten zur unerträglichen Last wird, weil sie keinen Menschen haben, der ihnen zu tragen hilft, was an Schwerem auf ihrer Seele lastet. Mit ihnen zusammen lasst uns das Geschenk der Weihnacht entdecken und singen:
[Liturg(in) und Gemeinde:] Freue, freue dich, o Christenheit!

[Liturg(in):] Bitten wollen wir dich für uns selber, damit wir Wege finden, menschlicher miteinander umzugehen.
Komm uns nah, Gott, in dieser besonderen, dieser heiligen Nacht, und unterbrich die Abfolge unserer Tage, damit wir voll weihnachtlicher Hoffnung das Geschenk der Weihnacht entdecken und gemeinsam singen:

[Liturg(in) und Gemeinde:] Freue, freue dich, o Christenheit!
[Liturg(in):] Damit wir finden, was wir zum Leben wirklich nötig haben, beten wir gemeinsam weiter.

Vater unser

Traugott Schächtele

Christfest I

Johannes 1,1–5.9–14(16–18)

Der Predigttext wird erst im Verlauf der Predigt verlesen.

Liebe Gemeinde!
Weihnachten ist nicht nur die Zeit der Geschenke, sondern auch der Wünsche. Einige bleiben unerfüllt und müssen bis zum nächsten Jahr warten. Ganz oben auf dem Wunschzettel der Menschen: Atempause. Weihnachten bitte ohne Katastrophen. Nicht zu Hause, nicht in der Welt. Es soll weder Streit unter dem heimischen Tannenbaum geben, noch eine Nachrichtenmeldung über Tsunamis, Wahnsinnige, die sich und Unschuldige in die Luft jagen, oder Vergleichbares. Atempause.

„Am Ende wird alles gut. Wenn es nicht gut ist, ist es noch nicht das Ende." Wir sind noch nicht am Ende. Am Ende wird alles gut. Darauf richten wir unsere Hoffnung. Gerade dann, wenn die Gegenwart zu wünschen übrig lässt. Und wann tut sie das nicht! Wenn alles gut ist, dann ist der Lauf der Dinge am Ziel. Dann kommt auch die Geschichte an ihr Ende. Dann hört alles Hoffen, alles sehnsüchtige Warten auf bessere Zeiten endgültig auf.

Der Beginn des Johannes-Evangeliums korrigiert diese Sichtweise. Er stellt sie geradezu auf den Kopf. Der Lauf der Dinge – er wird nicht erst am Ende gut. Er ist gut von Anfang an.

[Lesung des Predigttextes]

Im Anfang war das Wort. Und das Wort war bei Gott. Gott war das Wort. Wo es Gott ist, in dem alles seinen Anfang nimmt, was ist, da ist schon der Anfang gut. Was gut ist, kann nur gut sein, weil es sich als gut erweist in Beziehung. Gott ist gut, weil er sich von Anfang an nicht selbst genug ist.

Von Anfang an, da noch nichts ist, außer Gott – da ist Gott schon in sich selber Beziehung. Da ist Gott vielfältig. Am Anfang – da ist nicht unbewegtes Sein. Kein unbewegter Beweger, wie uns theologische Tradition weismachen will. Gott ist Gott im „Logos", das Luther mit „Wort" übersetzt. Und das doch viel mehr meint als nur Wort. Gott ist Weisheit und Verstand. Gott ist Vernunft und Liebe. Kraft ist Gott und Tat, wie Goethe seinen Faust an dieser Stelle übersetzen lässt, um dem Wort einen Sinn abzugewinnen. Es reicht völlig aus, sich beim Übersetzen in Bescheidenheit zu üben. Mitteilung, Message ist Gott. Und darum Wort. Gott ist, indem er spricht. Von Anbeginn.

Was Gott *nicht* ist von Anbeginn, das ist Dunkelheit. Gott ist Licht. Was Gott nicht ist von Anbeginn, das ist Lüge. Gott ist wahr. Was Gott *nicht* ist von Anbeginn, das ist Zersetzung und Zerstörung. Gott ist gut.

Logos ist Gott. Wort. Zugewandtes Wort. Wort, das ins Leben ruft. Seit allem Anfang. „Und Gott sprach. Es werde! Und es ward." Das lesen wir in der Bibel schon auf der ersten Seite. Dort, wo vom Ur-Anfang berichtet wird. Gottes Sein ist im Werden. Und wenn Gott wird, entsteht Gutes.

Darum spricht Gott sich aus. Verdammt sich nicht selbst zum wortlosen Schweigen. Gottes Werden findet sein Ziel im Wort, das Mensch wird. Gott wird Mensch. Der Logos, das Wort wird Fleisch. Licht wird in der Dunkelheit. Gutes wird im Bösen. Gott wird Mensch. Die Grenzenlosigkeit Gottes findet ihren Ort in der Begrenztheit menschlichen Seins.

„Es gibt kein richtiges Leben im Falschen". Theodor W. Adorno hat das geschrieben, Der Beginn des Johannes-Evangeliums zweifelt auch diesen Satz an. In fundamentaler Weise. Licht überstrahlt doch die Dunkelheit. Die Schönheit bringt sogar die Unansehnlichkeit zum Leuchten. Die Wahrheit entfaltet Wirkung in der Unwahrheit. Gott wird Mensch. Gott bleibt bei sich, gerade dadurch, dass er außer sich ist. Außer sich geht. Nicht herablassend ist das, was sich da ereignet. Gott treibt sein Sein auf die Spitze. Indem er Mensch wird, kommt sein Gott-sein-in-Beziehung ans Ziel. Gott wird Mensch. Das Wort ward Fleisch und wohnte unter uns.

Weihnachten ist das – ohne Maria und Josef. Ohne Hirten und Könige. Ohne Himmelslicht und Engelschöre. Weihnachten aber – mitten in der Welt, in die Gott sich einmischt. Auf die Gott sich einlässt. Gott wird Mensch!

Wirklich verstehen kann ich das nicht. Niemand kann das wirklich verstehen. Aber entziehen will ich mich diesem Werden Gottes auch nicht. Das Gute sucht sich Raum in dieser Welt. Von Anbeginn. Ins Leben ziehen kann ich diese Wahrheit. Mich in ihr bergen. Auf sie hören. Sie weitersagen. Sie ihr Licht entfalten lassen. Vor allem da, wo Gottes Sein im Wort noch nicht das Sein der Welt bestimmt.

Gottes Geschichte in seinem eigenen Sein wandelt sich zur Geschichte Gottes mit uns Menschen. Zur Geschichte mit der ganzen Schöpfung. Nichts stellt uns diese Geschichte anschaulicher vor Augen als die Geschichte eines Kindes. Dieses besonderen Kindes, dessen Ankunft wir erwarten in diesen Tagen des Advent. Die Geschichte seiner Geburt. Die Geschichte dieses Kindes mit den Menschen. Die vielen Worte des Zuspruchs und der Heilung. Die Geschichte mit den Menschen, die diesem Wort zusetzen. Die es zum Schweigen bringen wollen. Weil sie dieses Wort nicht ertragen. Weil sie sehen, dass die Welt doch ganz anders aussieht.

Weil der Mensch dem Menschen zusetzt, hat es dieses Wort schwer. Weil zerstörerische Kräfte sich entfalten. Sinnlos entfalten. Deshalb steht dieses Wort im Verdacht, unwahres Wort zu sein. Die Welt ist nicht einfach nur gut. So wie Gott gut ist. Viel zu oft noch ist das Gute verborgen. Ist die Schönheit entstellt. Viel zu oft und mit Recht erklingen Lieder der Trauer und der Klage. Hoffentlich auch Lieder des Widerstands. Und es wären Lieder ohne Ende, wenn Gott nicht gut wäre. Gut von Anbeginn.

Wie eine Leuchtspur zieht sich diese Geschichte des guten Wortes Gottes durch den Gang der Welt. Verborgen oft. Aber nicht vergeblich. Fast unhörbar. Aber nicht ungesagt. Zellen des Menschlichen haben sich gebildet. Und wachsen. Viel zu langsam oft. Nicht selten gegen den Trend. Und häufig gegen Widerstände.

„Am Ende wird alles gut. Wenn es nicht gut ist, ist es noch nicht das Ende." Unser Leben – es spielt sich ab auf freier Strecke zwischen Anfang und Ende. Irgendwo zwischen Kreißsaal und Sterbezimmer. Zwischen Krippe und Grab. Unser Leben spielt sich ab in jenen Sphären, in denen wahrhaftig noch nicht alles gut ist. Hier. Mitten auf der Erde.

Die Zeit, in der wir unser Leben leben, sie ist noch nicht das Ende. Aber von Anbeginn zieht sich diese Spur des Guten durch die Welt. Seit Anbeginn ist Gott gut. Gott findet zu seinem Sein, indem er Mensch wird. Wie wir. Der Mensch findet zu seinem Menschsein, indem er sich darauf besinnt, dass es die Züge Gottes sind, die sein Gesicht zum Leuchten bringen. Daran erinnert uns das Kind in der Krippe. Im Anfang war das Wort. Und dieses Wort wird Mensch. Gott nimmt Wohnung mitten auf der Erde.

Verstehen mag ich's vielleicht nicht. Noch nicht. Aber feiern – feiern will ich es schon. Und heute schon einmal alles gut sein lassen. Amen.

Vorschläge für das Predigtlied

EG 53	Als die Welt verloren
EG 46	Stille Nacht

Fürbittengebet

Barmherziger Gott,
alles strahlt im Licht der Weihnacht. Dieses Licht wollen wir in die Dunkelheit der Welt tragen:
zu denen, die zu Hause keinen Frieden finden;
zu denen, die im Streit auseinandergegangen sind;
zu denen, die vertrieben wurden;
zu denen, die ihren Glauben verloren haben;
zu denen, die Weihnachten nicht kennen.
Lass das Licht in der Krippe zum Leuchtfeuer in den Herzen werden, das alle Menschen sehen können, und führe sie zu dir. Amen.

Traugott Schächtele

Christfest II

Römer 1,1–7

[Lesung des Predigttextes]

Liebe Gemeinde!
Manchmal kann man sich über den Besuch zu Weihnachten richtig freuen. Nicht nur, dass die Kinder gekommen sind. Wenn auch nicht zum Heiligen Abend, so wie früher, als sie noch ohne eigene Familie waren. Aber wenigstens am Feiertag. Sie haben sich auch lobend über die Geschenke geäußert. Und über die Krippe unter dem Baum. Der große Sohn sagt, die erinnert ihn immer so an früher, an Kindheit, zu Hause, Geborgenheit und Liebe. In der rauen Welt da draußen geht es nicht so gemütlich zu. Da muss man sich durchsetzen und sich immer wieder neu orientieren. Sein Chef sagt: Die Lage ist dynamisch, da haben wir uns alle anzupassen. Immer wieder muss man sich neuen Herausforderungen stellen. Da gibt es keine Pause. Da ist es so schön, dass es etwas Beständiges gibt wie die alte Krippe.

Das sagt auch die Nachbarin, die immer in diesen Tagen zu Besuch kommt. Ihr gefällt die Krippe auch. Und sie freut sich jedes Jahr, wenn sie die Figuren bewundern kann. Da freut man sich richtig mit. Besonders die Hirten haben es ihr angetan. Die sehen so lebensnah aus, sagt sie. So echt. Wie lebendig. Die Schafe würde sie am liebsten füttern. Man wundert sich, dass sie nicht „Mäh“ sagen. Die Hirten haben lange Mäntel an, die bis auf die Erde reichen. Und einen Schlapphut auf. In der Hand halten sie einen Hirtenstab. Einer hat eine Laterne. Sie haben Bärte und gegerbte Gesichter. So muss das sein.

So muss das sein? Wie sehen richtige Hirten aus? So viele gibt es ja nicht mehr bei uns. Wir sind ja längst umgestiegen auf Rind- und Schweinefleisch und auf Baumwolle. Wer es fettärmer will, bevorzugt Hühnchen. So ist unser Leben heute. Da gibt es wenige Hirten. Die Tiere werden in Ställen gehalten, und die Angestellten bedienen Computer. Viele andere Dinge für unseren Lebensunterhalt stellen wir industriell her. Die meisten lassen wir herstellen. Irgendwo auf der Welt. In China. In Bangladesch. – Aber wie soll man das in einer Krippe darstellen? Ein Chinese mit einer Reisschüssel und Stäbchen? Eine Näherin aus Chittagong? Jetzt wird es doch verrückt, sagt die Nachbarin. Die Hirten müssen bleiben, wie sie sind! Sonst ist nicht Weihnachten.

Und Maria? Wie muss Maria aussehen? Was meinen Sie? [*Wenn in kleinen Gemeindegruppen gefeiert wird, eignet sich diese Stelle zum Gespräch oder zur Betrachtung von Mariendarstellungen.*] Wie an der alten Krippe? Da hat sie lange Haare und ein rotes langes Kleid. Oder ist es ein Umhang? Auf jeden Fall trägt sie ein blaues Kopftuch. Oder ist es ein Schleier? – Auf jeden Fall ist Maria sehr schön und zart. Und sie hat einen Blick voller Liebe. Voller Liebe auf das kleine nackte Kindlein im lockigen Haar. Wo hat es das wohl her? Also nicht von Maria. Die hat langes schwarzes und glattes Haar. Das sieht man deutlich. Und von einer Maria mit Locken hat man noch nie etwas gehört. Von Joseph? Der steht ja auch daneben und beleuchtet die Szene ebenso mit einer Laterne. Aber die Haare kann man nicht sehen. Die sind unter dem Hut. Da wird man nicht schlau aus der Geschichte.

Gemessen an unserem Leben ist die Krippe unter dem Baum wirklich alt. Sie stammt von den Großeltern. Also mindestens drei Generationen haben sie weitergegeben. Sie ist ein Bild von der Geschichte, die wir zu Weihnachten erzählen. Sie will zeigen, wie es war, als Jesus in die Welt kam. Dieses Kind, das für Christen so wichtig ist. Da gehören Hirten und Schafe dazu und auch Maria und Joseph. Die Großeltern haben sie dargestellt, wie sie die Personen sahen. Und dazu gehören Hirten, die gebeugt sind von harter Arbeit und von einem Alltag, der wenig Lichtblicke bietet. Ein Alltag, der geprägt ist vom Kampf um das tägliche Brot und der Abwehr von Gefahren. Und dazu gehört das Staunen der Hirten beim Anblick eines Kindes, das nun ihr Retter sein soll. Dazu gehört Joseph, der als Mann für die Familie sorgt. Dazu gehört Maria und ihr liebender mütterlicher Blick auf das Kind. So haben die Großeltern die Geschichte verstanden, sehen wollen und mit ihren Mitteln dargestellt.

Mehrere hundert Jahre zuvor gab es andere Ideen. Da waren die Hirten nicht so wichtig. Und Joseph mit seiner Laterne schon gar nicht. Christen im 2. Jahrhundert haben gemeint: Wir müssen ganz klar herausstellen, dass Jesus etwas ganz Besonderes ist. Der kann eigentlich keinen Vater haben wie Joseph aus Nazareth, einen Handwerker. Na gut, für die Geschichte ist er vielleicht unverzichtbar. Maria allein, das geht ja auch nicht. Wer soll die Arbeit machen, für den Lebensunterhalt sorgen, den Esel führen? Also bekommt Joseph einen Hut, dass man die Haare nicht sieht. Und Maria bekommt das Kind als Jungfrau. Das war vor 1900 Jahren nicht so schwierig zu erzählen. Die Griechen beispielsweise fanden das ganz selbstverständlich, dass es besondere Menschen gibt, die von den Göttern abstammen. Die waren dann von besonderer Herkunft. Sie hatten keine menschliche Abstammung, sondern kamen geradewegs aus dem Himmel – natürlich wegen der Natur auf dem Weg über die Mütter. War das bei Jesus auch so? Zumindest wollen die das sagen, die vor vielen hundert Jahren in Athen und in Rom saßen. Das ist ihre Sicht und ihre Geschichte. So haben sie Weihnachten verstanden und dargestellt.

Dabei hatten die Christen in Rom einen Brief von Paulus. Der hat das deutlich anders gesehen. Er schreibt den langen Römerbrief und fängt ihn gleich mit deutlichen Sätzen an, die gar nichts mehr mit der Weihnachtskrippe zu tun haben. Die ersten Worte des Briefes lauten: „Paulus, ein Knecht Christi Jesu, berufen zum Apostel, ausgesondert zu predigen das Evangelium Gottes, das er zuvor verheißen hat durch seine Propheten in der Heiligen Schrift, von seinem Sohn, der geboren ist aus dem Geschlecht Davids nach dem Fleisch, der eingesetzt ist als Sohn Gottes in Kraft nach dem Geist, der da heiligt, durch die Auferstehung von den Toten – Jesus Christus, unserm Herrn." [*Am besten man liest den Satz zweimal und langsam.*]

Es folgen in dem Brief noch viele schwer verständliche Sätze. Paulus will immer wieder sagen, wie Gott uns gerecht macht, wie er uns unsere Schuld abnimmt, wie wir gerechtfertigt werden. Wie Christen aus Gnade und Liebe leben können in Rom, in Wittenberg und in [*dem Ort, an dem die Predigt gehalten wird*]. Ein erstes Wort zielt auf die Krippe. Das ist auch für ihn – wie für uns heute und hier – ganz wichtig. Paulus verbreitet die Gute Nachricht von Gottes Sohn, „der geboren ist aus dem Geschlecht Davids nach dem Fleisch". Bei diesen Worten müsste der Joseph an der Krippe den Rücken gerade machen und sich aufrichten. Er ist wichtig. Joseph aus Nazareth aus dem Stamm Davids. Es klingt immer noch in unseren Ohren von Heiligabend. So steht es in der Weihnachtsgeschichte von Lukas. Ja, sagt

Paulus. Das ist wichtig, sagt er. Wir Christen haben eine Wurzel. Wir haben lange und tiefe Wurzeln. Sie reichen hinab über alle Propheten, über die Psalmen, über alle Gefährdung und Bewahrung des gemeinsamen Weges von Menschen mit Gott. Sie reichen hinab bis zu den Geschichten um Mose und die Befreiung aus der Zwangsherrschaft und Unterdrückung in Ägypten. Bis hinab zur Erfüllung von Hoffnung. Ja bis ganz hinunter zum Urgrund der Welt. Gott hat sie gemacht. Er hat alles geschaffen. Und siehe, es war sehr gut.

Aus diesen Gründen, aus diesen Quellen lebt christlicher Glaube bis heute. Die Sache mit dem Kind ist kein Neubeginn, kein Quereinstieg. Was mit Abraham begann, über Jakob, David und all die Väter der Geschichten weiterging, das kommt zu uns. Jesus war ein Jude, sagt Paulus. Das Kind war nicht irgendein Mensch, sondern ein Mensch mit Geschichte, mit Stammbaum, mit Wurzeln. Und über diese Wurzeln sind wir mit dem ganzen langen Weg Gottes mit den Menschen verbunden. Wir sind Teil der Heilsgeschichte.

Unsere Wurzeln reichen hinab über die Großeltern und ihre Krippe und über die Christen, die die Idee mit der Jungfrauengeburt hatten. Daran will uns Paulus erinnern, denke ich. Nach dem Fleisch, nach unserer menschlichen Natur, ist das Christentum aus dem Judentum hervorgegangen. Diese Wurzeln sollten wir nicht kappen wollen. Und sie sollten auch in unseren Weihnachtskrippen eine Rolle spielen. Insofern ist es nicht ganz gleichgültig, ob wir Joseph mit Locken darstellen oder nicht. Auch Maria mit Locken wäre denkbar – wenn wir denn das Kindlein mit lockigem Haar malen.

Liebe Gemeinde, Weihnachten ist Gott einen Schritt weitergegangen. Von seinem Volk, den Juden, aus zu den – wie die biblische Sprache sagt – Heiden. Von dem Land im Osten aus über das Mittelmeer nach Griechenland, Italien, Deutschland. Gott hat die Schritte getan und Paulus versteht sich als sein Knecht, als sein Apostel und Verkünder. Gott hat nicht alles hingeworfen. Gott hat das Begonnene fortgeführt und erweitert. Zu dem was war, kamen wir dazu. Der Stall stand nicht in den Bayerischen Alpen – so schön und anheimelnd diese Darstellungen sind. Vielleicht war der Stall auch einfach eine Höhle – wer weiß. Niemand weiß, wie Maria und Joseph aussahen oder ob es die Hirten wirklich gab mit ihren Bärten und Stäben. Das ist auch gar nicht wichtig, würde Paulus sagen. Wichtig sind die Wurzeln, und wichtig ist vor allem, was aus diesen Wurzeln wächst.

Paulus spricht von Gnade. „Wir haben Gnade empfangen, und Gnade sei mit Euch." Das ist die Mitte von Weihnachten. Wir bekommen etwas geschenkt. Einen von uns – nach dem Fleisch, und doch einen ganz Besonderen –, nach dem Geist. Wir bekommen Vergebung geschenkt, wir bekommen Liebe geschenkt, Hoffnung und eine Vision: Wir werden nicht in den Todesmächten gefangen bleiben. Weihnachten und Ostern gehören zusammen. Was jetzt beginnt, hat sein Ziel in den Tagen nach Ostersonntag: Der Tod verliert. Das Leben gewinnt. Das bekommen wir geschenkt. Das ist Weihnacht. Geweihte Nacht. Heilige Nacht. Dessen vergewissern wir uns heute.

Was machen wir nun mit der Jungfrauengeburt und mit der Krippe von den Großeltern? Der Nachbarin gefällt die Krippe so gut und den Kindern bedeutet sie so viel. Und die Jungfrauengeburt kommt sonntäglich in unserem Glaubensbekenntnis vor. Vielleicht ist es gut, wenn alles bleibt.

Geschichten sind Geschichten und niemals die ganze Wahrheit. Unsere Maria, unser Joseph und unsere Hirten sind ebenso wie das Kindlein im lockigen Haar unsere Darstellung des Glaubens. Sie soll uns Liebe, Staunen und Hoffnung zugänglich machen. Die Geschichte von der Jungfrauengeburt ist eine Geschichte, die helfen soll, nicht im Menschlichen zu versinken, sondern das Göttliche in Jesus Christus zu betonen. Und auch Paulus weiß nicht alles. Er versucht es in seinem Brief nach Rom, indem er eine Formel aufschreibt: „Jesus – geboren aus dem Geschlecht Davids, eingesetzt zum Sohn Gottes im Heiligen Geist durch die Auferstehung von den Toten." Zugegeben, das ist nicht so schön wie die Krippenfiguren, aber auch das ist Weihnachten.

Diese Vielfalt der Darstellungen ermutigt uns: Wir genießen den weihnachtlichen Besuch in unseren Stuben. Wir erfreuen uns an den Gestalten der Krippe. Wir sind über unsere Wurzeln froh und halten an Traditionen fest. Vor allem lassen wir uns die Hoffnung schenken, die weit über alles Bisherige hinaus reicht: Neues beginnt. Aus Gnade. Das Leben gewinnt.

Frohe Weihnachten und Gnade sei mit Euch und Friede von Gott, unserem Vater, und dem Herrn Jesus Christus.

Vorschläge für das Predigtlied

EG 37	Ich steh an deiner Krippen hier
EG 52	Wisst ihr noch, wie es geschehen?

Fürbittengebet

Du Gott der Liebe,
danke, dass wir Weihnachten so viel von dir geschenkt bekommen. Du kommst uns entgegen mit Gnade und Liebe und Hoffnung. Du legst in unsere Hände und Herzen, was unser Leben reich und erfüllt machen kann.
Hab Dank dafür.
Du Gott der Gnade, vergib uns, wenn wir schuldig werden an deiner Schöpfung, an den Pflanzen, an den Tieren und an den Menschen. Vergib uns, wenn wir schuldig werden an denen, die auf unsere Gnade, Liebe und Hoffnung angewiesen sind. Vergib uns, wenn wir ungerechte Strukturen aufrechterhalten und nicht widerstehen, wo wir könnten. Vergib uns, wenn wir deine Gaben und deine Liebe für uns behalten wollen, wenn wir die Heimat, die du uns gegeben hast, nicht teilen wollen, wenn wir die Lebensgrundlagen, die du uns gegeben hast, nur für uns nutzen.
Du Gott der Hoffnung, ermutige uns immer wieder, an dir und in dir zu bleiben. Stärke uns, die Wurzeln, aus denen wir leben, als Quelle deiner Liebe zu verstehen und zu nutzen. Stärke uns immer wieder, die Hoffnung in eine gerechte und friedliche Welt zu behalten. Ermutige uns, dass wir erkennen, dass wir selbst etwas tun können.

In der Stille sagen wir dir, was uns nahe am Herzen ist:

[Stille]

Um alles, was nötig ist für uns und die Welt bitten wir dich gemeinsam in Jesu Namen mit den Worten, die er uns gelehrt hat:
Vater unser

Jochen M. Heinecke

1. Sonntag nach dem Christfest

Matthäus 2,13–18(19–23)

[Lesung des Predigttextes]

Wo ist unsere Heimat?

Liebe Gemeinde!

Nicht nur zur Weihnachtszeit, sondern auch in der Politik hat ein Begriff neue Aktualität erfahren, der Begriff der Heimat. Kein anderes Fest verbinden wir mehr mit diesem Begriff als das Weihnachtsfest, da möchten wir alle gerne zuhause sein, da, wo wir hingehören, wo die Umgebung uns vertraut ist, die Menschen, oft auch die Sprache, der Dialekt. Heimat ist da, wo unsere Familie zuhause ist, wo man die Menschen kennt. Aber nicht nur die Menschen, auch die Landschaft, die Gebäude gehören dazu, und nicht nur das, sondern auch die Geschichte gehört dazu, die Traditionen, in und von denen wir leben. Heimat ist der Inbegriff der uns vertrauten Lebenswelt. Dort, wo wir hingehören, dort wo wir zuhause sind. Und viele verbinden eben dies mit dem Weihnachtsfest. Heimat ist das, was unserem Leben Identität gibt.

Aber diese Heimat ist auch bedroht. Dabei sollten wir nicht in erster Linie an Flüchtlinge und Fremde denken, sondern an die Veränderungen von Technik, Globalisierung, Industrialisierung, Mobilität – all das, was Heimat bedroht, oft in ganz wörtlichem Sinne, so dass man seine Heimat gar nicht mehr wiedererkennen kann. Es fällt schwer, das Leben in industrialisierten Großstädten noch als Heimat zu erleben, als eine Lebenswelt in vertrauter Umgebung. Heimat wird dann mehr eine Ideologie von einer angeblich schönen Welt in der Vergangenheit, aber keine Realität. Sehnsucht nach einer Vergangenheit, die es nicht mehr gibt – und die es eigentlich auch nie gegeben hat. Denn in der Erinnerung, da beschwören wir ja oft eine Heimat als heile Welt, die es so nie gegeben hat.

Im Deutschen gibt es dafür das schöne Wort „Heimweh“, die vergebliche Sehnsucht nach einem Zuhause, das es so eigentlich nie gegeben hat. Nach dem großen romantischen Philosophen und Pädagogen Rousseau ist Heimweh eigentlich eine Schweizer Erfindung, man nennt es auch die Schweizer Krankheit, und Rousseau erzählt die Geschichte aus Frankreich, wo es verboten gewesen sein soll, mit Kuhglocken zu läuten – weil dadurch die Schweizer Soldaten, Legionäre, so von Heimweh ergriffen würden, dass sie total kampfunfähig gemacht oder gar desertieren würden.

Nun gut, Heimat hat etwas mit Romantik zu tun, die Sehnsucht nach einer heilen Welt, nach Geborgenheit in einer vertrauten Lebenswelt – eine unschuldige Sehnsucht, eine Hoffnung auf eine bessere Zukunft, die aber in die Vergangenheit projiziert wird.

Aber wenn es politisch wird, kann diese unschuldige Heimatliebe auch gefährlich werden. Heimatliebe kann zu Nationalismus werden, und der Begriff der Heimat spielte eine zentrale Rolle in der nationalsozialistischen Ideologie. Heimatliebe wurde pervertiert zu Fremdenfeindlichkeit und Angst vor allem, was anders ist als wir. Heimat wurde zu „Blut und Boden“, Besitzanspruch und Herrschaftswahn, einer Ideologie vom Recht auf „Lebensraum“. Liebe wird zu einem „Besitzrecht“. Und wenn es etwas gibt, was Liebe zerstört, so ist es der Wille, das zu „besitzen“, was man liebt. Das gilt für die Beziehung zu einem geliebten Menschen, das gilt für die Liebe zur Heimat. Liebe wird dann zu Hass auf alles Fremde, was einen angeblich bedroht.

Wenn wir heute wieder im positiven Sinne diesen Begriff verwenden und von Heimat und Heimatliebe reden, (wir haben gar einen neuen „Heimatminister“), sollten wir die negativen Seiten dieses Begriffs nicht vergessen, seinen Missbrauch in der Geschichte. Heimatliebe sollte nicht zu einer „Schweizer Krankheit“ werden, einer Sehnsucht nach einer angeblich heilen Welt, die es nie gab, und der Angst vor allem und allen Fremden.

Und vielleicht ist es auch gut, dass wir einmal auf das hören, was die Bibel über Heimat und Heimatliebe sagt. Das Reden von Heimat wird ja heute oft christlich begründet, als Abgrenzung gegen fremde Religion und Kultur. Und es täte unseren Politikern gut, die nun so gerne von Heimat und Christentum reden, auch darauf zu hören, was die Bibel eigentlich über Heimat sagt.

Die Bibel redet nämlich eigentlich nicht viel von Heimat, sondern vielmehr vom Aufbruch aus der Heimat. Das gilt für Abraham, den Vater des Glaubens, den

Juden, Muslime und Christen gemeinsam ehren. Seine Geschichte beginnt nicht mit Heimatliebe, sondern einem Aufbruch aus der Heimat.

Die Berufung Abrahams ist nicht Rückkehr in die Heimat, sondern Aufbruch aus der Heimat: „Geh aus deinem Vaterland und aus deines Vaters Hause in ein Land, das ich dir zeigen will“, heißt es in Abrahams Berufung durch Gott. Glaube ist nicht Liebe zur Heimat, sondern Aufbruch aus der Heimat. Damit beginnt es. Und damit beginnt ja auch die Geschichte Jesu, wie im Text dieses Sonntages erzählt wird. Die Geschichte Jesu beginnt mit der Flucht, dem Aufbruch, das hat nicht nur historische, sondern auch starke symbolische Bedeutung. Wer etwas gegen Flüchtlinge hat, kann sich jedenfalls auf Jesus nicht berufen, der selbst Flüchtling war. Und das Christentum ist nicht eine nostalgische Heimat-Religion, sondern eine Religion des Aufbruchs, der Zukunft. Jesus hatte ja übrigens nicht gerade ein geordnetes Familienleben, so wie das oft besonders zu Weihnachten dargestellt wird. Sein Leben war Aufbruch auch im übertragenen Sinne, war Konflikt. Und die Evangelien berichten sogar davon, dass seine Familie ihn vergeblich wieder nach Hause holen wollte, weil sie ihn für verrückt hielten.

„Denn wir haben hier keine bleibende Stadt, sondern die zukünftige suchen wir“, heißt es im Hebräerbrief. In seinem berühmten Buch „Das Prinzip Hoffnung“ spricht der Philosoph Ernst Bloch davon, dass Heimat etwas ist, „das allein in die Kindheit scheint und worin noch niemand war“. Daran sollten wir denken, wenn wir so gerne das sogenannte Abendland beschwören.

Damit beginnt es, mit dem Aufbruch aus der Heimat. Das ist ja nicht nur die Erfahrung von Abraham und Jesus, sondern die Erfahrung jedes Menschen. Wir können nicht immer zuhause bleiben, das Leben jedes Menschen ist ein Aufbruch von zuhause, ein notwendiger Aufbruch, wenn man seine eigene Identität finden soll. Diese Erfahrung bleibt keinem Menschen erspart, auch wenn die meisten von uns nicht von zuhause fliehen müssen, weil wir Verfolgungen ausgesetzt sind.

Aber in einem weiteren Sinn gilt, dass Heimat im eigentlichen Sinne nicht etwas ist, was wir hinter uns lassen, die vertraute Welt der Kindheit, sondern was wir immer vor uns haben. Der unlängst verstorbene Theologieprofessor Manfred Josuttis hat kurz vor seinem Tod eine pastorale Autobiographie veröffentlicht, schon gezeichnet von Krankheit und fortschreitender Demenz, mit der er offen umzugehen versteht. Das Buch ist benannt nach einem alten Kirchenlied: „Ich bin ein Gast auf Erden und hab hier keinen Stand, der Himmel soll mir werden, da ist mein Vaterland". Er beginnt, von seiner Kindheit zu erzählen, er hat das Lied bei der Beerdigung seiner Urgroßmutter im Osten an der Memel gehört und nie vergessen, er erzählt von der bewegenden Geschichte, von Flucht, Krieg, Verfolgung. Aber der Sinn dieses Liedes ist eben nicht die Heimat, die einmal war und nicht wiederkommt, sondern die Zukunft. „Wir haben hier keine bleibende Stadt", wir sind Gäste. Das ist kein Mangel, sondern ein Privileg. „Von der Maas bis an die Memel. Keine bleibende Stadt". Daran sollten wir denken, wenn wir so viel von Heimat reden. Heimat ist nie etwas, das wir besitzen, wir sind Gäste, oft sagen wir dann „nur Gäste", aber da verkennen wir, dass Gast-Sein auch ein großes Privileg ist, das wir mit anderen teilen. Dafür standen das Leben und Wirken Jesu, das soll auch unser Weg sein. Daran sollten wir hier zwischen Weihnachten und dem Neuen Jahr denken. Heimat ist nie Besitz, den wir für uns behalten können, Heimat ist das, von dem wir herkommen, ja, aber vor allem auch das, was uns erwartet. „Ein Christ ist immer im Dienst", soll der alte Bischof Otto Dibelius einmal gesagt haben. Man könnte das auch variieren und sagen: „Ein Christ ist immer unterwegs". Amen.

Vorschläge für das Predigtlied

EG 529	Ich bin ein Gast auf Erden
EG 16	Die Nacht ist vorgedrungen

Fürbittengebet[1]

Herr, du gibst uns Mut durch dein Wort. Den brauchen wir jetzt, für deine Gemeinde in der Welt, die nicht an sich selber denkt, die aufwacht und allen Menschen dient.

[1] Frei nach: Manfred Josuttis: Ich bin ein Gast auf Erden. Eine pastorale Lebensgeschichte, Gütersloh 2016, S. 18–20.

Wir bitten dich für alle in der Öffentlichkeit, in Politik, in Ämtern, Vereinen,
Schulen, Krankenhäusern, Medien, dass sie ihre Arbeit ohne Gewalt, fair und voller Wahrheit ausüben.
Wir bitten dich für das Zusammenleben aller Menschen; für Frieden statt Krieg, Verständigung statt Hass, Befreiung statt Unterdrückung.
Schenke uns Glauben gegen den Zweifel, Freude statt Sorge. Mut. Bis wir uns sehen, wenn unsere Zeit vorbei ist. Darauf hoffen wir.

Eberhard Harbsmeier

Altjahrsabend

Jesaja 51,(1–5)6

Heil und Gerechtigkeit für alle Zeiten

Der Predigttext wird erst im Verlauf der Predigt in der hier angegebenen Übersetzung verlesen.

I.

Liebe Gemeinde!

Der Prophet Jesaja schreibt: „Hebt eure Augen auf gen Himmel und schaut unten auf die Erde! Denn der Himmel wird wie ein Rauch vergehen und die Erde wie ein Kleid zerfallen, und die darauf wohnen, werden wie Mücken dahinsterben. Aber mein Heil bleibt ewiglich, und meine Gerechtigkeit wird nicht zerbrechen."

Heute ist ein guter Tag für Rückblick und Vorausschau. *Hebt eure Augen*, sagt da jemand, der anonym bleiben will. Er hat seinen Namen nicht verewigt. Kenner nennen ihn den „Zweiten Jesaja". Er hatte wache Augen zu seiner Zeit. Er ist nicht verstummt vor Gram und Trostlosigkeit. Er wendet sich an das Volk. Er spricht so, als wäre er Übermittler, Sprachrohr. Er sagt, kaum dass er das Wort ergriffen hat: *Mein Volk.* Die Menschen waren schon lange in der Fremde, verschleppt und verfrachtet von A nach B. Sie konnten die Äpfel von den Bäumen, die sie gepflanzt hatten, nicht ernten. Die Bank, auf der sie gern mit dem Blick auf die vertraute Landschaft saßen, war nicht mehr gleich um die Ecke. Auf den Münzen, mit denen sie nun zahlten, sahen sie das Gesicht eines machtvollen Fremden, den sie nicht gewählt hatten. Viele waren anspruchsloser geworden. Nun erfolgt eine neue Ansprache: *Mein Volk.* Nicht: Mob, Pöbel oder Pack! Ausländer!

Wer darf das sagen: *Mein Volk?* Es klingt irgendwie besitzergreifend. Oder tief trennend: Ihr seid *mein Volk.* Die anderen: Trostlose Trottel aus falschen Filmen.

Wer *„mein Volk"* sagen und schreiben lässt, dem kann es im guten Sinne darauf ankommen, dass Menschen und Völker ihre Beziehungen ordnen und bedenken. Das kann heißen, dass das eben nicht nur wirtschaftliche oder diplomatische, sondern innigere Beziehungen sind. Nicht selten erklingt zu Silvester der Gesang von den „umschlungenen Millionen". Sogar ein „Kuss" wird in diesem Zusammenhang erwähnt.

II.

Merke auf mich, mein Volk, und ihr Menschen hört mir zu. Eine innige Beziehung äußert sich in Aufmerksamkeit und in wechselseitigem Zuhören. Das geschieht hier nicht unter vier Augen, sondern eher volksnah, massenhaft. Das ist dem Zweiten Jesaja ein Anliegen. Das kann er sich vorstellen: ein Volk, mehrheitlich aufmerksam und hörbereit. Er bittet um solche Aufmerksamkeit: *Hört nicht weg! Hebt eure Augen! Blickt durch!*

Das gibt es ja wirklich: viele aufmerksame Menschen. Sie sind versammelt. Sie sind still. Niemand sucht für sich eine Bühne. Niemand tut sich hervor. Kaum einer hustet. Es ist so, als wäre es von Nachteil, jetzt ein Wort zu verpassen. Das Gehörte ist bislang unerhört und deshalb nun nicht mehr zu überhören. Gut, dass es noch einmal gesagt wird. Nun ist es an der Zeit, dass es gehört wird. Auch die Stimme, die nun spricht, ist gut. Sie ist deshalb gut, weil sie sich nicht überschlägt vor Beteuerungen. Sie versteigt sich nicht in Behauptungen und Versprechungen. Niemand will Köpfe von Nägeln treffen. Es handelt sich nicht um Überredung, oder schlimmer: Betörung. Wer hier hinhört, will wissen, was hier und heute zu sagen ist. Ein Volk tankt seine Verantwortung auf.

Wem das fremd ist, dass viele einer Stimme lauschen, und wem es Beklemmung bereitet, wenn Menschen massenhaft zusammenströmen, der sei im Dienste einer großen Aufmerksamkeit daran erinnert, dass es Bücher gibt, die von Millionen Menschen gelesen werden. Es gibt eine „Gemeinde" von Leserinnen und Lesern, weltweit sogar. Sie sitzen in Zügen, auf Bänken im Park, in Sesseln, liegen in Klinikbetten oder im Sand am Meer. Sie kennen sich nicht, werden sich nie begegnen und sind doch vereint darin, dass sie, nahe an einer Atemlosigkeit, vernehmen, was geschrieben steht, hundertfach zutreffend. Und es kann geschehen, dass dem Vernehmen so etwas wie Beherzigung folgt, ein Innewerden, welches auf entsprechendes Handeln pocht.

III.

Der anonyme, „Zweite Jesaja“ fand Gehör und Aufmerksamkeit über Jahrtausende hinweg. Er ist nicht einer, der ein letztes Wort hatte. Manches, was von ihm geschrieben steht, ist rätselhaft und hintergründig. Silvester 2018 lenkt eines seiner Worte den Blick auf Himmel und *Erde.* Das ist nicht das Naheliegende in einem vordergründigen Sinn. Das ist hinter dem Tellerrand. Es sagt nicht: „Ach, du lieber Himmel.“ Er sagt nicht: „Welt, ade, ich bin dein müde.“ Geschrieben steht: *Hebt eure Augen zum Himmel. Schaut auf die Erde unten.* Als wären wir Menschen dazwischen: oben der Himmel, unter uns die Erde.

Ich kann die Weite und Intensität eines Kalender- oder Lebensjahres danach wach halten, wie ich Himmel und Erde im Blick hatte. Der *Himmel* über meinem Dorf und über meiner Stadt hat mich mit der Luft zum Atmen versorgt. Wolken haben Wasser gespendet. Wind hat immer wieder Wolken und Nebel verweht. Der Himmel spielt mit dem Licht sein Farbenspiel. Die Sonne zog ihre Bahn. Das Wetter war nie nur schlecht. In „alten Zeiten“, so wird erzählt, wo die Langeweile noch nicht so verpönt war, legten sich die Menschen, vor allem auch Kinder, auf eine Wiese und blickten in den Himmel.

Schaut unten auf die Erde. Der anonyme Prophet sagt selbst, was sich *unten* aus seiner Sicht abspielt: *Die Erde ist wie ein verbrauchter Mantel, wie ein abgenutztes Kleidungsstück.* Das ist kein Witz, kein Silvesterscherz. Verbraucher wissen, wovon hier die Rede ist. Unsere Erde … verbraucht … abgenutzt. Die Auswirkungen auf die Menschen sind unmenschlich. Der Vergleich mit Tieren taucht auf. *Sie sterben wie Mücken.* Einige übersetzen das auch so: *Sie sterben wie Heuschrecken.*

Wenn ein Jahr zu Ende geht, werden in den Medien aus zwölf Monaten und vier Jahreszeiten die ereignisreichen Tage aufgerufen. Die Bilder sind gespeichert. Das Banale verblasst. Das Katastrophale sitzt tief. Das Unmenschliche schlägt um sich, verschlägt einem die Sprache. „Das ist doch nicht das 21. Jahrhundert“, sagt dann jemand und merkt selbst, dass sich viele nicht an solche Zeitansagen halten.

Wegschauen ist für den „Zweiten Jesaja“ keine Möglichkeit. *Schaut hin. Hebt eure Augen.* Auch der Himmel ist nicht erhaben über das Gefahrvolle. *Der Himmel verflattert wie Rauch,* übersetzte ein Wissenschaftler. „Schadstoffe“, Millionen Tonnen davon, steigen an dreihundertfünfundsechzig Tagen im Jahr himmelwärts. Menschen und Mücken sind in Gefahr. Heuschrecken, nimmer satt, fressen sich durch.

IV.

Aber Menschen *merken auch auf.* Sie achten ihren Himmelskörper, hören auf, die Fundamente ihres Lebens zu lädieren. Das Merkwürdige ist, dass niemand genau und verlässlich sagen kann, wie solche Aufmerksamkeit entsteht und in Verantwortung mündet. Wenn es so ist, dass etwa jeder siebente Mensch, der auf dieser Erde lebt, als „Christ“ gilt, das sind tausend Millionen Mitmenschen, dann ist deren Rück- und Vorausschau nicht belanglos. Viele tummeln sich gern auf dem Weltmarktplatz der Vielfalt. Menschen, die sich ihres Glaubens vergewissern, suchen in der globalen Vielfalt nach einer Mitte, nach einer zentralen Ausrichtung und Orientierung. Für den letzten Tag des Jahres 2018 ist das als Thema so formuliert: *Heil und Gerechtigkeit für alle Zeiten.* Als Appell hieße das etwa: Nie mehr Unheil und Ungerechtigkeit! Das ist ein gutes und gültiges Textgewebe für Ansprachen zu Silvester und Neujahr.

Worauf bezieht „ein Volk“ sich in seinem Handeln. Für Deutschland ist dieser Bezug durch eine Verfassung und eine Verankerung in den Menschenrechten gesetzt. Das gilt für alle, die hier leben, unabhängig davon, ob sie sich als „ein Volk“ verstehen. Diese Predigt ist darüber hinaus geleitet von dem theologischen Interesse, wohin es ein Volk zieht und lenkt, wenn es sich *„mein Volk“* nennen lässt: Gottes Volk. Viele sind bei ihrer Antwortsuche der Behauptungen, Versprechungen, Beteuerungen müde. Christlicher Glaube bezieht sich auf ein Vertrauensverhältnis. Ein „Gottesvolk“ kann sein Zutrauen, die Verbindlichkeit einer wechselseitigen Beziehung, „Bundestreue“ nennen. Ein anderes Wort dafür ist „Gerechtigkeit“. „Was Gott an uns gewendet hat“, davon singen unsere Lieder. Das bezeugen unsere Liturgien. Es ist „für alle Zeiten“ höchste Zeit, das wir einzelnen Menschen und demnach die Völker unser Tun danach ausrichten, dass der Himmel nicht *verflattert* und die Erde *verbraucht wird* wie ein Mantel, der in einen widerwärtigen

Wind gehängt wird. Streng und ohne vielfältige Ausflucht gesagt: Wer Gott liebt und lobt, sich von ihm „Du bist mein" sagen lässt, darf das künftig nur tun, wenn er seinerseits Himmel und Erde Aufmerksamkeit schenkt und die Treue hält.

V.

Der anonyme „Jesaja", Trostspender mit dem Gesicht zum Volk, verschweigt nicht, was Himmel und Erde droht. Seinem Ringen um Sprache verdankt sich die Sprachfindung späterer Zeiten, die des „Neuen Testamentes". Am Ende des für Silvester 2018 ausgewählten Wortes ist das hebräische Wort „Jeschuah" der ersten Person Einzahl zu vernehmen: *„mein Heil"*. Wie dieses Wort „Fleisch" geworden ist, Mensch – das ging im Weihnachtsjubel hoffentlich nicht ganz unter, sondern uns so zu Herzen, dass es in uns pocht und pulsiert, zart und gewinnend, entschieden und konsequent. *Jeschuah*, lass unser Leben nicht heillos *verflattern.*

Wir werden in Zügen fahren, auf Bänken in einem Park sitzen. Wir werden vielleicht für Tage ein Bett in einer Klinik brauchen. Wir werden müde in einen Sessel fallen. Der Sand an einem Meer wird uns eine Mulde sein. An Worten, *die Heil und Gerechtigkeit für alle Zeiten verheißen,* wird es nicht fehlen. An unserer Entsprechung und Antwort, Treue zu Erde und Himmel, zeigt sich unser Glaube. Amen.

Vorschläge für das Predigtlied

EG 64,1–3.6	Der du die Zeit in Händen hast
EG 420,1–6	Brich mit dem Hungrigen dein Brot

Fürbittengebet

Jesus Christus, von dir zu Heil und Gerechtigkeit geleitet, bitten wir für Himmel und Erde. Lass uns unseren Lebensraum nicht so verbrauchen, dass er sich nicht mehr erholen kann von unseren Eingriffen.

Jesus Christus, von dir zu Heil und Gerechtigkeit geleitet, bitten wir um Frieden und Gewaltlosigkeit. Hilf uns zu erkennen, dass das, was uns Menschen verbindet und unser Leben fördert, alle Aufmerksamkeit und alles Forschen und Handeln beansprucht.
Jesus Christus, von dir zu Heil und Gerechtigkeit geleitet, verhilf uns zu gerechter Verteilung aller Güter dieser Erde ohne Ausbeutung, Überfluss und Reichtum, der Armut nach sich zieht.
Jesus Christus, von dir zu Heil und Gerechtigkeit geleitet, verhilf „deinem Volk", der weltweiten Kirche, zu einer Aufmerksamkeit für die Zusammenhänge alles Lebens. Lass uns die Welt als gute Schöpfung lieben.
Jesus Christus, von dir zu Heil und Gerechtigkeit geleitet, lass uns dein Wort nicht oberflächlich und nebenbei hören. Gib uns täglich zu denken und Mut zum Handeln. Amen.

Frieder Burkhardt

Jahreslosung

Suche Frieden und jage ihm nach

Der Predigttext wird erst im Verlauf der Predigt verlesen. Die Zwischenüberschriften gliedern den Text, werden aber nicht vorgelesen.

[1. Jäger des verlorenen Schatzes]

Liebe Gemeinde!
Soviel Dynamik: sechs Wörter, die Tempo machen, man merkt Beschleunigung und Aufbruch! Los geht's, hier kommt die Jahreslosung 2019:

Suche Frieden und jage ihm nach.

Wirklich eine Losung am Beginn des Neuen Jahres, die klar und deutlich eine Aufgabe stellt. Ein Psalmwort, das zu allen Zeiten zunächst eine Situationsanalyse voraussetzte. Aus den Jahresrückblicken von gestern Abend wird über Nacht ein Blick nach vorne, in das neue Jahr. Wo war der Friede, dieses flüchtige Gut, im vergangenen Jahr? Eine ungewohnte, neue Blickrichtung tut sich auf. Sehen wir nicht sonst immer unwillkürlich auf die Krisengebiete, auf die Kriege, auf die Konfliktorte? Und da gibt es viel zu sehen. Aber „Suche Frieden", wie hat das eigentlich überhaupt mal funktioniert?

Liebe Theresa, lieber Wladimir, lieber Donald, lieber Baschar, liebe Angela, lieber Jong-Un, lieber Recep Tayyip, lieber Emmanuel, liebe Gemeinde, wir müssen zugeben, dass wir alle dem Psalmvers in der Vergangenheit nicht gerecht werden konnten. Die Krisen sind uns stärker in Erinnerung als die Zeiten des Friedens, der inneren Ruhe, der Harmonie, des unspektakulären Alltags. Die Sehnsucht nach Frieden ist auch im letzten Jahr gewachsen und nur selten gestillt worden. Und ihr, liebe politisch Verantwortliche, die ihr euch hinter euern Vornamen nur mühsam verstecken könnt, ihr habt dazu beigetragen, ob ihr wolltet oder nicht. Vielleicht ist die Jahreslosung ja ein Auftakt zu einem Perspektivwechsel? Vielleicht finden wir jetzt Mut und Kraft, uns von der Jahreslosung zu dynamisieren, ja, anstecken zu lassen. Das ist Menschen schließlich zu allen Zeiten gelungen.

[2. Deep freeze]

Jede Generation hatte ihre eigene Friedensbewegung. Eine Person, die heute Mitte 50 ist, berichtet von ihren Friedensbewegungen. Es sind eigentlich Erinnerungen an den Krieg. Als Kind hört sie von ihren Großeltern Geschichten über den Krieg. Ihre Eltern demonstrierten gegen die Wiederbewaffnung im Adenauer-Staat. Es flimmerten auch die Kriege der 60er und 70er Jahre in Schwarz-Weiß über den neuen Fernsehbildschirm: Ganz Südostasien war ein Kampfgebiet, es gab Apartheid in Südafrika, dann den Prager Frühling. Später, als junge Erwachsene, konnte sie endlich selbst Partei ergreifen. Sie demonstrierte gegen den Nato-Doppelbeschluss oder ging mit ihren Freunden in Friedensgottesdienste unter dem Motto „Schwerter zu Pflugscharen". Nach der Schule ging sie für ein Jahr als Praktikantin in eine auslandsdeutsche Kirchengemeinde in Lateinamerika, dort traf sie auf Auswanderer; die einen waren 1933 als Verfolgte aus Deutschland geflohen, die anderen hatten Deutschland nach 1945 als Täter verlassen. In Lateinamerika herrschten zu dieser Zeit die Generäle, die die gewählten, linksorientierten Staatsoberhäupter weggeputscht hatten. Überall grassierten Angst und Ungeduld, Hoffnungslosigkeit und Opportunismus. Und eine unheimliche, gewaltsame Erstarrung. Aber im Schutz der Kirchengemeinde konnte man sich auch Aufrichtigkeit bewahren. Viele Mitglieder engagierten sich in kleinen Sozialprojekten in den verslumten Vororten. Die junge Frau kehrte zurück und fing an zu studieren. Am Ende des Studiums fielen die Mauern zwischen dem Ostblock und den Westmächten. Im Februar 1992 demonstrierte man in klirrender Kälte gegen den Nato-Einsatz unter Beteiligung deutscher Gelder und Waffen im ersten Golfkrieg. Dann begannen die brutalen Kriege im zerfallenen Jugoslawien und auf dem Balkan. Es gab Friedensgebete, Diskussionsveranstaltungen, Protestwachen. Inzwischen gab es auch eine Familie und einen Beruf. Die Konflikte und Kriege gingen weiter. Warum lagern sich die Erinnerungen entlang der Konflikte an und nicht an die Momente des Friedens? Dabei erlebte Westeuropa seit 1945 bis jetzt die längste Friedensepoche seit Augustus. Ja, der Augustus, den wir gerade eben noch in der Weihnachtsgeschichte zur Kenntnis genommen haben. Schon Maria und Josef machen sich auf, sie suchen den Frieden und jagen ihm nach, über Bethlehem bis nach Ägypten, mit dem Kind im Arm, dem Friedefürsten, dem Christus.

[3. Tauet ihr Himmel]

Suche Frieden und jage ihm nach. Obwohl hier nur ein Mensch angesprochen ist, Friede ist doch am meisten wert, wenn er möglichst alle Menschen erreicht. Es geht schon, wie die Engel im Himmel gesungen haben, um Frieden auf Erden. Es geht um so viel Friedens-Bewegungen wie möglich. Es geht um eine Überforderung. Es sind sonst ja die ständigen Konflikte, die uns immer überfordern. Schon Kleinigkeiten können mühsam ausgehandelte Stillhalteabkommen ins Wanken bringen. Bei schlechter Laune kann jedes Wort eine Krise auslösen. Kinder, die eben noch friedlich nebeneinander in der Sandkiste gebuddelt haben, streiten sich um die rote Schaufel, obwohl genügend gelbe und grüne zur Verfügung stehen. Regierungskoalitionen streiten sich über die Verantwortung für nicht gehaltene Wahlversprechen. Länder in Trockenzonen graben sich gegenseitig das Wasser ab. Christen aller Konfessionen können nicht gemeinsam am Tisch des Herrn essen und sich segnen lassen.

Das alles überfordert uns. Vielleicht ist es in diesem Jahr an der Zeit, sich statt dessen von der Suche nach Frieden überfordern zu lassen. In diesem Jahr suchen wir nicht nach den je eigenen Vorteilen, den schrillen Sonderangeboten des Alltags, die sich uns überall in den Weg werfen. In diesem Jahr ignorieren wir mal besser die Gier des eigenen Herzens, die unsere Ansprüche immer höher schraubt. In diesem Jahr lassen wir uns mit auf die Jagd nehmen. Denn der Friede ist uns abhanden gekommen, er ist geflohen, er will, dass wir ihn suchen, ihm folgen in bessere Lebensbedingungen für alle.

Suchen und finden lassen – ein Beziehungsspiel zwischen Gott und Menschen. In einem Spruch des Propheten Jeremia wird das ganz deutlich ausgesprochen: „Ihr werdet mich suchen und finden; denn wenn ihr mich von ganzem Herzen suchen werdet, so will ich mich von euch finden lassen, spricht der Herr“. Das gilt auch für die Suche nach Frieden. Friede, das ist der Bereich, in dem Gott und Menschen sich voller Sehnsucht aufeinander zubewegen.

[4. Nur Mut!]

Liebe Gemeinde, zu all dem gehört Mut. Die Dynamik, welche die Suche nach Frieden auslöst, kann uns Angst machen. Jesus hat seine Freunde vor seinem Tod damit vertraut gemacht. Er spricht Mut zu und macht darauf aufmerksam, dass sein Friede anders ist als alles, was wir erreichen könnten. „Frieden lasse ich euch, meinen Frieden gebe ich euch. Nicht gebe ich euch, wie die Welt gibt. Euer Herz erschrecke nicht und fürchte sich nicht." Der Friede, den wir in diesem neuen Jahr – und immer – suchen, wird am Ende der sein, der schon in Jesus Christus da ist. Ein wirksamer Friede, ein heilsamer Friede, den die krisengeschüttelte Welt nicht zerstören kann. Ein Friede, der Mut macht und unsere Herzen stärkt. Mut zum Frieden, das wünschen wir den vielen Politikern, die es damit ernst meinen. Mut zum Frieden, das wünschen wir uns selbst in unseren Beziehungen, in unseren Alltagsverwirrungen. Mut zum Frieden sollte uns auch noch beflügeln, wenn der Konflikt schon brennt, wenn die Waffen klirren und kein Ausweg mehr möglich zu sein scheint. Nur Mut im Jahr des Herrn 2019! Suche Frieden und jage ihm nach! Amen.

Vorschläge für das Predigtlied[1]

EG 61	Hilf, Herr Jesu, lass gelingen
EG 430	Gib Frieden, Herr, gib Frieden

Fürbittengebet [mit EG 421]

Am Beginn des Neuen Jahres, stehen wir vor dir, mit leeren Händen, aber voller Erwartung. Das alte Jahr liegt hinter uns, aber vieles lässt uns nicht los. Wir bitten dich: Öffne unser Herz für die Zukunft mit dir. Lass uns nicht zu schwer an den Altlasten tragen, sondern befreie uns von Schuld und Sorgen. Gib uns Kraft für Neuanfänge und Veränderungen, hilf uns auch zu tragen,

[1] Wo in den Regionalteilen vorhanden: „Der Friede, den Gott gibt" oder „Wie ein Fest nach langer Trauer".

was wir nicht loswerden können, sondern ertragen müssen. Segne die Menschen, die uns lieb sind und ohne die wir nicht sein wollen. Wir vertrauen dir auch die Menschen an, die wir im vergangenen Jahr verloren haben. Über allem steht aber die Bitte um deinen Frieden.
Ohne dich können wir Frieden nicht finden und nicht halten. Darum singen wir gemeinsam:
EG 421: Verleih uns Frieden gnädiglich

Wiebke Köhler

Epiphanias

Matthäus 2,1–12

[Lesung des Predigttextes]

Liebe Gemeinde!
Heute feiern wir das Epiphaniasfest. Der Epiphaniastag gehört zu den Festtagen, die bei uns fast in Vergessenheit geraten sind – kaum eine Gemeinde feiert da einen Gottesdienst, wenn der Tag nicht auf einen Sonntag fällt. „Epiphanias" ist ein kaum gebräuchlicher Name, bekannter ist der Tag als Dreikönigstag.

Von den drei Königen oder Weisen haben wir bereits in der Lesung des Evangeliums gehört. Es ist auch der heutige Predigttext. Nach den Jahresrückblicken und Ausblicken am Altjahrsabend und am Neujahrstag sind wir nun wieder zur Weihnachtsgeschichte zurückgekehrt. Die drei Könige gehören zum Weihnachtsfest so wie die Hirten. Heute soll es also um die drei Könige gehen. Der Evangelist Lukas erzählt die Weihnachtsgeschichte mit Engeln und Hirten. Er betont, dass Jesus Mensch wird und sich in seiner eigenen Armut besonders den Armen und Außenseitern der Gesellschaft zuwendet. Dieses Motiv zieht sich durch das gesamte Evangelium.

Matthäus hat einen anderen Ansatz. Er möchte zeigen, dass die Geburt Jesu im engen Zusammenhang zu den Verheißungen des Alten Testaments steht, dass sie deren Erfüllung ist. Matthäus berichtet von Weisen, also Sterndeutern oder sogar Magiern – so das griechische Wort im Original. Sie haben einen Stern gesehen, der auf die Geburt eines Königs hinweist. Die Astrologen damals wie heute versuchen, aus Sternen die Zukunft zu deuten. Damals gab es am Hof eines jeden Herrschers im Orient solche Wahrsager und Magier, die sich jedoch meistens um die Belange des eigenen Herrschers kümmerten. Vermutlich war es aber auch damals schon üblich, dass zur Geburt eines Königs oder zu seiner Krönung Besucher aus benach barten Ländern anreisen. So ist es ja auch heute noch üblich – zumindest Glückwünsche werden überbracht.

Die Weisen tun also, was naheliegt: sie suchen den Landesherrscher auf, da sie dort den „neugeborenen König der Juden“ erwarten. Jesus wird zweimal „König der Juden“ genannt. Bei seiner Geburt von den Weisen und bei der Kreuzigung von Pilatus, der diese Aufschrift ja als Vergehen Jesu über seinem Kreuz anbringen lässt. Das Leben Jesu wird also davon umrahmt, obwohl Matthäus keinen Zweifel daran lässt, dass Jesus mehr ist als der König der Juden. Matthäus macht es nun spannend. Jetzt kommt der Bösewicht ins Spiel: Der hinterhältige König. Er wittert Konkurrenz, und nachdem er sich bei seinen Gelehrten versichert hat, dass da etwas dran ist an dieser Geschichte, ersinnt er einen finstern Plan. Die ahnungslosen Weisen sollen das Kind für ihn finden, damit er es aus dem Weg räumen kann. Aber Gott schützt seinen Sohn. Er erscheint den Weisen im Traum und trägt ihnen auf, nicht zu Herodes zurückzukehren.

Eine spannende Geschichte, aber Matthäus erzählt sie nicht um der Spannung willen. Wie in der Weihnachtsgeschichte des Lukas weisen auch bei Matthäus Symbole auf den Kern der Geschichte hin. Denn wie Lukas möchte auch Matthäus nicht Geschichte schreiben, sondern zum Ausdruck bringen, was für ihn die Geburt Jesu bedeutet.

Das erste Symbol, das er verwendet, sind die drei Weisen. Da machen sich drei Fremde auf den Weg und folgen einem Stern. Der Stern ist ein Symbol für Christus: Wie der Morgenstern den Morgen verheißt, so verheißt die Geburt Jesu das Heil. Ein himmlisches Zeichen weist auf das Himmlische Kind. Die drei Weisen werden in der Tradition zu Königen: Sie stehen für die Völker der Heiden, denen im Alten Testament verheißen wird, dass auch sie einen Platz in Gottes Heilsplan haben sollen. Jesus ist nicht nur zum eigenen Volk gekommen. Das Christentum hat sich schon früh besonders unter den Heiden verbreitet. Dass einer der Könige schwarz ist und einer ein alter Mann, das hängt damit zusammen, dass sie mit den damals bekannten Kontinenten identifiziert wurden: Asien, Europa und Afrika. Oder sie stehen für drei Lebensalter: Ein junger, einer in den mittleren Jahren und ein alter Mann. Das bedeutet: Jesus ist der Heiland für die ganze Welt und für jeden Menschen, ob jung oder alt.

Das zweite Symbol ist der Weg der drei Weisen. Die drei Weisen oder Könige machen sich auf den Weg und lassen sich von den Zeichen des Himmels leiten: Wenn wir Christus begegnen wollen, dann müssen wir unserer Sehnsucht folgen und den Zeichen des Himmels vertrauen. Wer auf Neues hofft, muss bereit sein für Aufbrüche. Er muss auch bereit sein für eine manchmal beschwerliche Suche und manchen Irrweg. Aber im Vertrauen auf Gott führt der Weg ans Ziel. Auch wir haben heute solche himmlischen Zeichen, denen wir folgen können, um Gott zu begegnen. Für mich ist ein solches Zeichen das Abendmahl. Im Abendmahl kommt uns Gott ganz nahe, und wir dürfen ihn erfahren.

Ein drittes Symbol sind die Geschenke der Weisen. Sie bringen Gaben, um dem Kind ihre Ehrerbietung zu erweisen. Gold weist auf Jesus als den König hin. Der Weihrauch ist die klassische Opfergabe. Er wird Gott dargebracht: Der Rauch steigt zum Himmel und weist auf die unsichtbare Welt Gottes hin. Als Gabe der Weisen soll der Weihrauch deutlich machen, dass Jesus Gott ist. Die Myrrhe, ein Heilmittel des Altertums, steht für den Menschen und sein Wohl. Jesus wird sich den Menschen zuwenden, Kranke heilen und Tod und Schmerz überwinden.

Diese Symbole weisen darauf hin, was für Matthäus die Geburt Jesu bedeutet. In der Krippe haben die Hirten des Lukas und die Könige des Matthäus zu einer fröhlichen Harmonie gefunden. Und beide sind in der Tat zwei sich ergänzende Auslegungen der Weihnachtsbotschaft. Lukas legt den Akzent darauf, dass Gott Mensch wird. Ein Kind, das in die Armut und Kälte der Welt hineingeboren wird, um Gerechtigkeit zu schaffen. Das ist der Teil der Weihnachtsgeschichte, der leicht zu begreifen ist. Schwieriger ist jedoch, dass das Kind in der Krippe auch Gott ist – und darauf weist Matthäus hin.

Die Könige kommen nicht, um ein Kind zu sehen. Sie kommen, weil sich in diesem Kind die Herrlichkeit Gottes zeigt. Deshalb heißt der Tag auch Epiphanias: Erscheinung der Herrlichkeit Gottes. Auch wir müssen uns, wie die Weisen, immer wieder auf die Suche nach der Herrlichkeit Gottes machen, die in dieser Welt erschienen ist. Das Wunder von Weihnachten ist mehr als die Familienidylle im Stall. Die ganze Welt wird durch die Weihnachtsbotschaft in Bewegung versetzt, alle Völker aus allen Teilen der Erde, Jung und Alt.

Damals wie heute stehen jedoch der Botschaft vom Frieden Gottes, der in Jesus Christus erscheint, die Mächtigen der Welt entgegen. Die Intrigen des Herodes werden auch heute gesponnen, man braucht nur in die Zeitungen zu schauen. Aber über allem geht der Stern der Hoffnung auf. Der König der Welt beginnt sein Reich aufzurichten, auch wenn es jetzt noch klein und unscheinbar anmuten mag – wie ein kleines Kind. Aber wenn wir dem Stern folgen und ihm allein die Ehre erweisen, werden wir in ihm Gott sehen. Amen.

Vorschläge für das Predigtlied

EG 71	O König aller Ehren
EG RWL 548	Die Weisen sind gegangen

Fürbittengebet

Allmächtiger Gott,

Menschen aus der ganzen Welt beten dich an und suchen deine Nähe und Hilfe. Verbinde du, was durch Kontinente und Kulturen getrennt ist, und vereine uns im gemeinsamen Jubel. Zusammen wollen wir uns auf den Weg machen zu dir. Sei bei uns, wenn dieser Weg beschwerlich wird, und bewahre uns vor Irrwegen. Am Ende des Weges wartet auf uns dein Sohn, der sich uns zuwendet, Kranke heilt und Tod und Schmerz überwunden hat. Er möge bei denen sein, die ihn brauchen, oder uns an seiner Statt senden. Amen.

Simone Rasch

1. Sonntag nach Epiphanias

Josua 3,5–11.17

Der Predigttext wird erst im Verlauf der Predigt verlesen. Die Zwischenüberschriften gliedern den Text, werden aber nicht vorgelesen.

[1. Crossing Jordan]

Liebe Gemeinde!
Der Jordan fließt durch unsere Kinderbibeln, er sucht sich den Weg durch die biblischen Texte, er stiftet Nord-Süd-Orientierung auf den Karten des Heiligen Landes, und er ist eine geopolitische Realität, wenn man mit erschrockenem Herzen nach den Gegenden sucht, in denen sich Konflikt und Krieg immer wieder durch den Nahen Osten brennt.

Seine Bedeutung hat sich über die Jahrtausende aufgeladen: Er ist das Symbol für große Übergänge geworden. Für den Beginn von etwas, vielleicht von etwas Neuem, manchmal von etwas lang Versprochenem. In ihm kann man das Wasser des Lebens spüren oder mit allen Wassern gewaschen werden. Man kann trockenen Fußes hindurch gehen, man kann sich finden oder zu seiner Rolle finden, man kann Gottes Wunder in ihm erleben. *Über den Jordan zu gehen,* mit der Sonne im Rücken nach Westen in das verheißene Land, gemeinsam mit dem Volk Gottes, geschützt durch ein Wunder: Ist das nicht ein starkes Hoffnungs-Bild für den Abschied aus dem irdischen Leben? Denn der Jordan ist der Fluss, mit dem Gott sich in Verbindung bringen lässt.

Und wer Gott dann westlich des Jordans in die Quere kommt, wer ihn verärgert, von denen kann man sich später erzählen, wie es ihnen ergangen ist – was zum Beispiel den „Kanaanitern, Hetitern, Hiwitern, Perisitern, Girgaschitern, Amoritern und Jebusitern“ zugestoßen ist, als sie es wagten, sich der raumgreifenden Gnade Gottes in den Weg zu stellen. Aber hören wir erst einmal, worum es hier geht:

[Lesung des Predigttextes]

Solche Geschichten erzählte man sich über den Jordan und über das Ziel einer langen Suche. So gab man weiter, wie es war, als der Weg des Mose, der ein ganzes Volk in seine Heimat führte, endlich sein Ziel erreichen sollte. Hier verdichten sich die Wünsche und das Selbstverständnis Israels zu dieser wunderbaren Geschichte des Übergangs. Durch die Geschichte fließt der Jordan, und in der Geschichte handelt ein Mann, dessen Name uns eigentlich stutzig machen sollte. Wir kennen ihn als Josua. Er ist der Nachfolger des Mose. Er weiß schon, was es mit dem gelobten Land auf sich hat. Er hat es – noch zu Mose Zeiten – als Kundschafter gesehen. Kanaan: Ein Land, in dem Milch und Honig fließen, das Land der überreichen Ernte, der Weintraube, welche die jungen Kundschafter Josua und Kaleb kaum zwischen sich tragen können, so groß ist sie.

Aber jetzt ist Josua älter. Mose ist gestorben und hat ihm die Verantwortung für das wandernde Gottesvolk aufgebürdet. Nachfolger des Mose zu sein, das ist keine leichte Aufgabe, kann keine leichte Aufgabe sein. Man steht dabei zwischen Gott und dem Volk und immer im Schatten des Mose. Da gibt es Spannungen, Ungeduld, Missverstehen und Schlimmeres – nichts Neues in diesem Amt. Josua trägt ein Zeichen seiner schwierigen Würde schon in seinem Namen. Eigentlich ist es ein Allerwelts-Name. Viele tragen ihn durch die Jahrhunderte hindurch, er bedeutet „Gott ist Hilfe“ oder „Gott hilft“.

Hört man aber die griechische Übersetzung dieses Namens, erleben wir Heutigen einen Aha-Effekt: Dort wird aus „Jehoshua / Josua“ erst griechisch „Iesous“ und im Lateinischen dann „Jesus“.

[2. Ein lebendiger Gott ist unter euch]

Und deshalb hören wir heute vom Jordan, der zum Fluss von Josua, Sohn des Nun, und Jesus aus Nazareth wird. Beide haben dort weitreichende Zeichen der Solidarität Gottes erlebt, Gott hat sich ihnen zugewandt, ist ganz nahe gekommen. Und immer waren da im Hintergrund noch weitere Menschen involviert. Hinter Josua soll sich das Volk Israel sammeln, und sie werden trockenen Fußes über den Jordan ziehen, in das Land ihrer Hoffnungen. „Daran sollt ihr merken, dass ein lebendiger Gott unter euch ist", ruft Josua. Ein Segen, eine Perspektive der Vorfreude, endlich ist das Ziel der Sehnsucht erreicht.

Liebe Gemeinde, im Januar 2019 fällt der Blick in den Nahen Osten schwer. Es gibt im Internet idyllische Bilder vom Jordanufer.[1] Aber auch durch die Linsen der touristischen Fotoapparate und Handys lässt sich das politische Elend nicht mehr ausblenden. In diesem Zusammenhang kann die Erzählung vom Jordanwunder mit ihrer Völkerliste der Feinde Israels schon einen bitteren Nachgeschmack hinterlassen. Westlich des Jordans liegen sie, heute wie damals, die Landschaften eines unlösbaren Konflikts. Mauern – real und aus Angst – trennen Israel und das Westjordanland, der Gaza-Streifen liegt völlig zerstört wie eine offene Wunde am Meer. Und um das Heilige Land herum toben Bürgerkrieg und islamistischer Terror. Es gibt keine einfachen Lösungen, es bleiben die Hilflosigkeit und der Auftrag, trotzdem den Blick nicht abzuwenden, sich gegen das Böse zu wehren und nach Gerechtigkeit und Versöhnung zu suchen.

Die alte Geschichte vom Jordanwunder erzählt von Gott als einem solidarischen, aktiven und lebendigen Gott. Und von einem Volk, das sich die Wege durch seine Geschichte immer wieder neu suchen muss. Aufbrüche und Übergänge begleitet Gott durch Wunder. Durch sie erweist er sich als machtvoll, als wahrhaft göttliches Gegenüber. Und dann ist da noch die Bundeslade. In ihr finden sich die Gebote, die aus der wandernden Nomadengruppe überhaupt erst ein Gottesvolk gemacht haben. Die Gebote waren das Dokument der exklusiven Beziehung zwischen diesen Menschen und ihrem Gott. Sie sind seitdem mit ihrem Geltungsanspruch bis heute ein Zeichen für Gottes lebendige Nähe zu allen Menschen. Wenn die Gebote verletzt werden, wenn die Beziehung zwischen Gott und Menschen und besonders zwischen Menschen untereinander gefährdet ist, wird das sofort klar: Die Gebote klagen Unrecht an und machen die Vergehen namhaft und sichtbar bis in die bittere Gegenwart.

1 www.geo.de/reisen/community/images/icons/img_ctrl_max.png

[3. Alles fließt]

Der griechische Philosoph Heraklit sagt: „Man kann nicht zweimal in denselben Fluss steigen." Das gilt für den Jordan, aber es wirft auch ein Licht auf das Wunder, das Gott tut. Die Wasser werden gehalten, das Flussbett kann trockenen Fußes überquert werden. Es ist dieser einzigartige Moment des Übergangs, der durch Gott selbst aus Zeit und Vergänglichkeit herausgenommen wurde. Dieser Moment Israels mit seinem lebendigen Gott kann nicht zerfließen.

Und dann ist da, lange Zeit später, wieder ein Mann namens Jesus; er steht mit Johannes im Wasser des Jordans und lässt sich taufen. Auch jetzt ist Gott nahe, wunderbar und deutlich zu hören und zu sehen. Sein Geist nimmt Gestalt an, als Taube über dem Wasser. Aber hier fließt das Wasser weiter. Denn Jesus aus Nazareth ist ein Mensch unter Menschen, er ist der Zeit und der Vergänglichkeit bis in letzte, tödliche Konsequenzen unterworfen. Und gerade deshalb ist auch er ein Wunder Gottes.

Im Dom zu Hildesheim steht ein bronzenes Taufbecken aus dem 14. Jahrhundert.[2] Es ist ein prachtvolles Kunstwerk – abgebildet sind als Halbreliefs die Taufe Jesu, der wunderbare Durchzug des Volkes Israel mit Mose am Roten Meer, eine Mariendarstellung und schließlich auch das Jordan-Wunder mit dem Durchzug der Bundeslade unter Josua. Hier wurden seit fast 700 Jahren Menschen getauft. Der Jordan fließt so symbolisch in der niedersächsischen Provinz und wo sonst Christen getauft werden. Bei jeder Taufe werden die Verbindungen zur ganzen Geschichte Gottes mit den Menschen, die zu ihm gehören, deutlich. Unser Taufwasser speist sich, geistlich verstanden, immer noch aus dem Jordan. Und so klingt in der Taufe der Ruf des Josua nach: „Daran sollt ihr merken, dass ein lebendiger Gott unter euch ist". Amen.

---

[2] www.images.bistum-hildesheim.de/1/10/5/79271409114378692324.jpg

Vorschläge für das Predigtlied

EG 74	Du Morgenstern, du Licht vom Licht
EG 268	Strahlen brechen viele aus einem Leib

Fürbittengebet

Lebendiger Gott,
wir sind mit den Wassern deiner Gnade gewaschen. Aber wir fühlen uns nicht unverletzbar. Wir sind besorgt und oft hilflos. Darum bitten wir dich:
Gib uns Kraft und Mut uns einzusetzen für die Flüchtlinge in unserem Land, denn die Welt brennt und Menschen flüchten um ihr Leben. Schicke uns die Gaben herzlicher und kompetenter Gastfreundlichkeit. Mach uns zu Boten deiner Güte gegen alle Menschen. Hilf uns bei der Auseinandersetzung mit Fanatismus und Hass auf allen Ebenen. Bleib uns nahe in unseren inneren Kreisen: Segne die Menschen, die zu uns gehören. Schicke uns dein Heil und stifte die Heilung der Kranken. Schütze den Weg der Sterbenden und derjenigen, die sie begleiten. Lass uns nicht einsam bleiben in Trauer und Verlust.
Lebendiger Gott, wir sind mit den Wassern deiner Gnade gewaschen. Dafür danken wir dir und sprechen mit den Worten Jesu:
Vater unser

Wiebke Köhler

2. Sonntag nach Epiphanias

Römer 12,9–16

Der Predigttext wird erst im Verlauf der Predigt verlesen.

Liebe Gemeinde!
„Da waren sie wieder, meine drei Probleme.“ Ein Filmzitat. Eingeweihte wissen: Es stammt aus „Otto – der Film“. Noch Eingeweihtere wissen, wer Otto ist. Nach Loriot (und wenn man Politiker nicht mitzählt) der bekannteste deutsche Komiker. Komiker, nicht Comedian, witzig funktioniert heute anders, wenn auch nicht zwingend lustiger.

„Da waren sie wieder, meine drei Probleme“, oder wie der Apostel Paulus im Römerbrief schrieb: „Seid fröhlich in Hoffnung, geduldig in Trübsal, beharrlich im Gebet.“ Das scheint nicht selbstverständlich, sonst hätte er es nicht extra erwähnt. Es scheint schwierig zu sein und wichtig, warum sonst sollte er darüber schreiben. Die ganze Passage aus dem Römerbrief lautet so:

[Lesung des Predigttextes]

II.

Das sind noch mal deutlich mehr als drei Probleme und deutlich weniger als drei Lösungen. Genau genommen wird hier gar keine Lösung angeboten. Ich zähle 19 Empfehlungen, vielleicht sogar Befehle, null Begründungen und noch mal null Hilfestellungen. Ich sehe aber auch einen Angelpunkt, einen Doppelpunkt vorweg: die Liebe. „Die Liebe sei ohne Falsch“. Der Rest folgt.

„Die Liebe sei ohne Falsch“, das hat einen gewissen Charme. So redet niemand, außer vielleicht der freundliche Gemüseverkäufer an der Ecke, der mit Migrationshintergrund. Der Charme liegt aber nicht nur in der mitgedachten Herzlichkeit eben jenes Geschäftsmanns, sondern auch darin, dass ich ihn gar nicht korrekter formulieren könnte. Er würde seinen Zauber verlieren. „Die Liebe sei ohne Falsch", keine Schauspielerei bitte, ernst meinen! Schon der Verdacht von falscher Freundlichkeit ist furchtbar, sie bekommt etwas Klebriges, und wenn sich der Verdacht erhärtet und die Freundlichkeit als falsch entlarvt wird, etwas Ekliges. Was schon für Freundlichkeit gilt, ist für Liebe nur noch schlimmer.

Liebe mit Falsch, das bedeutet im Umkehrschluss: Hasst das Gute – zum Beispiel Menschen zu helfen, die es nicht verdient haben – und hängt dem Bösen an. Die geschwisterliche Liebe untereinander sei aufgesetzt. Die Näherbestimmungen von „Liebe mit Falsch" wären: Haut euch in die Pfanne, wann und wo immer es geht. Verschleppe, was du tun sollst. Denk nicht mit.

III.

19 Empfehlungen im eben gehörten Bibeltext. Bei Empfehlung acht bis zehn gerate ich ins Stocken, da waren sie wieder, meine drei Probleme: „Seid fröhlich in Hoffnung, geduldig in Trübsal, beharrlich im Gebet." Nummer eins bis sieben fand ich ein wenig zu offensichtlich. Jetzt wird es für mich weniger eindeutig. „Fröhlich sein in der Hoffnung" – das kommt doch sehr auf die Hoffnung an. Wenn es die von der Sorte „letzter Strohhalm" ist, dann ist es mit der Fröhlichkeit nicht weit her. „Geduldig in Trübsal" klingt so schicksalsergeben, *zu* schicksalsergeben. Und „Beharrlichkeit im Gebet" – hört Gott denn nicht schon beim ersten Mal zu?

Erst dann, wenn ich Hoffnung, Trübsal, Gebet mit den Augen der aufrichtigen Liebe sehe, wandelt sich das Bild. Die Liebe weiß, dass nicht alles gut ausgeht, aber sie bleibt. Die Liebe kennt den Schmerz, der erst durch sie entsteht, aber sie bleibt. Die Liebe formuliert eine Bitte nicht deswegen, um sich das Leben leichter zu machen, sondern weil sie bleibt.

Wer so lebt und so liebt, für den sind Empfehlungen Nummer 11 bis 19 keine Einträge im Pflichtenheft, sondern eine Lebenseinstellung: in Not Geratenen helfen, Gastfreundschaft, Mit-Fühlen mit den anderen und so weiter. Auch der letzte Satz ist dann kein versteckter, auch kein *schlecht* versteckter Vorwurf: „Haltet euch nicht selbst für klug." Das ist bloß schlecht formuliert, wie „Liebe ohne Falsch" auch, aber diesmal ohne Charme. Charmanter wäre vielleicht: „Die Liebe ist immer schlauer als man selbst", oder: „die Liebe kennt immer eine Möglichkeit mehr als du."

IV.

Die Liebe ist kein Handbuch, in dem nachzulesen wäre, was zu tun und was zu lassen ist. Die Liebe ist ein Standpunkt. Lesen Sie die Liste aus dem Römerbrief als Handbuch, kommen Banalitäten dabei heraus. Verstehen Sie die Liste aber als eine Ausführung des Standpunktes der Liebe, als spezielle Sichtweise, ergibt sich etwas anderes. Eine Atmosphäre der Herzlichkeit. Eine Umgebung, in der ich gerne leben will. Dort geht es mir gut.

Ich will keinen unsinnigen Konkurrenzkampf herbeizitieren. Die Frage, ob diese Atmosphäre, ob diese Liebe innerhalb oder außerhalb der Kirche und ihrer Gemeinden leichter zu finden ist, führt nirgendwo hin. Es wird gelegentlich behauptet, dass nur Christinnen und Christen in der Weitergabe der *Liebe* Gottes dazu in der Lage sind, eine solche Atmosphäre zu schaffen. Ich stelle fest: Andere haben das auch geschafft, und gelegentlich überzeugender. Ich glaube aber schon, dass die Gemeinschaft der Glaubenden besonders gute Startvoraussetzungen hat. „Liebe mit Falsch", da ist das Motiv oft genug, sich besser zu machen als man ist. Im Vertrauen auf Gott fällt das schon mal weg. „Da waren sie wieder, meine drei Probleme", das ist für uns niemals Vater, Sohn und Heiliger Geist. Gott nimmt uns, wie wir sind. Menschen. Seine Geschöpfe, seine Kinder. Amen.

Vorschläge für das Predigtlied

EG 398	In dir ist Freude
EG RWL 571	Unser Leben sei ein Fest

Fürbittengebet

Allmächtiger Gott,

wir suchen nach Orientierung, wir suchen nach dir. Dein Geschenk an uns, das Leben, ist schön. Beim Versuch, es zu gestalten, landen wir mal in Sackgassen, mal leisten wir Großartiges. Vergib uns, wenn wir in die Irre gehen, und sei bei denen, denen wir dabei schaden.

Wir brauchen die Liebe. Deine, die uns am Leben hält, und die unserer Mitmenschen. Ohne die Liebe bleibt unser Handeln leer, schlimmstenfalls schädlich. Dort, wo keine Liebe ist, sende deinen Geist der Erneuerung. Dort, wo die Liebe falsch ist, sende deinen Geist der Wahrheit, damit wir es erkennen.

Wir setzen unsere Hoffnung auf dich. Wir versammeln uns in deinem Namen, suchen die Gemeinschaft an deinem Tisch. Nimm fort alles, was uns trennt, und öffne die Türen zu deinem Haus weit.

Amen.

Nathalie Buskmanns

Letzter Sonntag nach Epiphanias

2. Mose 3,1–14

Der Predigttext wird z. T. erst im Verlauf der Predigt in der hier angegebenen Übersetzung verlesen. Die Überschriften werden mitgelesen.

Mose aber hütete die Schafe Jitros, seines Schwiegervaters, des Priesters in Midian, und trieb die Schafe über die Steppe hinaus und kam an den Berg Gottes, den Horeb. Und der Engel des Herrn erschien ihm in einer feurigen Flamme aus dem Dornbusch. Und er sah, dass der Busch im Feuer brannte und doch nicht verzehrt wurde. Da sprach er: Ich will hingehen und die wundersame Erscheinung besehen, warum der Busch nicht verbrennt. Als aber der Herr sah, dass er hinging, um zu sehen, rief Gott ihn aus dem Busch und sprach: Mose, Mose! Er antwortete: Hier bin ich.

Beim Namen gerufen werden

Liebe Gemeinde!

Wenn ich bei meinem Namen gerufen werde, horche ich auf. Wer meinen Namen ausspricht, spricht mich an. Aus dem Klang der Stimme, aus Lautstärke und Betonung versuche ich auf die Situation, das Anliegen, die Dringlichkeit zu schließen.

Welchen Namen haben Sie bekommen, auf welchen Namen hören Sie? Wie werden Sie von Ihren Freundinnen, von der Familie, von Nachbarn angesprochen? Welcher Kosename ist Ihnen lieb? In unseren Namen klingt Familiengeschichte mit, politische Geschichte auch. Sogar Modeströmungen werden deutlich, wenn in einer Generation besonders viele Jungen Ben und Mädchen Anna genannt werden.

Namen erzählen Geschichten. Geschichten von Dankbarkeit, von Güte und Gnade. Anna, Hanna, Johanna: im Hebräischen bedeuten diese Wortwurzeln Gottes Gnade. Geschichten von Geschwisterreihenfolgen: Benjamin heißt ursprünglich

Sohn der rechten Hand, oder Sohn des Glücks. Weil in der Bibel der jüngste Sohn Jakobs den Namen Benjamin trägt, hat sich die Bedeutung gewandelt: „unser Benjamin" kann auch bedeuten: der Kleinste, der Jüngste. Und es entlockt schon mal ein Lächeln, wenn ein Benjamin der Älteste in einer Reihe von Geschwistern ist.

Auch der Familienname drückt mehr aus als eine Buchstabenfolge. Bis vor wenigen Generationen konnte man auch bei uns noch recht sicher die Herkunft aus einem Dorf oder einer Stadt, die Lage des Hauses in der Landschaft, den Vater oder Großvater, den Beruf am Namen ablesen. Weil der Name so vielsagend ist, kann es gute Gründe geben, einen Künstlernamen zu entwerfen. Um sich von seiner Familie abzugrenzen, um Herkunft, Identität und Lebenspläne neu zu entwerfen. Da wird aus Norma Jean Baker „Marilyn Monroe" und aus Jürgen Udo Bockelmann „Udo Jürgens".

Zu guter Letzt kennen wir aus Literatur und Film „sprechende Namen": Die Hauptperson in *Truman Capotes* Roman „Breakfast at Tiffany's" heißt *Holly Golightly.* „Holly", klingt da „holy", heilig an? Der Name Golightly jedenfalls verbindet die englischen Wörter go und lightly: „Nimm's leicht". Diese Redewendung ist genau treffend für die Lebenseinstellung der Figur: die schöne, unbekümmerte junge Frau, die gern beim Juwelier frühstückt und das Leben leicht nimmt. Das Bild wird noch weiterentwickelt: ein dauernd schimpfender chinesischer Nachbar spricht Holly in Dialogen stets als „Miss Gorightly" an, als „Fräulein, das richtig lebt."

Auch in den Harry-Potter-Romanen tragen die Figuren sprechende Namen. Der Lehrer *Severus Snape* ist selbstverständlich streng („severus" bedeutet „streng" auf Lateinisch). *Sirius Black* schillert zwischen Gut und Böse, Hell und Dunkel. Er wird für einen gefährlichen Mörder gehalten, steht tatsächlich jedoch auf Seiten Harrys. Dieser Gegensatz zwischen Gut und Böse spiegelt sich in seinem Namen wider. Sirius ist der hellste Stern am Nachthimmel, „black" das englische Wort für „schwarz" – Hell und Dunkel im Vor- und Nachnamen verbunden.

Mein Name drückt etwas von meiner Lebensgeschichte aus. Er kann von meiner Herkunft erzählen. Von den Hoffnungen und Befürchtungen derer, die meinen Namen ausgewählt haben. Er kann heute als modisch oder altmodisch, international oder regional empfunden werden. Und vielleicht ändert sich das in wenigen Jahren schon.

Ich selbst will mich mit meinem Namen anfreunden. Er soll stimmig sein zu den Projekten und Plänen, die ich in die Tat umsetzen will. Ja, auf eine gewisse Art stolz möchte ich sein können auf meinen Namen. Auf das, was in ihm mitschwingt. Was ungesagt Bedeutung hat. Was sich hinter den Buchstaben verbirgt. Auch in der Exodusgeschichte lesen wir von sprechenden Namen.

Da ist Mose, die Hauptperson. Wahrscheinlich leitet sich sein Name von einem ägyptischen Verb ab, das „gebären" bedeutet. Es ist die Kurzform einer ägyptischen Namensform. Lang würde sie heißen: Thutmosis, der Gott Thut hat geboren. In der Kurzform Mosis oder Moses fällt die Nennung des Gottes weg. Mose bedeutet also: geboren.

Die hebräische Bibel bewahrt die Erinnerung an die ägyptische Herkunftsgeschichte des Mose noch auf eine andere Weise in seinem Namen: Die Tochter des Pharaos findet das hebräische Kind der Miriam in einem Schilfkorb, und die Namensgeschichte wird weitergesponnen: Sie gibt dem Kind einen Namen, der voller Geschichte ist. Sie leitet ihn von der hebräischen Wurzel für „herausziehen" ab: „Ich habe ihn aus dem Wasser gezogen". Doch diese Hebräischkenntnisse der Pharaonentochter sind historisch sehr unwahrscheinlich. Auch wenn – oder gerade weil – sie so gut zur Geburtslegende des Mose passen.

Jitro, so heißt der Priester aus Midian, der Moses Schwiegervater wird. Als Mose in Ägypten einen Aufseher erschlagen hat, muss er in die Wüste fliehen. Er begegnet Jitros Tochter Zippora und bekommt sie zur Frau. Diese Vorgeschichten klingen mit in den Namen, die wir hören. Mose hütet die Schafe seines Schwiegervaters Jitro. Der Auszug aus Ägypten beginnt mitten in einer Alltagssituation. Bei der Arbeit, mitten im unauffälligen Alltag wird Mose beim Namen angesprochen.

Die kunstvoll gestaltete und überlieferte Erzählung von der Befreiung Israels beginnt mit einer kleinen, fast unscheinbaren Orts- und Situationsbeschreibung. Und es sind sprechende Namen, die uns in die Geschichte hineinnehmen. Wenn Mose von Gott zweimal mit seinem Namen angesprochen wird, lese ich dies so: Gott meint ihn in seiner ganzen Existenz. Und Mose lässt sich ansprechen. In dieser Situation, die verwirrend genug ist, bleibt er bei sich, antwortet und hört.

Gott geht mit

Im Buch Exodus heißt es weiter:

> Gott sprach: Tritt nicht herzu, zieh deine Schuhe von deinen Füßen; denn der Ort, darauf du stehst, ist heiliges Land! Und er sprach weiter: Ich bin der Gott deines Vaters, der Gott Abrahams, der Gott Isaaks und der Gott Jakobs. Und Mose verhüllte sein Angesicht; denn er fürchtete sich, Gott anzuschauen. Und der Herr sprach: Ich habe das Elend meines Volks in Ägypten gesehen und ihr Geschrei über ihre Bedränger gehört; ich habe ihre Leiden erkannt. Und ich bin herniedergefahren, dass ich sie errette aus der Ägypter Hand und sie herausführe aus diesem Lande in ein gutes und weites Land, in ein Land, darin Milch und Honig fließt, in das Gebiet der Kanaaniter, Hetiter, Amoriter, Perisiter, Hiwiter und Jebusiter. Weil denn nun das Geschrei der Israeliten vor mich gekommen ist und ich dazu ihre Not gesehen habe, wie die Ägypter sie bedrängen, so geh nun hin, ich will dich zum Pharao senden, damit du mein Volk, die Israeliten, aus Ägypten führst. Mose sprach zu Gott: Wer bin ich, dass ich zum Pharao gehe und führe die Israeliten aus Ägypten? Er sprach: Ich will mit dir sein. Und das soll dir das Zeichen sein, dass ich dich gesandt habe: Wenn du mein Volk aus Ägypten geführt hast, werdet ihr Gott opfern auf diesem Berge.

Mose wird von Gott bei seinem Namen gerufen. Zweimal sogar. Er lässt sich rufen. Er antwortet. Und er wird daraufhin mit seiner ganzen Existenz herausgefordert. Aber bevor Gott dies tut, erklärt Gott sich selbst. Gott schreibt sich in die Lebensgeschichte des Mose gleichsam ein: Ich bin der Gott deines Vaters, der Gott Abrahams, der Gott Isaaks und der Gott Jakobs. Und in Gedanken füge ich hinzu: der Gott deiner Mutter Miriam, der Gott Sarahs und der Gott Rebekkas. Gott erzählt die Familiengeschichte von Mose neu als eine Geschichte, in der Gott da ist.

„Wer bin ich, dass ich zum Pharao gehe und die Israeliten aus Ägypten führe?", antwortet Mose auf diese Zumutung Gottes. Wer bin ich, gerade ich, Mose, ein Israelit in Ägypten, als Säugling dem Tod knapp entronnen. Und selbst einer, der wutentbrannt einen anderen Menschen erschlagen hat. Wer bin ich, dass ich so etwas schaffen, dass mir diese Aufgabe gelingen könnte? Zu schwach, zu jung, zu alt, zu jähzornig und unbedacht, zu unerfahren. Sehr nachvollziehbar, dass Mose erschrickt und zögert. Mose fragt nach:

Wer bin ich, dass gerade ich …? Eine Frage, die mir auch heute noch in die Quere kommen kann. Die Liste der Zuschreibungen, der Abwertungen und Bedenken wird lang und länger, je mehr ich mich auf mich allein verlassen will.

Gott geht auf dieses „Wer bin ich?" nur sehr indirekt ein. Er antwortet mit einem schlichten Satz: „Ich will mit dir sein." Das soll genügen. Gott beschwichtigt nicht. Gott fordert auch keinen Gehorsam von Mose. Gott verspricht stattdessen ein Zeichen seiner Gegenwart, seiner Beziehung zum ganzen Volk. Und Mose, willigt er schon ein? Fügt er sich? Er stellt sich die Situation vor, in der er den Israeliten gegenübertreten wird. Er nimmt ihre Fragen vorweg.

Auch Gott lässt sich beim Namen nennen

Mose sprach zu Gott: Siehe, wenn ich zu den Israeliten komme und spreche zu ihnen: Der Gott eurer Väter hat mich zu euch gesandt!, und sie mir sagen werden: Wie ist sein Name?, was soll ich ihnen sagen? Gott sprach zu Mose: *Ich werde sein, der ich sein werde.* Und sprach: So sollst du zu den Israeliten sagen: „Ich werde sein", der hat mich zu euch gesandt.

Gott spricht seinen Namen aus. Er spricht ihn richtig aus. In seinem Namen ist seine ganze Existenz verborgen. „Ich werde sein, der ich sein werde. Ich bin, der ich bin." Auch Gott lässt sich – dieses eine Mal – bei seinem Namen nennen. Und dieser Name spricht Gegenwart und Zukunft zusammen aus. Dieser Name klingt nach Ewigkeit mitten in der Zeit.

Und zugleich bleibt Gottes Name unaussprechlich. Im Namen wird Gott sichtbar und spürbar und bleibt doch zugleich verborgen und geheimnisvoll. So wie die ganze Begegnung mit Gott im brennenden Dornbusch, dessen Feuer ihn nicht verzehrt.

Gott offenbart Mose seinen Namen beim brennenden Dornbusch. Der Gottesname wird in der Sprache der Überlieferung, in hebräischen Buchstaben überliefert. Vier Buchstaben sind es in der hebräischen Konsonantenschrift, die noch passend mit Vokalen versehen sein müssten: Gottes Eigenname als ein sogenanntes Tetragramm, als ein Gebilde aus vier Buchstaben also. JHWH. Dies wurde als Jahwe ausgesprochen. Eigentlich ist das Tetragramm als Wort oder Name nicht übersetzbar.

Seine Bedeutung wird mit „Ich bin", „Ich bin da", „Ich werde sein" wiedergegeben. So, wie es Gott gegenüber Mose ausspricht. Das soll zeigen: Gottes Name ist unaussprechlich, unerklärlich, unergründlich.

Das Tetragramm JHWH wird erstmals in Genesis 4,26 gebraucht, sodann in unserem Bibeltext heute. 6.823 Mal kommt es in der hebräischen Bibel vor. Aus Scheu, Respekt und Ehrfurcht vor Gott, dem Herrn, seiner Größe und Heiligkeit wird der Gottesname JHWH von den Juden nach der babylonischen Gefangenschaft nicht mehr ausgesprochen. Stattdessen werden *Adonai* (mein Herr), und heute *Ha-schem* (der Name), *ha-makom* (der Ort) oder *adoschem* (eine Wortkombination von Herr und Name) gebraucht.

Martin Luther hält diese Balance zwischen Unaussprechlichkeit und Ansprechbarkeit, wenn er das zweite Gebot im kleinen Katechismus erklärt. „Du sollst den Namen des Herrn, deines Gottes, nicht unnütz gebrauchen; denn der Herr wird den nicht ungestraft lassen, der seinen Namen missbraucht. *Was ist das?* Wir sollen Gott fürchten und lieben, dass wir bei seinem Namen nicht fluchen, schwören, zaubern, lügen oder trügen, sondern ihn in allen Nöten anrufen, beten, loben und danken."

Gott offenbart seinen Namen und sein Wesen. Ganz menschlich. Lässt sich ansprechen. Lässt sich rufen. Wir können Gott bei seinem Namen rufen, ansprechen, bei seinem Versprechen nehmen. Wenn wir dankbar sind und uns freuen. Und wenn wir fast verstummen vor Sorge und Angst. Gerade dann können wir Gott bei seinem Namen nennen. Denn Gott gibt sich in seinem Namen zu erkennen als Gott, der da ist und der da sein wird. Der aus Gefangenschaft und Bedrückung herausführt. Der befreit. Der löst und rettet. So ist auch dieser Name ein sprechender Name, der auf unsere Antwort, auf unsere Anrede wartet. Amen.

Vorschläge für das Predigtlied

EG 664,1–3	Wir strecken uns nach dir
EG 70,1–3.7	Wie schön leuchtet der Morgenstern

Fürbittengebet

Unterbrich uns, Herr,
ruf uns heraus, wenn unser Alltag keinen Gedanken mehr wert ist und wir nur noch handeln, wie man es von uns erwartet – während wir vergessen, was du von uns brauchst und willst für das Leben auf dieser Erde, wie du es geschaffen hast.
Unterbrich uns, Herr, sprich uns an bei unserem Namen, wenn wir aus lauter Gewohnheit plappern und schwätzen
und nicht beim Namen nennen, was nötig ist – während du mit uns reden möchtest und Worte hast, die uns deutlich machen, wo wir stehen und was wir sollen.
Unterbrich uns, Herr, erinnere uns an deinen Namen, wenn wir beginnen, den Dingen und den Sachzwängen mehr Vertrauen zu schenken als dir – während du uns aufrütteln willst, herausrufen aus dem Gewohnten, damit wir zurückfinden zu dem, was wir sind und wie du es meinst.
Unterbrich uns, Herr. So bitten wir in deinem Namen:
Vater unser

Friederike Rüter

5. Sonntag vor der Passionszeit

1. Korinther 1,4–9

Der Predigttext wird erst im Verlauf der Predigt verlesen.

I.

Liebe Gemeinde!

Wer als Organisation oder Firma etwas auf sich hält, braucht einen Imagefilm. Einen kurzen Clip, der die Essenz des Unternehmens auf den Punkt bringt. Hübsch präsentiert auf der eigenen Internetseite oder, wenn das Budget es zulässt, sogar im Kino. Das Land NRW hat so einen Film, und als ich ihn gesehen hatte, wollte ich sofort Stahlkocher werden. Ich war schwer beeindruckt von den glühenden Hochöfen, Lavaströmen und tollen Produkten, die dann daraus wurden. Ich sah einen Imagefilm einer Bio-Bäuerin und telefonierte umgehend alle Resthöfe in der Umgebung ab, ob nicht noch jemand einen Nachfolger sucht. Dann kam der Clip einer großen Versicherungsagentur, und ich war mir sicher, Menschen maßgeschneiderte Produkte verkaufen zu wollen, ach was, zu *müssen,* um glücklich zu werden. Ich kann nichts dagegen tun, sobald ich auch nur ein paar Sekunden eines richtig gut gemachten Imagefilms sehe, überkommt mich die Lust, alles hinzuschmeißen, sofort beizutreten, ein Teil des Ganzen zu werden oder wenigstens Menschen zu treffen, die dazugehören. Es sei denn, es ist ein Imagefilm der Kirche. Dann denke ich immer: Hoffentlich brauchst du die nie!

Nicht, dass wir uns falsch verstehen: Ich bin ein Teil der Kirche und sie ist ein Teil von mir. Das soll so bleiben. Ich finde es sogar gut und richtig, dass die Kirche keine reißerischen Werbefilmchen raushaut, marktschreierisch auftritt, bunte Versprechungen macht, die sie nicht einzuhalten gedenkt. Was wird in solchen Kirchenfilmchen gezeigt? Bedürftige, denen geholfen wird. Menschen, die es aus geistigen oder körperlichen Gründen schwer haben, am gesellschaftlichen Leben teilzunehmen, und die stattdessen dann eben eigene Gemeinschaften mit kirchlicher Unterstützung bilden. Tolle, wichtige Arbeit. Die ich hoffentlich nie selber in Anspruch nehmen muss. Oder Menschen in Stille und Andacht versunken, die endlich Ruhe finden können. Das ist etwas sehr Kostbares und Wichtiges. Aber halten Sie da mal die Kamera drauf, das sieht einfach nur einsam und verloren aus. So geht es dann weiter. Und weil natürlich keine Agentur, die sich mit so etwas auskennt, mit so einem Film beauftragt wurde, sondern eine Kommission festgelegt hat, was denn wohl alles rein soll, und irgendjemand die glorreiche Idee hatte, doch einfach die Konfis filmen zu lassen statt Profis – Konfis statt Profis! Tolle Botschaft! Passt doch super zu uns! Und wir tun mal was für die Jugend! –, ist das Ergebnis eben so, dass ich denke: Hoffentlich brauchst du die nicht.

II.

Ich weiß nicht, was man vor 2000 Jahren statt Imagefilmen gemacht hat. Nur mal angenommen, die Gemeinde in Korinth hätte einen drehen lassen. Eines wäre unvermeidlich gewesen: eine Altersfreigabe ab 18. In Korinth ging es rund. Genauer noch: drunter und drüber. Ohne, dass sich vor Ort jemand groß daran gestört hätte. Unter der Gesamtüberschrift „christliche Gemeinde“ liefen ziemlich zerstrittene Splittergruppen und Gurus mit schrillen Speziallehren. Dazu kam eine gewisse Nachlässigkeit in Sachen Anstand, gegründet auf einem Verständnis von christlicher Freiheit, das, nun ja, speziell war. Abendmahlsfeiern liefen nach dem Motto „Axt im Walde trifft Elefant im Porzellanladen“, was aber lange noch nicht so schlimm war wie die Missverständnisse bezüglich der Auferstehung der Toten. Gute Werbeleute hätten daraus gemacht: Hier ist richtig was los. Lebendige Gemeinde!

Ich war nicht dabei. Ob ich gerne dabei gewesen wäre – vielleicht. Eines, das hierzulande oft zu kurz kommt, hatten sie wirklich verinnerlicht: Unser Gott ist ein freigiebiger Gott. In Psalm 23 heißt es im Deutschen: du schenkest mir voll ein. Die englische Übersetzung ist besser, sie lautet: Mein Becher fließt über. Das ist nicht der Gott, der einem Verdurstenden in der Wüste einen Schluck Wasser reicht, sondern der, der dem Verdurstenden in der Wüste ein Spaßbad baut. Mit Wasserrutsche.

Paulus hatte so seine liebe Mühe mit den Korinthern. Der Apostel war seit seiner Berufung nicht mehr für Exzesse bekannt oder einen ausschweifenden Lebensstil.

Sein Bemühen galt stets dem Zusammenhalt der Gemeinden, deren Mitglieder für ihn immer auch eine gewisse Vorbildfunktion hatten. Für ihn war also jede Baustelle in Korinth größer und schwieriger als die des neuen Berliner Hauptstadtflughafens. Und nun schreibt er ihnen mal wieder und beginnt seinen Brief so:

[Lesung des Predigttextes]

III.

Klingt doch nett. „Ihr seid durch Jesus Christus reich gemacht". Reich waren sie, die Korinther. „Reich" ist auch ein schöner Ausdruck, um zu beschreiben, wie speziell diese Gemeinde war. Haben Sie das Foto von der letzten Bundespräsidentenwahl 2017 gesehen? Grau in grau saßen die Wahlmänner und -frauen in den Reihen und mittendrin jemand, der Wahlmann und Wahlfrau gleichzeitig war: Olivia Jones, bürgerlicher Name Oliver Knöbel, Travestiekünstler. Reich wie die Korinther. „Durch Christus seid ihr reich gemacht", schreibt Paulus seiner Gemeinde. Euer Reichtum kommt nicht von ungefähr, der kommt von oben. Vielleicht ist ihm der Satz nicht leicht gefallen, andersartig wie die Gemeinde war, aber an einer Sache hat der Apostel nie gerüttelt: Alles ist gut, wenn es in Christus ist. Der ist auch dafür zuständig, die Gemeinde „fest zu machen bis ans Ende, dass ihr untadelig seid am Tag unseres Herrn Jesus Christus". Er hat also noch Hoffnung, dass das schon noch wird. Kurz vor knapp. Er hat wenig Hoffnung, dass das dann an ihm liegt, aber er hört nicht auf, das zu versuchen. Das Leben ist bunt. Knallbunt. Kunterbunt. Es gibt Dinge, bei denen werden nachfolgende Generationen die Hände über dem Kopf zusammenschlagen und sich fragen „wie konnten die nur!" Sowohl „wie konnten die das nur verbieten", als auch „wie konnten die das nur erlauben!" Was von dem, was wir heute ganz selbstverständlich tun oder andere bitten zu lassen, wozu gehört – niemand weiß es. Bei einem bin ich mir aber ziemlich sicher: Freiheit bedeutet nicht, sich einen Imagefilm aussuchen zu dürfen. Freiheit ist nicht, in einem Imagefilm zu leben oder für einen Imagefilm. Paulus' Rat an die Korinther stelle ich mir so vor: Macht euch mal keine Sorgen um euren Ruf. Das passt schon am Ende (und vorher ist nichts zu retten). So lange Jesus Christus in eurer Mitte ist, kann nichts schief gehen, „denn Gott ist treu, durch den ihr berufen seid zur Gemeinschaft seines Sohnes Jesus Christus, unseres Herrn." Amen.

Vorschläge für das Predigtlied

EG 272 Ich lobe meinen Gott

EG 288 Nun jauchzt dem Herren alle Welt

Fürbittengebet

Herr, unser Gott,

du hast die Welt geschaffen in all ihrer Vielfalt und ihrem Reichtum. Du gibst uns reichlich. Hilf uns, dein Wort zu verbreiten und auf der ganzen Erde bekannt zu machen. Dafür brauchen wir Geduld und Toleranz. Wecke die Neugier in uns, wenn wir auf Fremdes treffen. Stärke unsere Gelassenheit, wenn es zu laut wird, und unseren Mut, wenn wir widersprechen wollen. Wir bitten heute besonders für die Menschen, die sich unter Einsatz ihres Lebens zu Jesus Christus bekennen, in Ländern, in denen das Christentum verboten ist oder schikaniert wird. Halte deine schützende Hand über sie. Dort und auch bei uns lasse deine Gemeinde wachsen, mit Christus in unserer Mitte. Amen.

Sebastian Kuhlmann

4. Sonntag vor der Passionszeit

Markus 4,35–41

Der Predigttext wird im Gottesdienst zuvor als Evangelium gelesen. Die Zwischenüberschriften gliedern den Text, werden aber nicht vorgelesen.

[Glaubenstraining]

[1. Der See Genezareth als Ort einer Wundererzählung]

Im Norden von Israel, im oberen Jordangraben, liegt der See Genezareth. Es ist ein vergleichsweise großer See (etwa doppelt so groß wie der Chiemsee in Bayern). Unmittelbar an seinem Ufer liegt eine Reihe von Ortschaften, die wir aus den Evangelien kennen. Hier ist die unmittelbare Heimat Jesu: Kapernaum, Bethsaida und Tabgha, der Ort der Brotvermehrung. Auch der Berg der Seligpreisungen ist hier. Nazareth liegt nur 30 Kilometer westlich.

In dieser Gegend spielt die Geschichte der Stillung eines Sturms. Es ist am Abend eines langen Tages. Jesus macht sich mit seinen Jüngern auf, um in einem Boot von einem Ufer des Sees an das andere zu fahren. Offensichtlich geht es ihnen nicht darum, Fische zu fangen, sondern man möchte schlicht nach Hause kommen, nach Bethsaida oder Kapernaum, in eines der Dörfer, in denen Jesus und die Seinen in diesen Wochen Unterschlupf finden.

Nun ist der See Genezareth ein tückisches Gewässer. Er liegt tagsüber oft absolut friedlich da, das gegenüberliegende Ufer und die dahinterliegenden Berge scheinen ganz nah. Doch am frühen Abend zieht nicht selten – gern ohne jede Vorwarnung – ein scharfer Sturm auf. Dann weht von den Hügeln im Osten ein kräftiger Sturmwind herab auf den See und verwandelt das friedliche Gewässer in ein gefährliches kleines Meer. Gefährlich zumindest für solche einfachen Schifferboote wie die, mit denen Jesus und seine Jünger unterwegs waren.

Ob Simon und Andreas, Jakobus und Andreas an die gefährlichen Ostwinde gedacht hatten, als Jesus sagte: „Lasst uns hinüberfahren“? Jesus hatte sie hier aus ihrem bisherigen Leben als Fischer herausgerufen. Sind diese erfahrenen Fischer mit ihm ins Boot gestiegen, obwohl sie wussten, dass der See in der Dunkelheit gefährlich werden konnte? Wie dem auch sei, sie haben sich Jesus anvertraut, haben auch in dieser Sache auf ihn gehört und sind ihm gefolgt.

Und dann kommt doch wirklich solch ein gefürchteter Sturm auf. Das Boot läuft voll und droht zu kentern. Alle bekommen es mit der Angst zu tun, nur einer nicht: Jesus schläft. Da wecken sie ihn in höchster Not: „Meister, fragst du nicht danach, dass wir umkommen!?“ Jesus bedroht den großen Wirbelwind: „Schweig! Verstumme!“ Tatsächlich kehrt Ruhe ein, der See beruhigt sich.

Bis zu dieser Stelle handelt es sich bei dieser Geschichte um eine Wundergeschichte, wie wir sie zahlreich aus der Bibel kennen. Es gibt die dafür typischen Elemente: große Not, die Bitte um Hilfe, wundervolle Rettung. So wird ein tiefgreifender Wandel möglich aus einer Situation des größten Elends hin zu unbändiger Freude. Eine Sache ist freilich ungewöhnlich an dieser Wundergeschichte. Jesus scheint genervt, Jesus scheint unzufrieden mit seinen Jüngern. Er herrscht sie an: „Was seid ihr so furchtsam? Habt ihr noch keinen Glauben?“

[2. Vom Verlieren des Glaubens]

Es gibt sie, jene Zeiten, in denen der Glaube abhandenkommt und nur noch Angst regiert. Die Kapelle des Krankenhauses war nicht leicht zu finden. Es gab zwar Hinweisschilder, aber in dem großen Gebäudekomplex war der Raum dann doch irgendwie versteckt in einem abseitigen Flur. Vorsichtig öffnet er die Tür. Sonne begrüßt ihn, sie scheint durch ein farbiges Fenster und taucht den Raum in ein mildes Licht. Es ist niemand sonst da. Er setzt sich in eine der Stuhlreihen und atmet tief durch. Sein Blick fällt auf den Altar und auf das Buch, das vor dem Kruzifix liegt, vermutlich eine Bibel. Kurz verspürt er den Impuls nachzuschauen, welche Stelle, welche biblische Geschichte aufgeschlagen ist, und ob sie ihm etwas zu sagen hätte. Aber er bleibt sitzen. Nachdem er den Raum ringsum betrachtet hat, blickt er nur noch auf seine Hände. Er ist gekommen, um zu beten.

Sein erwachsener Sohn liegt auf der Intensivstation. An seinem Krankenbett war für ein Gebet bisher nie die Ruhe. Auch nicht auf den Sitzgruppen vor der Station, wo sie viel Zeit verbringen, wenn sie am Bett aus irgendwelchen Gründen nicht sein dürfen. Schon manches Mal versuchte er das Beten, allein, es wollte ihm nicht gelingen.

Nun sitzt er in dieser Krankenhauskapelle, schaut auf seine gefalteten Hände und sucht nach Worten. Da beginnt er, das Vaterunser zu sprechen. „Vater unser im Himmel, geheiligt werde dein Name. Dein Reich komme. Dein Wille geschehe." Er stockt. Weiter kommt er nicht. Denn plötzlich sticht es ihn ins Herz, und durch seinen Kopf schießt die Frage: Dein Wille geschehe? Und was, wenn es tatsächlich Gottes Wille sein sollte, dass sein Junge stirbt? Der Gedanke schnürt ihm den Hals zu. Nein, diese Entscheidung kann und will er nicht in die Hände Gottes legen. Dann lieber in die Hände der Ärzte und Schwestern, ihnen vertraut er, sie tun alles für das Überleben seines Sohnes. Überstürzt steht er auf und verlässt die Kapelle.

[3. Angst als die Gegenspielerin des Glaubens]

Es gibt sie, jene Momente, in denen der Glaube nicht trägt. Zeiten, in denen es stumm bleibt, stumm in unserer Beziehung mit Gott. Dann kommt kein einziges Gebet über die Lippen. Dann bleiben die in einer Predigt gehörten Worte hohl, die gut gemeinten Sätze der Nachbarin leer, die aufgeschlagenen Psalmverse nichtssagend. Momente, in denen alles in Frage gestellt ist, was bisher getragen hat.

Die Gründe dafür mögen verschieden sein. Oft spielt Angst eine Rolle. Angst scheint so etwas wie eine hartnäckige Gegenspielerin des Glaubens zu sein. Der Volksmund behauptet zwar, die Not lehre beten. Und möglicherweise denken wir Menschen am ehesten an den Schöpfer unseres Lebens, wenn wir in gefährlichen Situationen stehen. Dann schicken wir Gott ein Gebet und bitten um seine Hilfe. Manchmal aber ist genau das verwehrt. Weil sich die Angst nicht vertreiben lässt. Weil Hilfe ausbleibt. Weil die Ohnmacht andauert. Weil bisherige Gewissheiten bleibend in Frage gestellt sind. Dann hat es unser Vertrauen in Gottes Fügung schwer.

Deshalb erscheint Jesu Satz „Warum habt ihr noch keinen Glauben?" hart und überraschend unsensibel. Ist Jesus wirklich enttäuscht über die Aufgeregtheit seiner Jünger, über die Angst, die in ihren Gesichtern steht, über das fehlende Vertrauen?

Aber worin besteht das Versagen der Jünger? Die Gefahr des Sturmes war real. Das Boot war hin- und hergeworfen worden, es war bereits Wasser eingedrungen. Und sicher hatten sie das eine oder andere zur Rettung längst versucht und sind erst dann zum schlafenden Jesus gegangen, um ihn zu wecken. Jesus aber zeigt dafür kein Verständnis. Nachdem er den Sturm gestillt hat, tadelt er ihre Feigheit und ihren Unglauben.

[4. Mal hilfreiche Gefährtin, mal Furie]

Angst. Erst bricht der Schweiß aus. Tropfen rinnen an den Schläfen herunter, die Kleidung klebt. Das Herz schlägt spürbar schneller. Es pocht so stark, dass man meint, die anderen sähen das. Die Atemzüge werden flacher und folgen hastig aufeinander. Die Kehle wird trocken, der Hals schnürt sich zusammen. Die Hände zittern.

Angst ist mehr als ein unliebsames Gefühl. Oft sehen wir sie nur unter negativem Aspekt und meinen, sie verbergen zu müssen. Doch die Angst dürfen wir auch als fürsorgliche Gefährtin bezeichnen. Denn Angst warnt uns, sie schützt uns wie eine Mutter vor drohender Gefahr. Sie setzt Zeichen, die unsere Aufmerksamkeit steigern, die Sinne schärfen und alle Kraft für das in diesem Moment Notwendige bündeln.

Angst ist unverzichtbar für unser menschliches Überleben. Und sie ist ein Beweggrund für ein behutsames Miteinander. Es heißt, ängstliche Menschen verfügen über eine besondere soziale Kompetenz, sie haben ein Gespür für die feinen Nuancen des Miteinanders, sie sorgen sich um ihren Nächsten. Ihre Zurückhaltung schützt sie vor zudringlicher Neugier. Doch die hilfreiche Gefährtin kann zur Furie werden. Denn Angst vermag zu lähmen. Dann verhindert sie das Notwendige. Dann fehlt der Blick auf den und die andere. Dann wird sie zur lebensfeindlichen Macht.

Was Angst ist, liebe Gemeinde, wissen wir alle vermutlich sehr gut. Und manche unter uns wissen davon vielleicht sogar zu viel, um ruhig damit leben zu können. Von Angst jedenfalls können wir alle erzählen. Denn zum Menschsein gehört es, einen Weg mit unserer Angst zu finden.

[5. Der Lernweg der Jünger]

Das ist es, was Jesus mit seinen Jüngern verbindet: Sie sind gemeinsam auf einem Weg. Er führt durch Galiläa mit den Ortschaften am See Genezareth. Sein Ziel ist Jerusalem mit dem Kreuz von Golgatha. Auf diesem Weg ist Jesus den Jüngern ein Lehrer und Meister. Ein Meister des Lebens und ein Lehrer des Glaubens.

Auf das Lehrersein legt der Evangelist Markus einen besonderen Wert. In seine Erzählungen baut er das Motiv des Jüngerunverständnisses ein. Die Jünger sind unverständig, schwer von Begriff, sie müssen mehrfach nachfragen. Sie werden angehalten, nur ja nichts weiterzusagen. Sie werden belehrt. Sie werden getadelt.

Doch das alles geschieht allein, weil Jesus ihren Glauben stärken will. Das ist sein Anliegen: dass sie Glauben haben. Für einen starken Glauben braucht es jedoch offensichtlich eine lange Wegstrecke. Und möglicherweise gibt es den erst am Ende. Fast scheint es, als hätte Jesus sie auf dieser Wegstrecke ganz bewusst in die gefahrenvolle Situation des Sturmes gebracht. Fast scheint es, als sei sein friedliches Schlafen während der hohen Wellen eine gezielte Herausforderung. Als wollte er ihnen zeigen, wie man grundsätzlich mit den „Stürmen des Lebens" zurechtkommt. Als wollte er ihnen die Erfahrung ermöglichen, dass man gerade bei hohen Wellen mutig und vertrauensvoll bleiben muss. Weil dann der Blick nicht nur auf einem selbst liegt. Weil dann die lähmende Angst besiegt und dem Lebensfeindlichen das Lebensdienliche entgegengesetzt wird.

Jesus möchte mit seiner auf den ersten Blick so unsensiblen Frage „Was seid ihr so furchtsam? Habt ihr noch keinen Glauben?" in Wahrheit Glauben lehren. Denn Glauben bedeutet, seine Angst abzustreifen, die kleinen Ängste, die unser Leben tagtäglich begleiten, und auch die großen Ängste, in denen es um Leben und Tod geht. Glauben heißt, all diese Ängste beiseite zu lassen und sich an Jesus auszurichten. Er ist mit im Lebensboot. Er steht in der Vollmacht Gottes. Mit ihm verlieren alle Stürme des Lebens ihre zerstörerische Kraft, das Leben siegt.

Möglicherweise braucht es für einen solchen Glauben einen solch langen Weg, wie ihn die Jünger gehen. Bis hin zu Karfreitag, bis zu den tiefsten Dunkelheiten des Leids. Die Jünger erfahren: Ein Sieg des Glaubens über die Furcht ist möglich – spätestens, als sie dem Auferstandenen begegnen und dann wieder zurück nach Galiläa gehen. Und für uns?

[6. Glaubenstraining]

Im Rückblick spürt er immer noch die Erschöpfung, die diese Zeit auf der Intensivstation in ihm hinterlassen hat. Die Sache an sich ist längst Geschichte. Nach zehn Tagen, in denen sein Junge zwischen Tod und Leben stand, setzte der Atemimpuls wieder ein, nach vierzehn Tagen erwachte er aus dem Koma. Dann ging alles vergleichsweise schnell. Er kam auf Normalstation, wurde in eine Reha verlegt, kam wieder zu Kräften. Die Schäden, die bleiben, wiegen leicht gegenüber dem, was gewonnen ist, was sie neu geschenkt bekommen haben.

Denkt der Vater zurück, dann schämt er sich fast. Er fragt sich, weshalb er damals kein einziges Gebet hat sprechen können. Er erinnert sich, wie still es war in jenen Tagen. Still von Gott her. In dieser bisher dunkelsten Zeit seines Lebens hatte ihm sein Glaube nicht geholfen. Der Junge ist längst – und darüber empfindet er unbändige Freude –, er ist wieder okay. Er macht jetzt viel Sport, er trainiert, um seinen Körper wieder fit zu bekommen.

Der Vater selbst trainiert auch. Zwar kommen die Worte seiner Gebete noch etwas unsicher über die Lippen, aber er fühlt sich nicht mehr haltlos. Als hätten die Gebete der anderen für ihn und seine Familie eine Wirkung gehabt. Ein Gedanke lässt ihn seither nicht los, eine Frage bleibt bislang ohne Antwort: Was, wenn es anders ausgegangen wäre? Was, wenn der Junge gestorben wäre? Auch dann, das sagt ihm sein Verstand, auch dann hätte ihm weiterhin das „Fürchtet euch nicht!" gegolten. Dann wäre er Jesus sogar in dessen tiefste Dunkelheit des Leids gefolgt. Aber ob es dann auch für ihn noch einmal Ostern hätte werden können? Dieser Weg ist ihm erspart geblieben. Es wäre wohl ein sehr langer geworden. Da hat jemand noch rechtzeitig gerufen: „Schweig! Verstumme!" Und er ist Gott dafür unbändig dankbar. Amen.

Vorschläge für das Predigtlied

EG 382	Ich steh vor dir mit leeren Händen, Herr
EG 396	Jesu, meine Freude

Fürbittengebet

Jesus Christus, du bist der Weg, die Wahrheit und das Leben. Du gehst mit uns, und wir suchen den Weg mit dir. Wir vertrauen dir und brauchen doch immer wieder neu die Gewissheit, dass die Dunkelheit des Lebens von deinem österlichen Licht besiegt ist.
So bitten wir dich: Hilf uns. Zeige uns, dass du uns hältst inmitten unseres oft stürmischen Lebens. Gib, dass wir in dieser Welt angstfrei dem Frieden und der Gerechtigkeit dienen. Lehre uns achtsam zu sein gegenüber der Zerbrechlichkeit alles dessen, was lebt.
Wir bitten dich im Besonderen für alle, denen das Leben unerträglich ist. Wir bitten dich für die, die vom Leben enttäuscht sind, die um ihr Auskommen bangen, deren Leib und Seele krank ist, die Trauer gefangen hält. Wir bitten dich für alle Menschen auf der Flucht. Und wir bitten dich für alle, die in ihrem Zuhause gefangen sind.
Sie alle sollen die Hilfe erfahren, die sie brauchen zu einem Leben in Würde und Freiheit. Begegne uns als Auferstandener, als Meister unseres Lebens.
Amen.

Jürgen Schilling

Septuagesimae

Prediger 7,15–18[1]

Der Predigttext wird erst im Verlauf der Predigt in der hier angegebenen Übersetzung (Zürcher 2007) verlesen.

Liebe Gemeinde!
Müsli, Brötchen, Brot, dazu einen Kaffee. Und nach nicht ganz einer halben Stunde ist das Frühstück vorbei. Das ist der Normalfall. So sieht das deutsche Durchschnittsfrühstück aus. Und dann gibt es Ausnahmen. Man merkt es den Menschen an, wenn man ihnen später begegnet. Sie kennen das: Da hat einer einen Clown gefrühstückt und hält sich den ganzen Tag lang für besonders witzig. Das kann schon mal nerven, ist aber meist nicht ganz so schlimm wie dieses ganz spezielle Gericht, für das man auch besonderes Besteck braucht: Es gibt Leute, die haben die Weisheit mit Löffeln gefressen.

Dabei ist Weisheit eigentlich eine Eigenschaft, die äußerst positiv bewertet wird, wir suchen und schätzen die Nähe von weisen Menschen, weise Worte sind jederzeit willkommen und geben uns einen neuen Blick auf die Dinge. Aber auch hier kommt es auf das Timing an: Zum unpassenden Zeitpunkt wird aus Weisheit Klugscheißerei. Dieses Problem teilt eine andere Eigenschaft, die oft mit Weisheit in Verbindung gebracht wird, nämlich die Gerechtigkeit. Ein hoher Wert, bis sich die Silbe „selbst“ davor schleicht: Selbstgerechtigkeit ist schwer erträglich.

Da ist die Mahnung, die sich im heutigen Predigttext findet, nicht mehr ganz so seltsam, wenn es heißt: „Sei nicht zu gerecht und nicht zu weise.“ Ich lese aus dem siebten Kapitel des Predigerbuches:

---

1 Wichtige Anregungen zu dieser Predigt verdanke ich Annette Schellenberg: Kohelet, Zürich 2013, besonders S. 22–29 und S. 114–116.

> Beides sah ich in meinen flüchtigen Tagen: Da ist ein Gerechter, der zugrunde geht in seiner Gerechtigkeit, und da ist ein Ungerechter, der lange lebt in seiner Bosheit. Sei nicht übergerecht, und gib dich nicht gar zu weise. Warum willst du scheitern? Sei nicht zu oft ungerecht, und sei kein Tor. Warum willst du sterben vor deiner Zeit? Gut ist, wenn du dich an das eine hältst und auch vom anderen nicht lässt. Wer Gott fürchtet, wird beidem gerecht.

„Zieh keine Grimassen, denn sonst schlägt's 12 und dein Gesicht bleibt für immer so!" Vielleicht kennen Sie diesen Satz noch aus Ihrer Kindheit. Stimmte nicht, half meist auch nichts, aber einen Versuch schien es den Erziehungsberechtigten wert. Kinder sollten lernen, dass es einen sehr direkten, fast schon unmittelbaren Zusammenhang gibt zwischen dem, was man tut, und dem, wie es einem deswegen ergeht. Dann wurde es komplexer, der zeitliche Zusammenhang längerfristiger: „Sei nett zu den Leuten, dann sind sie nett zu dir!" „Iss nicht das verkohlte Toastbrot, das macht Krebs!" „Treibe Sport, rauche und trinke nicht, dann lebst du länger."

Weise Worte, und anders als die Sache mit der Grimasse Erfahrungswerte – in aller Regel stimmt das ja. Und dann sind da die Ausnahmen, die Weisheit kriegt die Krise, wenn der Ex-Bundeskanzler Mentholzigaretten frühstückt, der Rolling-Stones-Gitarrist, gerade 75 Jahre alt geworden, sämtliche Betäubungsmittel aus dem Effeff kennt – und deren vegane, gesundheitsbewusste Weggefährten mit vorbildlichem Lebenswandel längst gestorben sind.

Es ist und bleibt unfair, oft ist es sogar grausam: Der Einfluss auf die Spanne unseres Lebens ist doch eher gering, zumindest lässt sich feststellen, dass es keine Garantien gibt. Und trotzdem nimmt sich jetzt hoffentlich niemand vor, den morgendlichen Frühstückskaffee durch ein Dosenbier zu ersetzen, weil das bei Keith Richards ja schließlich auch für ein gutes Lebensalter gereicht hat. Maßhalten hat nichts mit den Bierkrügen auf dem Oktoberfest zu tun, darf aber auch nicht zu einem von vornherein aussichtslosen Kampf führen. Besonders interessant finde ich in dem Zusammenhang die Regalkilometer im Drogeriemarkt mit Produkten unter der Marke „Anti-Aging", Alterungsstopper. Es gab und gibt Gesellschaften, in denen alte Menschen Hochachtung genießen – nicht zuletzt, weil ihnen der Ruf der Weisheit anhaftet.

Die tickende Uhr Lebenszeit lässt sich nicht verlangsamen; „flüchtige Tage" heißt es bei demjenigen, der den Predigttext geschrieben hat. Das ist überhaupt das Thema dieses Buches, aus dem der Predigttext kommt, das unter dem Namen „Prediger" in der Bibel zu finden ist.[2] Bisher kam es nur alle Jubeljahre im Gottesdienst vor, etwa dreimal pro Jahrhundert, dann mit dem schönen Text, der sich sowohl auf Hochzeiten als auch auf Beerdigungen findet, nämlich „Ein jegliches hat seine Zeit, und alles Vorhaben unter dem Himmel hat seine Stunde".

Es ist auffällig, dass dieses Buch offensichtlich einen Lebensnerv trifft und deswegen gerne von Taufeltern, Hochzeitspaaren und Trauernden gleichermaßen ausgewählt wird, sonst aber wenig zu Gehör kommt im normalen Sonntagsgottesdienst. Das liegt an der Weltsicht, die der „Prediger" hat, die hinter den weisen Einzelsprüchen steckt. Eines macht er nämlich unmissverständlich klar: Wir sind hier nicht bei „Wünsch dir was", sondern bei „so isses". Er beobachtet viel und beschönigt wenig: „Da ist ein Gerechter, der zugrunde geht in seiner Gerechtigkeit, und da ist ein Ungerechter, der lange lebt in seiner Bosheit." Schön wäre ja, es wäre anders, mit fröhlichen Gerechten und kurzlebigen Ungerechten. Ist es aber nicht. Wäre es nicht total logisch, nachvollziehbar und fair, wenn das, was ich tue, 1:1 zu mir zurückkommt? Gute Taten – gute Folgen, böse Taten – böse Folgen für den, der so handelt.

Der „Prediger" sieht sich um, sieht die Welt, wie sie ist, und stellt fest: So funktioniert das nicht. Und dann trifft er eine Entscheidung, eine sehr *bewusste* Entscheidung, und nimmt sich vor, „nicht übergerecht und nicht allzu weise" zu sein – und empfiehlt uns das gleiche. Sei nicht übergerecht, denn, Hand aufs Herz, klappt das bei dir selber ja auch mal besser, mal schlechter mit der Gerechtigkeit. Und sei nicht allzu weise, denn wenn du ehrlich bist, erkennst du, dass *alles* menschliche Erkennen irgendwann an seine Grenze kommt. So ist es nun mal. Weisheit und Gerechtigkeit, das ist für den „Prediger" eher eine Lebenseinstellung und nicht etwa ein Patentrezept, das immer und überall funktioniert.

---

[2] Je nach örtlichen Gegeben- und Gepflogenheiten und Vertrautheit zwischen Prediger bzw. Predigerin und Gemeinde kann hier eine Klärung hilfreich sein. In augenzwinkernder Form z. B. so: „Wenn ich im Folgenden also von ‚Prediger' rede, dann bin ich nicht endgültig verrückt geworden und spreche von mir selber in der dritten Person, sondern meine den Autor dieses biblischen Buches." Wenn Sie einen derartigen Satz formulieren, dann *unbedingt* frei, nicht abgelesen, mit Augenkontakt zur Gemeinde, ansonsten hat es die gegenteilige Wirkung…

Diese Art von Gelassenheit finde ich bewundernswert – und weise. Ich weiß aber auch, dass es von dort ein schmaler Grat ist bis zur Gleichgültigkeit. Und – unter uns gesagt – Lebenstipps dieser Art könnten auch gut in der Brigitte stehen. Das macht sie dann nicht zu schlechten Tipps, setzt sie aber dem Verdacht der Beliebigkeit aus. Deswegen finde ich es so interessant, wenn der „Prediger" das Ganze auf festen Grund stellt: „Wer Gott fürchtet, wird beidem gerecht." Es ist für ihn Gottesfurcht, es weder mit Gerechtigkeit und Weisheit, noch mit Ungerechtigkeit und Torheit zu *übertreiben*. Gottesfurcht, das ist für ihn das Streben nach Weisheit und Gerechtigkeit, ohne diese beiden zu verabsolutieren oder zum Selbstzweck verkommen zu lassen.

Der „Prediger" legt sich fest: Der Mensch kann das Handeln Gottes nicht verstehen, aber er kann sich sicher sein, dass Gott dem Menschen wohlgesonnen ist. Deswegen findet er es auch nicht unerträglich, dass alles aus Gottes Hand kommt, sondern nimmt das als echtes Geschenk zur Kenntnis und genießt es in vollen Zügen, wo er nur kann. Während manche es ärgerlich finden, dass andere erben (und verprassen), was man selber mühsam erarbeitet hat, würde er es viel mehr bedauern, wenn es niemand zum Teilen gäbe. Statt Angst vor dem Tod hat er Freude am Leben. Darauf aufbauend jagt er nicht dem Unvergänglichem nach, sondern konzentriert sich auf das Machbare, und mehr noch: Er erkennt, wie *kostbar* das Vergängliche ist. Und manchmal ist er ganz froh, dass nicht alles für die Ewigkeit ist – manches vergisst man schließlich besser.

Jetzt sind *Sie* dran. Ob für sie diese Lebenseinstellung Weisheit ist oder Klugscheißerei – das können nur Sie selber entscheiden. Die Wahrscheinlichkeit ist groß, dass sich das manches Mal ändern wird in Ihrem Leben, manchmal vielleicht innerhalb von Minuten. Ist das, was der „Prediger" schreibt, der Weisheit letzter Schluss? Ich lese den Text erneut:

> Beides sah ich in meinen flüchtigen Tagen: Da ist ein Gerechter, der zugrunde geht in seiner Gerechtigkeit, und da ist ein Ungerechter, der lange lebt in seiner Bosheit. Sei nicht übergerecht, und gib dich nicht gar zu weise. Warum willst du scheitern? Sei nicht zu oft ungerecht, und sei kein Tor. Warum willst du sterben vor deiner Zeit? Gut ist, wenn du dich an das eine hältst und auch vom anderen nicht lässt. Wer Gott fürchtet, wird beidem gerecht.

Ich setze zum Vergleich einmal einen Vers aus Goethes Faust daneben:

> Das ist der Weisheit letzter Schluss: / Nur der verdient sich Freiheit wie das Leben, / der täglich sie erobern muss.

Das ist die *gegenteilige* Lebenseinstellung. Nun sollte man vorsichtig sein, wenn es in der Kirche heißt, es gäbe etwas geschenkt. Mindestens die Hälfte von dem, was von Kanzeln so verschenkt wird, wollte ich nie haben, weil es doch allzu oft an schräge Bedingungen geknüpft war. Aber dass man sich die Freiheit und das Leben *erkämpfen* muss, davon halte ich nichts – sogar und erst recht, wenn ich Erfahrungen von Unfreiheit und Tod mache, in meinem eigenen Leben oder weltweit. Ich nehme beides, Freiheit und Leben, als Gottes gute Gabe und halte es lieber mit dem „Prediger": Das Leben ist schön und wir sind die Guten. Amen.

Vorschläge für das Predigtlied

EG 382	Ich steh vor dir mit leeren Händen, Herr
EG 376	So nimm denn meine Hände

Fürbittengebet

Herr, unser Gott,

du schenkst uns das Leben, dafür danken wir dir, und du nimmst es uns eines Tages auch wieder. Lass unsere Hoffnung nicht zuschanden werden, dass du es erhältst als Ewiges Leben. Für unsere Zeit auf der Erde bitten wir dich: Lass uns deine guten Gaben ohne Reue genießen, lass uns teilhaben an der überfließenden Fülle deiner Schöpfung. Schenke uns Geduld mit uns selbst und mit anderen, sorge für Gerechtigkeit und Vergebung nach deinem Maß. Was wir zum Leben brauchen, legen wir in das Gebet, das Jesus Christus uns gelehrt hat:

Vater unser

Sebastian Kuhlmann

Sexagesimae

Apostelgeschichte 16,9–15

Der Predigttext wird erst im Verlauf der Predigt verlesen.

I.

Liebe Gemeinde!

„Erstens kommt es anders – und zweitens als man denkt. Ich glaube, das kennen wir alle, irgendwie. Ein Beispiel: Die Gartenparty soll der Kracher werden, und deshalb hast du alles genau geplant und sorgfältigst vorbereitet: das Essen, die Getränke, das ganze Drumherum. Bloß nichts dem Zufall überlassen. Und dann? Stromausfall. Na toll. Das Bier lauwarm, die Lichterkette tot, keine Musik. Und während du immer noch verzweifelt den Sicherungskasten suchst, spült dir ein Platzregen die Würstchen vom Grill und die Deko vom Tisch.

Eine Katastrophe? Nein. Komischerweise nicht. Wie durch ein Wunder amüsieren sich deine Gäste prächtig. Bei Butterbrot und Kerzenschein führen sie angeregte Gespräche. Und als irgendeiner anfängt zu singen, machen die meisten tatsächlich mit. „War echt 'ne super Fete", hörst du von einigen beim Abschied.

Meistens kommt es anders - aber das ist nicht zwangsläufig schlechter. Im Gegenteil. Das Besondere, das Prickelnde, das, was das Leben reich macht, ist nicht planbar, ist unverfügbar. Diese Erfahrung macht auch der Apostel Paulus in unserem heutigen Predigttext. Er steht in der Apostelgeschichte im 16. Kapitel.

[Lesung des Predigttextes]

II.

Erstens kommt es anders – und zweitens als man denkt. Paulus jedenfalls hatte sich seine zweite Missionsreise eigentlich ganz anders vorgestellt: Die jungen Gemeinden in Kleinasien wollte er besuchen, zusammen mit seinen Mitarbeitern, Silas und Timotheus, um nach dem Rechten zu sehen, und bei der Gelegenheit neue Gemeinden gründen. Nach dem bewährten Schema: zuerst zur jüdischen Gemeinde gehen, denn da kennt man Gott ja schon, da gibt es Anknüpfungspunkte, und davon ausgehend dann die anderen missionieren.

Das war der Plan. Aber: Pustekuchen. Nichts hat geklappt. Keiner hat zugehört oder gar sich ihnen angeschlossen, niemand hat sie aufgenommen. Pleiten, Pech und Pannen ohne Ende. „Der heilige Geist hat es ihnen verwehrt", so deutet das im Nachhinein Lukas, der Erzähler der Apostelgeschichte. „Der heilige Geist hat sie da nicht landen lassen", weil Gott was ganz anderes mit ihnen vorhatte. Denn dann hat Paulus auf einmal diesen Traum, der ihrer Reise eine ganz andere Richtung gibt – und das nicht nur geographisch. Eine Horizonterweiterung, auch theologisch, im Kopf und im Herzen.

III.

„Komm herüber nach Mazedonien und hilf uns", sagt der Mann, der Paulus im Traum erscheint. Und für den ist sofort klar, dass in diesem Mann die Stimme Gottes zu ihm gesprochen und ihn beauftragt hat, den Menschen dort die frohe Botschaft zu bringen. Warum auch immer. Aber das gibt's, diese Momente absoluter Klarheit, wo sich dein Herz auftut und du genau weißt, was richtig ist und was du zu tun hast.

Jedenfalls, Paulus und seine Gefährten zögern nicht. Sie machen sich sofort auf den Weg, rüber nach Europa, fest entschlossen. Und landen in Philippi. Auch das hat sich Paulus wahrscheinlich alles ein bisschen anders gedacht: „Ich geh zur Synagoge und erzähl den Männern da mal, was Sache ist." Aber: keine Synagoge, keine Männer, nicht mal der aus dem Traum, statt dessen eine Versammlung von Frauen am Fluss. Und keine feurige Missionspredigt, sondern ein Gespräch. Ziemlich unspektakulär.

Doch was für ein Glück! Denn eine ist dabei, bei der fällt das, was Paulus sagt, was da besprochen wird, in ein hörendes Herz. Lydia, die Purpurhändlerin. Eine Namenlose. Denn Lydia heißt eigentlich nur: „die aus Lydien". Das ist so, als würden wir heute zu jemandem sagen „die Berlinerin".

Lydia, eine Zugereiste also aus Lydien, Kleinasien, ausgerechnet aus dem Gebiet, in dem Paulus keinen Erfolg gehabt hat. Eine Handwerkerin und Geschäftsfrau, die sich durch das Färben von Purpurstoffen mühsam eine Existenz aufgebaut hat. Ein Knochenjob, der oft von freigelassenen Sklavinnen übernommen wurde. Und dass sie keinen eigenen Namen hat, spricht dafür, dass auch Lydia ehemals eine Sklavin gewesen ist. Möglicherweise hat sie sich mit anderen Frauen zu einem kleinen Handwerksbetrieb zusammengeschlossen.

IV.

Lydia, eine, die weiß, wie das Leben geht und mit beiden Beinen auf dem Boden steht. Bei ihr fällt die Botschaft von Jesus Christus auf fruchtbaren Boden. Das Wort wirkt in ihrem Herzen wie ein Samenkorn, das aufgeht. Eine, die so taff ist, dass sie gleich Nägel mit Köpfen macht. Nicht nur, indem sie sich und „ihr Haus" – also ihre Familie oder ihre Firma – sofort taufen lässt, sondern auch, indem sie Verantwortung übernimmt: „Wenn ihr anerkennt, dass ich an den Herrn glaube, so kommt in mein Haus und bleibt da."

Dieser Satz ist nicht einfach eine nette Einladung als kleines Dankeschön für die Taufe. Sondern er ist zugleich Angebot – und Anspruch! Lydia bietet ihr Haus an als Anlaufstelle für diejenigen in Philippi wird sich künftig zu Jesus halten wollen, und sich selbst als diejenige, die die Fäden zusammenhält, als Gemeindevorsteherin der ersten christlichen Gemeinde auf europäischem Boden.

Der Erzähler Lukas lässt deutlich durchblicken, dass Paulus sich ganz schön windet. „Sie nötigte uns", heißt es im Text. Später wird er froh sein, Lydias Haus als Zuflucht zu haben. Und Philippi wird seine Lieblingsgemeinde werden. Es gibt auch noch ein paar andere Stellen im Neuen Testament, an denen durchscheint, dass Paulus Frauen zwar missioniert, ihnen aber ungern die Autorität zur eigenständigen Verkündigung zugesteht. Theorie und Praxis eben.

Lydia behaftet ihn beim Wort: Sie sagt: „Wenn du deine Botschaft ernst nimmst, wenn du die Taufe ernst nimmst, dann traust du mir das zu, dann lässt du das zu." Wer weiß: Der vielzitierte Satz von Paulus aus dem Galaterbrief: „Hier ist nicht Jude noch Grieche, hier ist nicht Sklave noch Freier, hier ist nicht Mann noch Frau; denn ihr seid allesamt einer in Christus Jesus", der ist ihm vielleicht nach dieser Begegnung in den Sinn gekommen. Horizonterweiterung – nicht nur geographisch, sondern auch theologisch, im Kopf und im Herzen.

V.

Liebe Gemeinde! „Erstens kommt es anders – und zweitens als man denkt“ - nicht bei einem griechischen Mann, sondern bei einer Zugereisten fällt die Botschaft von Jesus Christus auf fruchtbaren Boden. Es ist Gott selbst, der „ihr das Herz auftut“, steht in der Apostelgeschichte. Heißt: Ich kann nicht erzwingen, dass Gott zu mir spricht. Selbst dann nicht, wenn ich es mir noch so sehr wünsche. Aber andersrum: Ich *muss* es auch nicht erzwingen. Weil Gott aus freien Stücken zu mir spricht. Und das manchmal gerade dann, wenn ich nicht darauf vorbereitet bin, nicht damit rechne.

Wahrscheinlich hat auch Lydia an jenem Sabbatmorgen keinen Schimmer gehabt, wie grundlegend ihr Leben sich verändern sollte. Oder was wäre gewesen, wenn sie an diesem Tag einfach ganz normal zur Arbeit gegangen wäre – sie war ja keine Jüdin, sondern „nur“ eine Gottesfürchtige, also eine Sympathisantin, und streng genommen also nicht an das Sabbatgebot gebunden. Aber manchmal kommt es, Gott sei Dank, eben anders.

Rückblickend erhält manches – nicht alles (!), aber manches - einen guten Sinn, den ich vorher nicht erkennen konnte. Und das bezieht sich nicht nur auf den harmlosen Stromausfall bei der Gartenparty. Weil dein Traumjob schon weg war, bist du in einer ganz anderen Lehre gelandet und stellst auf einmal fest, dass das genau das Richtige ist. Wenn deine Klassenlehrerin den Neuen nicht einfach neben dich gesetzt hätte, hättest du wahrscheinlich nie rausgekriegt, was das für ein netter Kerl ist. Du hast deinen Studienplatz in einer anderen Stadt bekommen, als du wolltest, aber genau da hast du die Liebe deines Lebens kennengelernt. Das Besondere, das Prickelnde, das, was das Leben ausmacht, reich macht, ist eben unverfügbar. - „Bleibt alles anders“. Sagt Herbert Grönemeyer. Amen.

Vorschläge für das Predigtlied

EG 395	Vertraut den neuen Wegen
EG 255	O dass doch bald dein Feuer brennte

Fürbittengebet

Guter Gott, mitten in unser Leben sprichst du mit Worten der Liebe. Deine Gedanken machen unsere Tage klar und unsere dunkelsten Nächte hell. Wir bitten dich, mach uns frei von der Sorge um uns selbst. Öffne uns für das Leben um uns herum, damit unsere Herzen und unsere Hände frei werden füreinander und für den Augenblick, in dem wir gebraucht werden.
Gott, wir denken vor dir an die Menschen, die große Not leiden: Gib Frieden den Menschen, die in Kriegen leben müssen und verfolgt werden. Sende deinen Trost den Menschen, die krank sind und sterben müssen. Gib den Menschen Kraft, die sich um andere sorgen und sich liebevoll um sie kümmern.
In der Stille nennen wir dir die Namen derer, die uns heute in besonderer Weise am Herzen liegen, und vertrauen sie deiner Fürsorge an.

[Stille]

Gott, wir bitten dich für uns alle: Schenke uns Mut, dass wir die Mühe um gute Tage und gute Worte nicht scheuen. Hilf uns, die Güte und Freundlichkeit weiterzugeben, die Jesus uns Menschen erwiesen hat. Lass uns behütet in die neue Woche gehen. Nimm dich unser gnädig an, rette und erhalte uns. Denn dir allein gebührt der Ruhm und die Ehre und die Anbetung, dem Vater und dem Sohn und dem Heiligen Geist, jetzt und immerdar und von Ewigkeit zu Ewigkeit. Amen.

Beate Bentrop

Estomihi

Lukas 10,38–42

[Lesung des Predigttextes]

I.

Liebe Gemeinde!

„Da war eine Frau mit Namen Marta, die nahm ihn auf." Das ist ein wunderschöner Satz. Zugleich ist es ein erster wichtiger Satz in der Geschichte. Da war eine, die nahm ihn auf! Wie viele Menschen sich wohl in diesem Augenblick nach dem, was der Satz beschreibt, auf unserem Erdball sehnen. Im Jahr 2017 waren nach Auskunft der UNO-Flüchtlingshilfe 65 Millionen Menschen auf der Flucht. Menschen, die darauf warteten, aufgenommen zu werden. Deshalb wäre es ein großer Fehler, den Blick in dieser Geschichte allzu schnell von Marta abzuwenden und sich auf Maria zu konzentrieren. Marta macht etwas ganz Wunderbares: Sie nimmt Jesus auf. Das ist eine zutiefst menschliche Geste. Sie öffnet die Tür für einen, der mit staubigen Füßen, mit verschwitzter Kleidung und wahrscheinlich leerem Magen davor steht.

Jesus hat sich auf eine beschwerliche Wanderung begeben. Sein Weg führt ihn nach Jerusalem. Als Leser des Lukasevangeliums wissen wir, was ihm dort bevorsteht. Ob Marta es auch weiß oder zumindest ahnt? Jedenfalls weiß sie sofort, was dieser Mann braucht: etwas zu essen. Eine Möglichkeit, sich zu waschen. Einen Ort, sich auszuruhen.

Für Marta gibt es da nicht viel zu überlegen. Vermutlich wird sie ihm erst mal einen Krug Wasser gegen den Durst gereicht haben. Und dann eine Schüssel, damit er sich vom Staub der Straße abwaschen konnte. Derweilen bereitete sie ihm eine Mahlzeit. Er musste gewiss um nichts bitten, denn Marta hatte einen Blick für das, was ihm fehlte und guttun würde.

Wer sich mit Marta auseinandersetzt, wird an die vielen Menschen in Deutschland denken, die sich vor dem Hintergrund des Zustroms von Flüchtlingen in den Jahren 2015 und 2016 für ebenjene Menschen einsetzten. Es waren so viele in

Deutschland (darunter viele Kirchengemeinden) wie Marta zur Stelle gewesen. Ein Blick genügte ihnen, um zu sehen, was jene Geflüchteten brauchten. Da sind Willkommensinitiativen und Deutschkurse gestartet worden. Mit Herz und Hand waren Menschen dabei, um jene in Not aufzunehmen. Menschen hörten auf ihr Herz und handelten entsprechend. Wie Marta eben, wie diese warmherzige und praktische Frau. Marta könnte ein Vorbild sein für uns alle, ganz besonders für die Diakonie der Kirche. Sie handelt schnell, kompetent, praktisch, selbstverständlich und gut.

Stellen Sie sich vor, es zieht ein Mensch in hohem Alter in eine Altenpflegeeinrichtung ein. Was braucht er eigentlich, um sich aufgenommen und angenommen zu fühlen? Ich denke dabei nicht an Aufnahmebögen und Erklärungen, sondern ich denke an eine Aufnahme in Martas Sinne. Oder was braucht jemand, der mit seiner Tasche morgens ins Krankenhaus kommt? Um 8 Uhr sollte er da sein. Dann würden die Vorbereitungen auf die OP beginnen, hatte man ihm gesagt. Was braucht so jemand? Ihm müsste vielleicht in ganz anderer Weise der Staub von den Füßen gewaschen, der Durst gestillt und die Angst genommen werden.

Aufgenommen zu werden, das ist etwas Wunderbares. Dass einer den anderen aufnimmt, für ihn sorgt, ihm zu essen und zu trinken gibt, das gehört zu den Grundgesten der Menschlichkeit.

Einer dient dem anderen: der barmherzige Samariter dem unter die Räuber Gefallenen. Der Gastgeber dem Gast. Der Gesunde dem Kranken, der junge dem alten Menschen. Diese Grundgeste der Menschlichkeit hat in unserer Geschichte einen Namen. Und der Name lautet Marta! „Da war eine Frau mit Namen Marta, die nahm ihn auf." Ein wunderschöner Satz, notwendig und Not wendend für eine menschliche Gesellschaft.

II.

Der zweite wichtige Satz erzählt davon, dass Marta eine Schwester mit Namen Maria hat. Und von ihr heißt es: „...die setzte sich dem Herrn zu Füßen und hörte seiner Rede zu." Dieser Satz ist nicht weniger schön als der erste! Die eine nahm ihn auf, die andere hörte ihm zu. Sie, Maria, setzt sich wie eine Schülerin dem Meister zu Füßen und hört auf das, was er zu sagen hat. Man wird an das bekannte Jesus-Wort denken müssen: „Der Mensch lebt nicht vom Brot allein, sondern von einem jeglichen Wort, das aus meinem Munde geht." Vielleicht werden wir uns auch an das Gefühl erinnern, dass mancher Gast bei uns hinterlassen hat. Gäste lassen sehr oft etwas zurück. Ich meine nicht den Regenschirm, der bisweilen aus Versehen vergessen wurde. Ich meine vielmehr das Besondere, das Gäste hinterlassen: Freude, Heiterkeit, Zuspruch, Liebe, Fragen, Erkenntnisse. Maria hatte offenbar sofort ein Gespür dafür. Sie war neugierig, erwartungsfroh, aufmerksam für das, was dieser Mensch da in ihr Haus brachte.

Vielleicht spürte sie auch, dass die Entscheidung für das eine (für das Hören) die Entscheidung gegen das andere einschloss. So ist das so oft im Leben. Wir müssen uns entscheiden, nicht nur im Supermarkt zwischen all den Waren. Nein, auch sonst. Jugendliche entscheiden sich für eine Ausbildung oder ein Studium. Keine leichte Entscheidung übrigens! Die Zahl der Möglichkeiten ist so unüberschaubar groß. Und mit so einer Entscheidung ist dann auch erst einmal etwas Wichtiges festgelegt. Vielleicht stellt sich auch schon bald die Frage: Habe ich tatsächlich das gute Teil gewählt? Freilich, Entscheidungen können überdacht, rückgängig gemacht und neu getroffen werden. Aber erst mal steht etwas fest. Und die Entscheidung für etwas schließt immer die Entscheidung gegen etwas anderes ein. Wer sich für einen Urlaub in Mecklenburg entscheidet, kann nicht zugleich in Bayern sein. Menschen, die in ihrem beruflichen Alltag viele Entscheidungen treffen müssen, kennen das Problem nur zu genau. Lebens- und Berufserfahrungen helfen einem natürlich. Und man wird im Vorfeld einer Entscheidung das Für und Wider möglichst genau abzuwägen versuchen. Aber irgendwann ist es damit dann auch genug. Es muss entschieden werden. Und nicht selten kommt danach die Frage in einem hoch: Habe ich tatsächlich das gute Teil gewählt? Oder habe ich mich verkehrt entschieden? Wir sind im Leben vor Irrtümern nicht gefeit. Unsere Entscheidungen können falsch sein. Aber besser mal falsch entschieden als gar nicht. Das Wagnis muss eingegangen werden. Und dieses Wagnis heißt Leben. In Unternehmen leiden Menschen nicht selten darunter, dass Entscheidungen nicht getroffen werden. Nichtgetroffene Entscheidungen blockieren den Betrieb. Deshalb ist es wichtig, zu entscheiden. Freilich es kann sein, dass sich eine Entscheidung im Nachhinein nicht besonders gut anfühlt. Andererseits wissen wir aber auch nie, wie die Geschichte weitergegangen wäre, hätten wir uns anders entschieden. Z. B. für den Urlaub in den Bergen, für die andere Mitarbeiterin, gegen die neue Investition im Betrieb oder doch für eine Ausbildung anstelle des Studiums. Mit unseren Entscheidungen für etwas schließen wir anderes aus.

Man kann dem Gast nicht zuhören und gleichzeitig zwischen Küche, Keller, Herd und Tisch hin- und herlaufen. Die Situation ist aus dem Alltag gegriffen. Jede und jeder von uns kennt das. Maria hört zu. Sie schenkt dem Gast volle Aufmerksamkeit. Sie hört auf das, was er sagt und was er denkt. Worüber er gesprochen hat, wissen wir natürlich nicht. Vielleicht über die Liebe Gottes zu den Menschen? Vielleicht über ein gerechtes und friedliches Miteinander? Vielleicht von der Notwendigkeit, dass Menschen einander beistehen? Oder davon, dass niemand ausgegrenzt werden darf wegen seiner Herkunft oder Hautfarbe. Die Geschichte schweigt an dieser Stelle. Es wird mit Sicherheit kein leeres Gerede gewesen sein über das Wetter und die Leute. Maria wäre wohl kaum so bei der Sache geblieben.

Maria wird in der Geschichte zum Sinnbild dafür, dass wir Menschen auch vom Hören leben. Das Hören ist eine Voraussetzung für ein friedliches und menschliches Miteinander in unserem Land und in unserer Welt. Das Verheerende am Populismus z. B. ist, dass Menschen nicht mehr zuhören und sich gegenüber Argumenten und Fakten verschließen. Zuhören macht Arbeit. Zuhören ist bisweilen anstrengend. Aber es ist der Königsweg, um einen anderen Menschen zu verstehen. Zuhören ist eine wesentliche Voraussetzung dafür, die Zusammenhänge in unserer komplexen und durch Digitalisierung vernetzten Welt zu begreifen. Maria macht sich diese Mühe. Sie hört zu.

Und beim Zuhören ist es übrigens in aller Regel auch so, dass man etwas über sich selbst erfährt. Wir vergleichen das Gehörte automatisch mit unseren Erfahrungen und mit unserer Meinung. Und nicht selten werden wir allein dadurch schon verändert: in unserer Meinung, in unseren Deutungen und in unseren Urteilen. Wir merken dabei vielleicht, dass wir die Wahrheit nicht gepachtet haben, sondern dass die Wahrheit immer auch von außen auf uns zukommt. Sie muss uns bisweilen gesagt werden.

Maria ist im Verlauf der Jahrhunderte auch zum Sinnbild für die Kirche geworden. Die Gemeinde versammelt sich um das Wort des Herrn. Mit jeder Andacht und jedem Gottesdienst unterbrechen wir unser Tun, um zu hören. Die Geschichte der Kirche hat uns gelehrt, wie wichtig es ist, dass wir eine hörende Kirche sind und auch bleiben. Eine Kirche, die nach dem Willen Gottes fragt und die nach dem Guten und Gott Wohlgefälligen sucht. Es gab Zeiten, da war die Kirche nicht besonders gut im Hören. Es ist jeweils schwerer Schaden daraus erwachsen. Umso wichtiger ist es, dass wir nicht allein der praktischen Marta folgen, sondern uns zugleich an Maria orientieren.

III.

Schließlich gibt es in der Geschichte einen dritten wichtigen Satz. „Maria hat das gute Teil erwählt." Dieser kurze Satz hat es in sich. Einmal gehört, bleibt er in einem als Frage zurück. Was ist im Leben tatsächlich das gute Teil? Jesus antwortet mit diesem kleinen Satz auf den Einwand der Marta. Mit einem Vorwurf in der Tonlage fragte sie ihn nämlich, ob es ihn denn gar nicht kümmere, dass sie ihm allein diene.

Wie bekommen wir nur heraus, was im jeweiligen Moment angesagt ist? Sollen wir dienen oder hören? Leicht zu entscheiden ist das nicht. Schließlich hätte die Antwort Jesu auch ganz anders ausfallen können. Die Geschichte von Maria und Marta folgt auf die vom Barmherzigen Samariter. Ihre Moral angesichts des unter die Räuber gefallenen Menschen lautete: Handele, und zwar sofort! Priester und Levit versagten in der Geschichte, weil sie nicht wahrnehmen konnten, was geboten war. Der Samariter hingegen wird uns als Beispiel für gelungene Nächstenliebe vor Augen gestellt. Er eilte konsequent dem Bedürftigen zu Hilfe und diente ihm.

Wie bekommen wir heraus, was gerade dran ist? Wo doch beides wichtig zu sein scheint: Dienen und Hören, Hand und Ohr, Herz und Haus, Beten und Tun des Gerechten?

Marta hat wunderbar gehandelt, als sie ihn aufnahm und ihm zu essen gab. Dann aber ist die Sache etwas aus dem Ruder gelaufen. Zunächst hatte sie noch ein Gespür für die Situation. Aber im nächsten Augenblick hatte sie dieses Gespür schon wieder verloren. So ist das manchmal im Leben. Mal tun wir geistesgegenwärtig das Richtige, dann aber finden wir gar kein Ende mehr mit dem Auftischen und Herrichten. Was am Anfang geboten und nützlich war, kann sich auf Dauer ins Gegenteil verkehren. Die Geschichte wird uns erzählt, um uns auf diesen wunden

Punkt aufmerksam zu machen. Wir sollen unsere Zeit nicht mit den falschen Aktivitäten füllen und dabei das tatsächlich Wichtige übersehen. Maria und Marta – das sind keine Alternativen. Sie sind vielmehr Schwestern und gehören als solche zusammen. So wie Herz und Hand, Hören und Tun, Reden und Schweigen, Beten und Arbeiten zusammengehören. Amen.

Vorschläge für das Predigtlied

EG 452	Er weckt mich alle Morgen
EG 432	Gott gab uns Atem, damit wir leben

Fürbittengebet

Himmlischer Vater,
Maria und Marta sind zum Sinnbild geworden, für ein Leben, in dem sich Hören und Handeln die Waage halten. Wir bitten dich um das rechte Gespür für den Augenblick und für das, was in ihm geboten ist.
Wir denken an jene Menschen, die darauf warten, aufgenommen und angenommen zu werden: an die Flüchtlinge dieser Erde, an Menschen, die auf der Straße leben, an Menschen mit Handicap, an Alte und an Kranke. Sende ihnen Hilfe zu, so zupackende und praktische wie Marta sie Jesus zuteil werden lässt.
Wir denken an jene Menschen, die darauf warten, dass ihnen zugehört wird: an Kinder und Jugendliche, an die Armen in unserer Gesellschaft, an Einsame und Verschlossene, an Menschen in besonderen Lebenslagen. Sende ihnen Mitmenschen zu, die so aufmerksam und interessiert zuhören, wie Maria es Jesus gegenüber tat.
Himmlischer Vater, angewiesen sind wir in unserem Leben und in unserer Gesellschaft darauf, dass Hören und Handeln einander die Hand reichen. Befähige uns zu beidem. Amen.

Matthias Blume

Invokavit

Hebräer 4,14–16

[Lesung des Predigttextes]

Liebe Gemeinde!
Wenn man die heutige Jugend fragt, wo einem Priester begegnen, dann erhält man die dreifache Antwort: Im Fantasyroman, im Computerspiel und in Videofilmen. Dort treten allerhand magische und mystische Gestalten als Priester auf. Mal gut, meistens böse. Killermönche und Ninja-Priester treiben ihr Unwesen, und in Computerspielen wie World of Warcraft beschwören die Priester oft mächtige Kampfzauber, oder sie erwecken die Mächte der Elemente und beten um Heilung für Helden und Kampftruppen.

In der realen Welt sind Priester, zumal oberste Priester, Amtsträger der Kirche. Meist erleben wir in unserem Alltag Amtsträger nicht unbedingt als sympathisch, und zwar weil es ihnen anscheinend weniger um unsere Belange als zuerst um das Wohl der Organisation geht, für die sie arbeiten. Amtsträger haben Macht und können ihre Macht auch missbrauchen.

Wer aufs Amt muss, erlebt dieses oft als unpersönlich und vor allem als „unverständlich". Der „Normalsterbliche" – so sagt man – kann häufig die amtlichen Entscheidungen nicht verstehen oder nachvollziehen. Amtliche Bescheide und Erklärungen – ich denke da nur an die Einkommenssteuererklärung – verwirren oft mehr, als dass sie einem helfen, zu verstehen.

In der heutigen Predigt geht es um ein Amt und um einen Amtsträger, für den alles bisher Gesagte eben nicht gilt: Am Anfang der Passionszeit beschreibt uns der Hebräerbrief Jesus Christus nämlich als sympathischen Hohepriester. Aufgabe des jüdischen Hohepriesters, wir kennen z. B. Kaiphas, war es, die Verbindung des Menschen zu Gott herzustellen. Diese Verbindung wurde durch Opfer, Riten und

Gebete hergestellt. Durch heilige Handlungen und mystische Gesten. Niemand sonst durfte und konnte so direkt zu Gott sprechen wie die Hohepriester, die allesamt in der Nachfolge Aarons und Moses standen.

Der Hebräerbrief erläutert uns in seinem 7. Kapitel demgegenüber, dass Christus für uns Christen eine ganz andere Art von Hohepriester geworden ist. Nicht unendlicher Abstand zum Volk, Geheimnistuerei und mystische Riten zeichnen ihn aus. Jesus stellt die Nähe zu Gott dadurch her, dass er es uns selbst ermöglicht, in diese Verbindung einzutreten. Er selbst ist durch die Himmel gegangen. Er verbindet die göttliche Welt mit der menschlichen Welt. Er selbst – persönlich – als Hohepriester ist diese Verbindung. Dadurch wird für uns Christen jede andere Vermittlung des Göttlichen überflüssig.

Der Hebräerbrief ermuntert uns dazu, dieses Geschenk der Verbindung mit Gott aufzugreifen und es für das eigene Leben fruchtbar zu machen. Und im heutigen Predigttext aus dem 4. Kapitel fordert er uns auf, Konsequenzen aus dieser Beziehung zu Gott zu ziehen: Er fordert uns in drei Stichpunkten dazu auf: festhalten – versucht werden – hinzutreten. Wir sollen am Bekenntnis festhalten: Jesus Christus, wahrer Gott und wahrer Mensch. Gott von Gott. Licht vom Licht. Eines Wesens mit dem Vater.

Liebe Gemeinde, an eigenen Überzeugungen festzuhalten, wird einem in unserer Gesellschaft nicht leicht gemacht. Wer aus der Rolle fällt oder etwas anders ist, wer sich keine teuren Klamotten leisten kann oder eine eigene Meinung hat, wird schon in der Schule gnadenlos fertig gemacht. Am meisten macht mir Sorge, dass sich wirklich gute Schüler nicht mehr trauen, gut zu sein, weil sie dann von der Masse sofort als Streber gedisst werden. Es fängt schon in der Schule an, dass wir dazu verführt werden, vom Guten abzufallen und uns dem Schlechten zuzuwenden.

Aber auch in einem erwachsenen Alltag ist es nicht immer leicht, an einer Meinung festzuhalten. Nicht nur, dass man vielfältig unter Druck gesetzt wird und dass Meinungen oft manipuliert werden, dass wir uns Sachzwängen beugen müssen und die Überzeugungen schon deshalb hintanstellen müssen, weil wir vom Arbeitgeber abhängig sind: Es fällt doppelt schwer, eine eigene Meinung zu bewahren, weil wir so eine unglaublich große Vielfalt an Informationen angeboten bekommen. Ständig versuchen andere, uns über die Medien und die Werbung zu manipulieren.

Dagegen sagt der Hebräerbrief: Festhalten! Festhalten am Bekenntnis. Festhalten an der Glaubenswahrheit. Festhalten an dem, was mich aus dem Reich des Todes herausreißt und zum Himmel emporhebt. Festhalten an dem, was meinem Leben und meinem Sterben einen Sinn gibt: der Verbindung zu Gott. Und das heißt: Festhalten an Jesus Christus.

Liebe Gemeinde, Festhalten an Jesus Christus heißt aber auch: versucht werden. Genau so, wie wir es heute im Evangelium über Jesus gehört haben: Jesus fastet in der Wüste und der Teufel führt ihn in Versuchung: In Versuchung, von Gott abzufallen. In den Durst- und Hungerstrecken des Lebens geraten wir in Versuchung, uns von Gott abzuwenden. Alles andere scheint wichtiger zu sein als unsere Beziehung zu Gott. Nicht nur Haus, Auto, Freundin und Yacht. Sondern auch die Zeit: wertvolle Lebenszeit, die wir doch nicht damit verschwenden dürfen, eine Beziehung zu Gott zu pflegen. Der Sonntagmorgen ist mir heilig, sagen viele Menschen: Da kann ich dann endlich mal ausschlafen und es mir gut gehen lassen. Da kümmere ich mich nur um mich und meine Familie.

Das ist die große Versuchung: Dass wir denken, es gibt nichts Unwichtigeres als Gott. Der Hebräerbrief sagt: Es gibt nichts Wichtigeres. Darum lasst euch nicht in Versuchung führen. Bewahrt das Bekenntnis zu Christus. Er allein kann der Versuchung widerstehen. Darum kann er allein uns helfen, die Verbindung zu Gott aufzubauen. Er ist der sympathische, weil mitleidende, Hohepriester, er ermutigt und bestärkt uns. Er stößt nicht ab, sondern zieht uns an sich heran.

Liebe Gemeinde, mit dem letzten Schlagwort besiegelt der Hebräerbrief unsere Verbindung zu Gott: hinzutreten. Hinzutreten heißt erst einmal: Wer am Bekenntnis festhält und sich nicht in Versuchung führen lässt, der gehört dazu. Der gehört zur Gemeinschaft der Heiligen und zu Gottes auserwählter Schar. Dazuzugehören ist besonders für Jugendliche wichtig. Keiner will Außenseiter sein. Und auf unseren Schulhöfen gibt es unendlich viele Verführungen, nur um dazuzugehören: Mitmachen, wenn alle anderen rauchen. Mitmachen, wenn alle anderen in der Pause schon eine Flasche Vodka saufen. Mitmachen beim Klauen und Fertigmachen, beim Schwänzen und Mogeln. Alles nur, um dazuzugehören.

Dazugehören und Mitmachen – das gehört zusammen. Darum ermutigt der Hebräerbrief die Gemeinde auch dazu, hinzuzutreten zum Altar Gottes. Nicht nur der Priester darf zum Altar kommen, sondern alle, die dazugehören. Das haben wir Jesus Christus zu verdanken.

Und hier vor Ort besiegeln wir unsere Verbindung mit Gott, wenn wir Christus mit Brot und Wein in uns aufnehmen. Darum ist das heilige Abendmahl keine lästige Pflicht, sondern Gottes größtes Geschenk an uns. Darum lasst uns hinzutreten mit Zuversicht zu dem Thron der Gnade, damit wir Barmherzigkeit empfangen und Gnade finden zu der Zeit, wenn wir Hilfe nötig haben. Amen.

Vorschläge für das Predigtlied

EG 104	Singen wir heut mit einem Mund
EG 360	Die ganze Welt hast du uns überlassen

Fürbittengebet

Gott, du hast uns nach deinem Bilde erschaffen und bleibst mit uns verbunden. Erhöre unser Gebet für die, die an dir zweifeln und das Gefühl haben, dich zu verlieren: stärke ihren Glauben;

für die, die die Orientierung verloren haben und Halt an den falschen Stellen suchen, die ihnen nicht guttun: schenke ihnen Klarheit;

für die, die Ihren Platz in der Gesellschaft verloren haben und ausgestoßen nach Anschluss suchen: lass sie einen Platz in unserer Mitte finden und öffne unsere Herzen dafür.

Amen.

Christian Willm Rasch

Reminiszere

Johannes 3,14–21

Der Predigttext wird erst im Verlauf der Predigt in der hier angegebenen Übersetzung und Abgrenzung [Johannes 3,16–21 nach Luther 2017] verlesen. Die Zwischenüberschriften gliedern den Text, werden aber nicht vorgelesen.

[1. Das Kind in der Krippe]

Liebe Gemeinde!

Fröhliche Weihnachten! Da jetzt einige ungläubig gucken, wiederhole ich es noch einmal: Fröhliche Weihnachten! Wer mich für unorganisiert hält, vermutet jetzt, dass ich mein Manuskript vertauscht habe. Wer besorgt um mich ist, ruft einen Arzt oder beantragt eine Kur für mich. Wer Latein kann, übersetzt den Namen dieses Sonntags und weiß, dass es etwas mit Erinnern zu tun hat. Der folgende Bibeltext erinnert so sehr an Weihnachten, dass ich direkt Hunger auf Spekulatius bekomme, hören Sie selbst, ich lese aus dem 3. Kapitel des Johannesevangeliums:

> Denn also hat Gott die Welt geliebt, dass er seinen eingeborenen Sohn gab, auf dass alle, die an ihn glauben, nicht verloren werden, sondern das ewige Leben haben. Denn Gott hat seinen Sohn nicht in die Welt gesandt, dass er die Welt richte, sondern dass die Welt durch ihn gerettet werde. Wer an ihn glaubt, der wird nicht gerichtet; wer aber nicht glaubt, der ist schon gerichtet, denn er hat nicht geglaubt an den Namen des eingeborenen Sohnes Gottes. Das ist aber das Gericht, dass das Licht in die Welt gekommen ist, und die Menschen liebten die Finsternis mehr als das Licht, denn ihre Werke waren böse. Wer Böses tut, der hasst das Licht und kommt nicht zu dem Licht, damit seine Werke nicht aufgedeckt werden. Wer aber die Wahrheit tut, der kommt zu dem Licht, damit offenbar wird, dass seine Werke in Gott getan sind.

„Christ, der Retter ist da", heißt es in einem Weihnachtslied. Wohlgemerkt Weihnachten schon ist er da, nicht erst als der lehrende, der heilende und helfende Jesus, sondern bereits als der Säugling. Gott selbst auf Stroh, der Friedenskönig in einem Stall, ein Stern darüber. Es ist gemalt, gespielt und zu Musik gemacht worden. Das Geheimnis wird jährlich neu umrundet. Im Vordergrund die kniende Maria, neben ihr – auf seinen Stock gestützt – ein betagter Josef. Im Hintergrund ein grüner Hügel. Dort tummeln sich die Hirten und die Herde. Daneben der Stall, in der Decke ein sternenförmiges Loch; daraus schimmert der Goldgrund des Bildes hervor. Ach? Der Goldglanz kommt von innen? Ja! Und im Vordergrund des Bildes sieht man auch, warum. Der kleine Jesus liegt auf einem Stern. Ein properer glücklicher Säugling, der sich fröhlich räkelt. Und von ihm gehen lange, flammende Sternenstrahlen aus. Auf Stroh liegt der sonst und in einer Krippe. Aber hier wird das Stroh zum Stern. Wo kommt das Licht eigentlich her? Wer hartnäckig nach der Quelle sucht, findet schließlich das Jesuskind. Es leuchtet. Es ist das Licht, das in die Welt gekommen ist.

[2. Das neue Licht]

Es ist ein neues Licht in die Welt gekommen. Und dieses Licht, schreibt der Evangelist Johannes, deckt die bösen Werke auf und zeigt, was die Wahrheit ist. Erst in diesem Licht wird klar, was das Richtige ist und wie wir handeln sollen, oder besser können, wenn wir das Geschenk des Sohnes annehmen.

Das Licht der Krippe verändert die Welt. Der Stern, der unter dem Jesuskind aufgeht, leuchtet zuerst in der Dunkelheit und ist noch klein. Aber dieses Licht, das in die Welt gekommen ist, will diese Welt aufmischen, anders erscheinen lassen, Neues möglich machen. Was? Und wie? Lassen Sie uns nicht im Vagen bleiben, sondern konkret werden: Wie sieht die Welt in diesem neuen Licht aus? Was wird uns möglich zu tun?

[3. Was ist das für ein Licht?]

Was ist das für ein Licht? Es ist das Licht eines Strohsterns. Wie unterscheidet es sich von den anderen Lichtern? Das Stroh stopft eine Futterkrippe aus. Es ist das niedrige Futter für die Tiere, damit sie durch den Winter kommen, wenn sonst nichts da ist.

Der Messias liegt mit Windeln auf Stroh. Es ist unerwartet, dass ein königliches Kind, mehr noch: das göttliche Kind so unkomfortabel gebettet wird. Und eben das ist Programm. Gottes einziger Sohn kommt in die Welt. Und er landet auf Stroh – und nicht auf Daunen. Das heißt, er kommt in die ganze Welt. Er erreicht auch das Niedrige. Noch schärfer formulieret: Das Niedrige ist seine Heimat. Er liegt auf Stroh. Das ist sein Ort. Ist er auch dort, wo Menschen auf gekämmter ägyptischer Baumwolle liegen? Höchstwahrscheinlich. Aber er bleibt ein Kind des Strohs. Er vergisst seine Herkunft nie. Das wissen wir aus den Evangelien. Was heißt es nun, dass von diesem Stroh ein Licht ausgeht? Ich antworte, es ist ein Licht, das das Unvollkommene leben lässt.

[4. Leben im neuen Licht]
Ich stelle mir vor, das Licht aus der Krippe, das Licht des Strohsterns, bringt diese bisherigen Blickweisen aus dem Kurs. Das Licht aus der Krippe misst das Leben nicht an seiner fehlerlosen Form. Das Licht des Weihnachtssterns aus Stroh reicht gerade aus, um unser Leben in den großen wichtigen Zügen zu sehen. Es ist superentspiegelt, bietet matte Oberflächen und lässt uns die Slapstick-Szenen unseres Alltags lieben. Wir schämen uns weder unserer Ungeschicklichkeit noch unserer gelegentlichen Blödheit. Wir sehen nicht die Fehler, sondern die rührenden Gesten. Wir rechnen den Pubertierenden ihre Verzweiflung an und denen, die ohne Liebe geblieben sind, ihre Sehnsucht, die sie gelegentlich hart macht. Ich stelle mir vor, es scheint ein anderes Licht in der Welt.

[5. Sternenlicht]
Und nun die gute Nachricht. Nicht nur Weihnachten heißt: Dieses Licht scheint. Das weihnachtliche Licht scheint neben den anderen Lichtern der Welt. Und es ist kein Flutlicht, dass, alle anderen Lichter überstrahlt. Weihnachten, in der dunklen Jahreszeit ist es leichter zu sehen. Jetzt kommt der Frühling, und natürlich ist es immer noch da. Es ist wirklich.

Es ist nicht länger ein: „Stellt euch vor, es wäre anders!" Es ist ein Licht, das in die Welt gekommen ist und gut und böse, wahr und falsch scheidet. Gott auf dem Stroh? Im weihnachtlichen Licht passt das perfekt. Gott auf dem Stroh? Im weihnachtlichen Licht rettet das unsere Welt. Gott auf dem Stroh? Im weihnachtlichen

Licht leuchtet es. Gott auf dem Stroh *im März*? Reminiszere – Gedenke, Herr, an deine Barmherzigkeit! Gott gab seinen eingeborenen Sohn. Und unser unvollkommenes Leben enthält alles Glück der geretteten Welt. Nicht nur zur Weihnachtszeit.

„Nicht nur zur Weihnachtszeit“ – so heißt auch eine Erzählung von Heinrich Böll. Einer verrückten Tante zu Liebe wird dort jeden Tag Weihnachten gefeiert. Das hält niemand lange aus, jeder dreht auf andere Art und Weise durch, da die Dauerweihnachtsfeier ein einziges Verdrängen und Verharren ist. Für viele von uns ist Weihnachten ein Rückzugsort, eine Zeit der Besinnung und des Friedens. Das sollten wir uns auch auf keinen Fall wegnehmen lassen. All das ist rund um den 24. Dezember richtig und wichtig. Und was Weihnachten eben auch ist, daran lohnt es sich zu einer unverdächtigen Zeit zu erinnern. Heute zum Beispiel. Fröhliche Weihnachten!

Vorschläge für das Predigtlied

EG 52	Wisst ihr noch, wie es geschehen?
EG 93	Nun gehören unsre Herzen

Fürbittengebet

Barmherziger Gott,
du hast die Welt und alles in ihr geschaffen. Du liebst deine Schöpfung und deine Geschöpfe. So sehr, dass du deinen eingeborenen Sohn gabst, um sie zu begleiten und zu leiten. Das, was wir zu unperfekt, zu gering und nicht beachtenswert finden: du übersiehst es nicht. Rette und bewahre es und lass uns teilhaben an deinem liebevollen Blick darauf. Wir Menschen geraten aneinander, streiten uns, und im schlimmsten Fall bekriegen wir uns sogar. Hilf uns zu erkennen, dass du selbst dazwischen stehst: Was wir anderen antun, tun wir dir an, was wir anderen Gutes tun, tun wir dir. Stärke das Gute in uns und bewahre uns vor dem Bösen. Lass uns die Welt in einem neuen Licht sehen, in deinem Licht. Amen.

Nikolaus M. Jensen

Okuli

Jeremia 20,7–11a(11b–13)

Der Predigttext wird erst im Verlauf der Predigt in der hier angegebenen Übersetzung verlesen. Die Zwischenüberschriften gliedern den Text, werden aber nicht vorgelesen. Predigttext und Liedverse können von einer zweiten Person gelesen werden.

[1. Ein gecoverter Psalm]

„Du, meine Seele, singe, wohl auf und singe schön!" Liebe Gemeinde, so singt Paul Gerhardt. Ein heiteres Lied, ein Psalmlied, ein „gecovertes" Lied, wie Jugendliche heute sagen. Das heißt: Ein Lied, das ein altes Lied wiederholt und zugleich neu singt, den Psalm 146. Schon Luther hat ihn nachgesungen. „Lobe den Herrn, meine Seele", hat er den hebräischen Text übersetzt. „Du, meine Seele, singe", jubiliert Paul Gerhardt, noch etwas intimer und vertrauter mit sich selbst und seiner Seele.

Auch unser Predigttext ist ein Lied. Aber ein dunkles Lied. Ein Liebeslied, das davon singt, wie abhängig der Liebende vom Geliebten ist. Ein Klagelied. Es singt der Prophet Jeremia. Bis eben hat er im Block gelegen. An Händen und Füßen stramm gefesselt. Als er wieder frei gelassen wird, hat er nichts Besseres zu tun als seinem Peiniger ein paar prophetische Sprüche entgegenzuwerfen:

> In der Verbannung wirst du sterben, Jerusalem wird zerstört samt Tempel, wo du mich jetzt festgehalten hast. Spruch des Herrn.

Später ein Moment der Stille, der Mann spürt seine Wunden und redet wieder, diesmal zu Gott:

> Du hast mich verführt Gott, und ich ließ mich verführen. Du hast mich gepackt und überwältigt. Jeden Tag werde ich zum Gespött, alle verlachen mich. Ach,

sooft ich rede, muss ich rufen, muss ich schreien: „Gewalt und Misshandlung". Ja, das Wort Gottes wurde mir täglich zu Spott und Hohn. Dachte ich aber: „Ich will nicht mehr an Gott denken und nicht mehr im Namen Gottes reden, dann brannte es in meinem Herzen wie Feuer, es erfüllte mein Inneres ganz. Ich versuchte, dies auszuhalten, ich vermochte es aber nicht. Ach, ich hörte das Gerede von Vielen: „Grauen ringsum! Verklagt ihn! Wir wollen ihn verklagen!" Selbst alle Menschen, die in Frieden mit mir verbunden sind, warten gespannt auf meinen Sturz. „Vielleicht lässt er sich verführen, dann können wir ihn überwältigen und uns an ihm rächen." Aber Gott steht mir wie ein starker, kraftvoller Mann bei. Deshalb werden die, die mich verfolgen, straucheln und nichts erreichen.

[2. Worte der Ohnmacht]

Du hast mich verführt, gepackt und überwältigt. Dieser Mann redet wie eine Frau, die gegen ihren Willen zur Liebe gezwungen wird. Dieser Mann braucht die Worte der Ohnmacht, um seinem Leiden Ausdruck zu geben. Wenn er die Worte Gottes reden muss, die ihn überfallen, spuckt er sie aus und sogleich fallen alle über ihn her. Sie verletzen ihn, schließen ihn in den Block. Eigentlich sind es Gottes Worte. Ihn müssten sie verletzen. Aber er, Jeremia, steht für Gott ein, gegen seinen Willen. Er kann zwar seinen Mund halten, aber dann beginnen die Worte in ihm drin zu brennen, als seien es glühende Kohlen. Er muss sie ausspucken, die schwelenden Worte in seinem Inneren, und dann trifft ihn der Zorn von außen. Eine ausweglose Situation. Alles, was helfen kann, ist ein Lied. Aus einem Jetzt, das nicht mehr ist als ein Schrei, aus dem ausweglosen Moment werden Verse und Strophen, wird ein Bild des Leidens. Aus dem Jetzt der Verzweiflung wird eine Wegstrecke, ein Stück Leben, das dem Verstummen abgerungen ist.

[3. In der Kutsche nach Mittenwalde]

„Du, meine Seele, singe, wohl auf und singe schön!" 1651. Paul Gerhardt sitzt in einer Kutsche nach Mittenwalde. Sein ganzer Hausstand ist unterwegs. Ein Teil hinten auf der Kutsche in Kisten. Ein Teil rappelt voraus. Ein Teil folgt in einem Lastenfuhrwerk. Unterwegs sein mit allem. Das ist recht für einen Christenmenschen. Wir haben hier keine bleibende Stadt. Paulus lächelt. Er wird tüchtig durchgeschüttelt. Die

Straße ist gut. Mittenwalde liegt an der alten Heerstraße nach Dresden. Aber auch eine gute Straße schützt einen nicht vor den Stößen des Lebens. Seine erste Pfarrstelle wartet auf ihn in Mittenwalde. Einer seiner Vorgänger, der Propst Gallus Lutherus, wurde dort in seiner eigenen Kirche erschossen. Plündernde Soldaten drangen in die Kirche ein. Und der Pastor wollte den Gotteskasten nicht abgeben. Das Geld der Gemeinde war darin. Da traf ihn der Pistolenschuss. Die Dörfer am Rande der Straße tragen noch heute die Spuren des Krieges. Schwarze Gehöfte, einige Orte sind zu Wüstungen geworden. Sie ziehen an den Kutschenfenstern vorbei, Gras und Sträucher holen sich ihr Gelände zurück. Diese Ruinen sind nicht romantisch. Der große Krieg hat die Gegend zur Ader gelassen, ausgeblutet. Dazu die Pest.

„Er weiß viel tausend Weisen, zu retten aus dem Tod", kommt Paulus Gerhardt in den Sinn. Eine Liedzeile, trotzig dem Schrecken des entvölkerten Landes entgegengesetzt. Die meisten Felder sind nicht bestellt. Es fehlen Hände und Werkzeuge. Und Gerhardt formuliert noch einmal gegen den Augenschein: „Er nährt und gibet Speisen, zur Zeit der Hungersnot, macht schöne rote Wangen oft bei geringem Mahl"; Woher soll denn sonst die Hilfe kommen? Wasser und Brot fallen ihm ein, ein geringes Mahl im Gefängnis. Die meisten sind über den Haufen geschossen worden. Glück hatte, wer im Gefängnis landete. „Und die da sind gefangen, die reißt er aus der Qual." Vielleicht ist „Du, meine Seele, singe, wohl auf und singe schön!" auf dieser Kutschfahrt entstanden. Zwei Jahre später wurde es in Crügers Gesangbuch veröffentlicht.

[4. Die Stöße des Lebens]

In Mittenwalde hat Paul Gerhardt geheiratet. Er war fast 48 Jahre alt, als er sich 1655 mit der 32jährigen Anna Maria Berthold zusammen tat. Zwei Jahre später begrub er in der Kirche sein erstes Kind. „Wenig und böse ist die Zeit meines Lebens" steht auf der Grabtafel der kleinen Maria Elisabeth.

> *Du, meine Seele, singe, wohlauf, und singe schön. Dem, welchem alle Dinge zu Dienst und Willen stehn. Ich will den Herren droben hier preisen auf der Erd. Ich will ihn herzlich loben, so lang ich leben werd.*

Dieses Lob ist im Munde Paul Gerhardts nie verstummt. Nicht dass es ihm irgendwann besser gegangen wäre. Nicht dass er bis zum glücklichen Ende durchgehalten hätte. Seine Heiterkeit war nie eine Sache überwundener Trübsal. Sie sprosste zwischen den Steinen seines Leids. Sie holte sich stets ihr Gelände zurück. Denn seine Wurzeln gingen tief hinab in den Quellgrund unseres Trostes, Gott selbst. Jeremia und Paul Gerhardt lebten in schweren Zeiten. Was ihnen zustieß, hätte andere zerbrochen. Überlebt haben sie auch mit Hilfe von Liedern, die ihrem Leid Ausdruck gaben. Manchmal schwangen sie sich sogar darüber hinaus.

[5. In den Liedern leben]

Und es lässt sich heute noch in Liedern leben mit Gottesworten auf der Zunge und im Bauch. Mit drei Strophen von Paul Gerhardt erinnere ich Sie an das kleine Einmaleins des Lebens: Erstens: Die Dinge unseres Alltags mögen uns wichtig erscheinen. Aber wer nur darauf achtet, wie er seine Siebensachen bei sich behält und seine Angelegenheiten regelt, der verstrickt sich leicht in ihnen. Wenn Ihnen mal wieder alles bis zur Hutschnur geht, empfehle ich ihnen diese Strophe:

> *Ich bin ein Gast auf Erden und hab' hier keinen Stand; der Himmel soll mir werden, da ist mein Vaterland. Hier reis' ich aus und abe; dort in der ew'gen Ruh' ist Gottes Gnadengabe, die schleußt all' Arbeit zu.*

Zweitens: Wir bauen alle an unseren Nestern. Wenn es möglich ist, sehen wir auf das Gute in unserem Leben. Wenn wir beten und singen, ist es gut, auch die dunkle Hälfte des Lebens in den Blick zu nehmen und – beim Namen zu nennen. Eins der beliebtesten Kindergebete, das zur Nacht gesprochen wird, handelt vom Satan, der das Kindlein verschlingen will, und wo es Schutz davor findet.

> *Breit aus die Flügel beide, o Jesu, meine Freude, und nimm dein Küchlein ein! Will Satan mich verschlingen, so lass die Englein singen: Dies Kind soll unverletzet sein!*

Drittens: Wir leben unser Leben, wo schon andere gelebt haben. Wir leben in ihrer Spur, singen ihre Strophen, holen ihre Worte hervor, wenn unser Leben schwer wird. Gott ist ein Mensch geworden. Und was auch immer uns begegnet, er hat es auch erlebt oder gedacht oder gespürt. Oder erlitten.

> *Ich hang' und bleib' auch hangen an Christo als ein Glied; wo mein Haupt durch ist gangen, da nimmt er mich auch mit. Er reißet durch den Tod, durch Welt, durch Sünd' und Not. Er reißet durch die Höll', ich bin stets sein Gesell.*

Vorschläge für das Predigtlied

EG 302	Du meine Seele singe
EG 419	Hilf, Herr meines Lebens

Fürbittengebet

Herr, unser Gott,
wir sind auf der Suche nach dem, was im Leben wirklich wichtig ist. Manchmal finden wir es, finden dich, manchmal geraten wir in Sackgassen. Wir suchen ein schönes, ein erfülltes Leben und verstricken uns doch gelegentlich in den Besitztümern und Zielen und Jobs, die uns eigentlich dabei helfen sollten, uns nun aber beherrschen. Löse diese Verknotungen und befreie uns aus diesen Fesseln!
Wir suchen das Gute im Leben und sind mit dem Bösen konfrontiert, in uns selbst, in anderen. Behüte uns, steh uns bei und schütze uns!
Wir suchen ein Leben im Hier und Jetzt. Lass uns darüber nicht vergessen, dass es Menschen vor uns gab, Mütter und Väter im Glauben, die uns den Weg weisen können. Und erinnere uns daran, dass wir unseren Nachkommen eine lebenswerte Erde hinterlassen, statt sie auszuplündern.
Jesus Christus: Dir wollen wir folgen, der du uns kennst und alles, was wir erlebt haben und erleben werden. Bei dir werden die Bruchstücke unseres Lebens ganz, in deiner Gemeinschaft und deinem Frieden. Amen.

Frank Hiddemann

Laetare

Johannes 6,55–62

Der Predigttext wird erst im Verlauf der Predigt in der hier angegebenen Übersetzung verlesen. Die ersten beiden Absätze können am Altar vorgetragen werden, bevor ein Wechsel auf die Kanzel stattfindet.

Liebe Gemeinde!
„Ihr seid nun nicht mehr zwei, sondern ein Leib." So hören es die Brautleute vor dem Altar. Und gleich darauf kommt die sogenannte „Copulatio", das Wort, das die Eheleute endgültig verbindet: „Was nun Gott zusammengefügt hat, das soll der Mensch nicht scheiden!" Dabei gleiten die Hände der beiden Liebenden ineinander. Das Zeichen ihrer Verbundenheit. Und dann legt der Pfarrer seine Hand auf die verschränkten Hände der Brautleute und spricht eben jene Worte: Zwei Menschen werden eins in der Ehe. Ein Leib. Das ist ein schönes Bild.

Aber was halten Sie von diesen Worten, die ebenfalls am Altar gesprochen werden: „So lass uns alle in diesem Mahl ein Leib werden!" Diese Worte sind aus der Abendmahlsliturgie. Ich weiß nicht, ob Sie sie schon einmal bewusst wahrgenommen haben. So wie die Liebenden bei der Trauung, soll auch die ganze Gemeinde ein Leib werden. Ein erotisches Bild!

Das fand jedenfalls ein romantischer deutscher Dichter, Friedrich von Hardenberg, der sich gerne Neuland-Eroberer nannte, lateinisch: Novalis. Er schrieb ein Gedicht, das er „Hymne" nannte. Es beginnt so:

> *Wenige wissen / Das Geheimnis der Liebe, / Fühlen Unersättlichkeit / Und ewigen Durst. / Des Abendmahls / Göttliche Bedeutung / Ist den irdischen Sinnen Rätsel; / Aber wer jemals / Von heißen, geliebten Lippen / Atem des Lebens sog, / […] Wird essen von seinem Leibe / Und trinken von seinem Blute / Ewiglich.*

Das ist hart! Was da Novalis in beschwörenden, aber gut fließenden Worten ausdrückt, schließt die Erotik und das Abendmahl zusammen. Unsere menschlichen Sinne stellt er fest, können nicht wahrnehmen, was das Abendmahl bedeutet. Wir können das Geheimnis Christi nicht sehen, hören, schmecken, riechen oder tasten. Allen fünf Sinnen bleibt es verborgen. Aber die heißen Küsse der Liebe geben uns einen Eindruck, was das Abendmahl eigentlich ist. Communio, wie die Lateiner sagen, Verbindung mit Gott, Und das Liebesspiel soll uns eine Vorstellung davon geben, wie diese Verbindung mit Gott aussieht. Das ist hart! Novalis fährt in seinem Gedicht dann fort:

> *Hätten die Nüchternen / Einmal gekostet, / Alles verließen sie, / Und setzten sich zu uns / An den Tisch der Sehnsucht, / Der nie leer wird. / Sie erkennten der Liebe / Unendliche Fülle, / Und priesen die Nahrung / Von Leib und Blut.*

Das ist wieder hart! Das Abendmahl als Tisch der Sehnsucht. Ein Tisch, der nie leer wird, wie der Ölkrug der Witwe von Sarepta, und zu dem alle strömen würden, wenn sie nur einmal kosteten! Das ist hart! Aber vielleicht finden Sie diese Gedanken gar nicht hart. Vielleicht sind sie fasziniert von der Idee, die Vereinigung des Abendmahls, das Ein-Leib-Werden der Gemeinde, einmal mit solchen Worten auszudrücken.

„Das ist hart!", sagen aber die Jünger, als sie zum ersten Mal Jesu Worte über sein Blut und seinen Leib hören. So lesen wir im Johannesevangelium im 6. Kapitel:

> Denn mein Fleisch ist die wahre Speise, und mein Blut ist der wahre Trank. Wer mein Fleisch isst und trinkt mein Blut, der bleibt in mir und ich in ihm. Wie mich gesandt hat der lebendige Vater und ich lebe um des Vaters willen, so wird auch, wer mich isst, leben um meinetwillen. Dies ist das Brot, das vom Himmel gekommen ist. Es ist nicht wie bei den Vätern, die gegessen haben und gestorben sind. Wer dies Brot isst, der wird leben in Ewigkeit. Das sagte er in der Synagoge, als er in Kapernaum lehrte.
>
> Viele nun seiner Jünger, die das hörten, sprachen: Das ist eine harte Rede; wer kann sie hören? Da Jesus aber bei sich selbst merkte, dass seine Jünger darüber murrten, sprach er zu ihnen: Nehmt ihr daran Anstoß? Wie, wenn ihr nun sehen werdet den Menschensohn auffahren dahin, wo er zuvor war?

Das ist hart! Wörtlich: „Das ist eine harte Rede! Wir kennen diese Worte vom Abendmahl. „Das ist mein Leib. Das ist mein Blut.“ Wir haben sie hunderte Male gehört. Wir haben vergessen, wie anstößig sie klingen und vermutlich auch klingen sollen. Jesus sagt, er sei wie das Manna, das Himmelsbrot, das die Kinder Israels in der Wüste bekommen haben, damit sie überleben konnten. Er ist das Brot, das vom Himmel regnet. Das ist ein Bild für die göttliche Heimat, die er unseretwillen verlassen hat. Er ist das Brot, das vom Himmel kommt.

Für die Israeliten war dieses Manna Nahrung wie jede andere. Sie aßen, um in der Wüste zu überleben. Diese Speise verlieh ihnen kein ewiges Leben. Jesus ist das Brot, das uns unsterblich macht. Hier ist eigentlich noch gar nicht vom Abendmahl die Rede. Dieses christliche Ritual hat sich erst später entwickelt. Zuerst waren die gemeinsamen Mahlzeiten in den Gemeinden ja noch Sättigungsmahle. Wein und Brot im Bewusstsein zu essen, Christi Leib und Blut zu empfangen. So Abendmahl zu feiern – das passierte erst viel später. Bei diesen Worten Jesu liegt es deshalb nahe, sie als Bildworte zu verstehen, die ausdrücken sollen, dass wir auf die denkbar intensivste Weise mit ihm verbunden sind. Wir werden so intensiv die Seinen, dass wir ihn uns gleichsam „einverleiben“.

In der Reformationszeit fühlte man modern, und nun spielten solche Gedanken, die Abendmahlsworte seien bloß bildlich zu verstehen, plötzlich wieder eine größere Rolle. Der Schweizer Huldrych Zwingli wollte das Abendmahl als Gedächtnismahl verstehen, als nur symbolische Vereinigung mit Christus. Auch viele andere Reformatoren hatten in der frühen Neuzeit Probleme mit der scheinbar mittelalterlichen Lehre, dass sich die Hostie und der Wein in Leib und Blut Christi verwandeln sollten.

Ausgerechnet Luther war es, der beim wörtlichen Verständnis dieser Sätze bleiben wollte. Es gibt eine tolle Szene beim Marburger Religionsgespräch 1529. Ein historistisches Gemälde aus dem Landgrafenschloss zeigt die Situation: Luther in der Mitte, um ihn herum andere Reformatoren, Zwingli, Brenz, Ökolampad, Melanchthon und noch weitere Herren. Vor ihm eine schüttere Kreideschrift, nicht gleichmäßig, sondern auf den Höhungen des Tisches dick und in den Unebenheiten fast nicht zu sehen. „Estin“ hat Luther mit Kreide auf den Tisch geschrieben. Dies *ist* mein Leib. Der Maler hat das mit Fleiß wiedergegeben, als ob ihm die Materialität dieses geschriebenen Wortes besonders wichtig gewesen wäre.

Der Nürnberger Reformator Andreas Osiander berichtet folgendes über die gemalte Szene: Nach einer kleinen Einleitung des Kanzlers Feige referierte Luther, dass die anderen Parteien diese Sätze „Das ist mein Leib“ und „Das ist mein Blut“ anders verstehen wollen, als er glaube und lehre, und dass er bisher noch keine Beweisung vernommen habe, die ihn hätte eines anderen belehrt. Er wolle aber hören, was die anderen vorzutragen haben. Und nun wörtlich Osiander: „Und hat also den Text ‚das ist mein Leib etc.‘ mit einer Kreiden vor sich auf den Tisch geschrieben.“ Andere berichten sogar, Luther habe diese Worte vor dem Gespräch auf den Tisch geschrieben und dann im richtigen Moment – effektvoll – die Tischdecke weggezogen.

Das war ihm also extrem wichtig, und darauf kam ihm alles an. Warum? Ich vermute, es ist gerade das, was die Jünger – und bis heute auch einige von uns – ausrufen lässt: „Das ist hart!“ Es ist dieses Moment, das uns zum Glauben zwingt, genau dieses Drehmoment, in dem wir aufgeben müssen, etwas als Sinnbild zu verstehen. Es geht Jesus nicht darum, uns klarzumachen, dass wir ganz eng mit ihm verbunden sein sollen. Sondern eben: „Wer mein Fleisch isst und trinkt mein Blut, der bleibt in mir und ich in ihm.“

Leben ist nicht nur eine Sache des Denkens. Was halten wir für möglich? Was halten wir für unmöglich? Wir treten mit unseren Körpern dafür ein. Gerade in der Passionszeit wird dieser Aspekt wichtig. Jesus inspiriert nicht nur unsere Gedanken. Er ist nicht nur der, der Geschichten erzählt und pointierte Sätze formuliert, die heute noch lebendig sind. Er ist auch der, der für uns stirbt, der mit seinem Leib für seine Lehre und für uns eintritt. Er geht durch den Schmerz und stirbt, bevor er heimkehrt zu seinem Vater. Der Körper – auch mit seinem Schmerz – ist die Wirklichkeit. „Wer mein Fleisch isst und trinkt mein Blut, der bleibt in mir und ich in ihm.“

Wir wissen letztlich nicht, wie das gemeint ist. Wir ahnen nur, auf welche geheimnisvolle Weise dieser Satz unter uns Wirklichkeit wird. Aber ich vermute zwischen diesen Sätzen und Novalis' Versen von den „heißen geliebeten Lippen“ einen Gleichklang. Es ist Gottes Wirklichkeit, die unsere Leiber mit ergreift. Es ist die Wirklichkeit Jesu Christi, die damals die Blinden sehen machte und die Gekrümmten gerade. Es ist die Wirklichkeit des Schmerzes und die des körperlichen Glücks, die das Heil ankommen lässt als Heilung des Körpers und der Seele. Ein Leib werden, als Paar, als Gemeinde, als Kirche in der Welt. Gewiss, das klingt groß und etwas verrückt. Aber es ist das Geheimnis der Liebe. Amen.

Vorschläge für das Predigtlied

EG 218	Schmücke dich, o liebe Seele
EG 228	Er ist das Brot, er ist der Wein

Fürbittengebet

Herr, unser Gott!

Du hast uns voll Unruhe geschaffen, du hast uns zu Fremdlingen gemacht in dieser Welt. Lass uns unruhig sein über unser geringes Werk. Lass uns unruhig sein mitten in unseren vertrauten Verhältnissen. Lass uns unruhig sein und den Anspruch des Fremden hören. Lass uns unruhig sein, damit wir tun, was uns zugedacht ist. Lass uns unruhig sein, damit wir nicht schuldig werden.

Lass uns vorwärts schreiten, im Verlangen nach dem Anbruch deiner Herrschaft. Wir danken dir, dass unser Werk endet und dein Werk beginnt. Herr, wir glauben, hilf unserem Unglauben! Amen.

Frank Hiddemann

Judika

Johannes 18,28–19,5

[Lesung des Predigttextes]

Liebe Gemeinde!
Was ist Wahrheit? Mit dieser berühmten Frage bringt der Evangelist Johannes das ganze Verhör und alle Anschuldigungen auf den Punkt. Denn Jesus sagt zu Pilatus, dass er die Wahrheit bezeugen will und dass sein Reich nicht von dieser Welt ist. Und wir haben im Ohr, dass Jesus von sich selbst sagt, er ist der Weg, die Wahrheit und das Leben. Jesus sagt damit: Ich bin die Wahrheit. Und: Ich bin der König eines Reiches, das nicht wie das römische Reich von dieser Welt ist. Insofern formuliert Pilatus die Wahrheitsfrage ganz anders als Jesus. Pilatus fragt: Was ist die Wahrheit? Jesus fragt: Wer ist die Wahrheit?

Wer danach fragt, was die Wahrheit ist, kann entweder mit philosophischen oder naturwissenschaftlichen Theorien und Erkenntnissen aufwarten. Das sind Erkenntnisse des Nachdenkens und des Erforschens von Natur. Wer aber die Frage stellt, worin letztendlich alles Leben und sich unsere ganz individuelle Existenz gründet, und diese Frage mit Gott beantwortet, der fragt danach, wer die Wahrheit ist, und zugleich, wer aus dieser Wahrheit lebt. Es ist ein Unterschied, ob ich die Naturgesetze als wahr bezeichne oder ob ich Gott, den Schöpfer, der auch die Naturgesetze erschaffen hat, als wahr bezeichne.

An der Frage merkt man sofort, dass es Pilatus in dem Prozess um Machtfragen geht. Er wird es nicht dulden können, dass sich jemand als König bezeichnet und sich damit gegen ihn als den Statthalter des Kaisers in Rom stellt und damit auch gegen diesen selbst. Pilatus lässt sich deshalb auf die Frage, wer die Wahrheit ist, gar nicht erst ein. Ließe er sich darauf ein, dann müsste er die Frage so umformulieren, dass daraus eine Frage nach dem Sinn des Lebens, auch eine Frage nach dem Sinn des Lebens Jesu wird.

Wer die Frage nach dem Sinn, nach dem „Wer ist die Wahrheit?" stellt, der sucht Antworten, reflektiert Erfahrungen, denkt über sein Leben nach, darüber, was für ihn letzten Endes glaubwürdig und der Sinn zumindest für das eigene Leben ist. Christlich gewendet: Wem kann ich wirklich glauben? Diese selbstkritische Frage führt zu weiteren Überlegungen: Falle ich mit meinem Glauben womöglich auf Aussagen herein, die von angeblich glaubwürdigen Menschen gemacht wurden, nur weil ich zu gutgläubig bin? Zu vertrauensselig? Was ist der Grund, dem man letztendlich wirklich vertrauen, wirklich glauben, den man wirklich für wahr halten kann?

Diese Frage lässt sich nicht politisch und schon gar nicht mit Machtstrukturen beantworten, sondern sie ist allein mit dem Glauben und mit dem Blick auf den Sinn des Lebens zu beantworten: Was bzw. wem glaubst du? Von was oder von wem bist du wirklich überzeugt worden? Welche Erfahrungen und welches Nachdenken hat dich wirklich überzeugen können? Trägt es dein Leben? Zwei Beispiele:

Der Psychotherapeut Viktor E. Frankl berichtet von einer Jüdin, die durch die Nazis ihre neun Kinder verlor.[1] Allesamt sind sie in Gaskammern ermordet worden. Sie allein hat überlebt. Sie hätte an ihrem Leben verzweifeln können. Wer von uns hätte dafür nicht vollkommenes Verständnis? Aber die Frau hat einen festen Grund in ihrem jüdischen Glauben und kann ihr Leid in einen neuen Lebenssinn transformieren: Sie übernimmt die Leitung eines Waisenhauses in Israel. Sie gibt sich trotz des unermesslichen Leides in ihrer Familie und in ihrem eigenen Leben nicht dem Untergang in der Verzweiflung hin. Im Gegenteil: Sie hilft in Umkehrung ihrer Erfahrungen nun Kindern, die ihrerseits ihre Eltern verloren haben. Verlorene Kinder finden eine verlorene Mutter.

Das andere Beispiel: Der Schriftsteller Martin Mosebach reiste im Frühjahr 2017 nach Ägypten, um die Familien jener 21 koptischen Männer aufzusuchen, die 2015 an einem Strand in Libyen von IS-Terroristen ermordet wurden. Seit ihrem Tod werden die 21 meist jungen Männer in der koptischen Kirche als Märtyrer verehrt. In ihrem Heimatdorf wird zu ihrer Ehre eine Märtyrerkathedrale gewaltigen

1 Viktor E. Frankl: *Der unbewußte Gott.* Psychotherapie und Religion, dtv (München) [1974] [12]2012, 87.

Ausmaßes erbaut, in die ihre sterblichen Überreste überführt werden sollen. Mosebach fragte sich, warum solch einfache Menschen, die keine ausreichende Schulbildung erhalten hatten und darum so arm waren, dass sie nach Libyen gingen, um Arbeit zu finden, trotz des drohenden Todes so fest an ihrem Glauben festhielten. Die muslimischen IS-Terroristen hatten verlangt, dass sie ihren Glauben verleugneten. Doch das taten sie nicht, obwohl viele von ihnen verheiratet waren und manche Kinder hatten.

In einem literarischen Gespräch entfaltet Mosebach seine Argumente, warum diese jungen Männer ihren Glauben nicht verleugnet haben. Mosebachs Gesprächspartner kann solch ein Verhalten nicht verstehen oder gar akzeptieren: Er würde jedenfalls z. B. für den Kommunismus nicht sterben wollen, so wenig, wie es seine Eltern, tief überzeugte Kommunisten, wollten: Sie setzten sich unter Lebensgefahr nach London ab. Oder wie Galileo Galilei: Er riskierte doch nicht sein Leben wegen seiner wissenschaftlichen Ansicht über den Lauf der Sonne, als es zum Streit darüber kam, ob die Erde um die Sonne oder die Sonne um die Erde kreist. Darauf entgegnet Mosebach: „Die Wahrheit der Christen ist keine Formel und keine Doktrin – sie ist eine Person, Jesus Christus, der von sich gesagt hat, dass er selber die Wahrheit sei. (…) Naturwissenschaftliche und philosophische Wahrheit erschöpft sich in der Schlüssigkeit ihrer Argumentation – der Wahrheitsbeweis der Christen dagegen besteht in der Bereitschaft, für diese Wahrheit zu sterben.“[2]

Wie schon Jesus sind auch jene 21 koptischen Männer Opfer von Machtspielen geworden: Vor ihrer Ermordung bekamen alle 21 Männer orangefarbene Overalls angezogen, die 21 IS-Terroristen waren schwarz gekleidet. Vor der Hinrichtung wurde gesagt, dass man sich an der westlichen Welt rächen wolle, die ihrerseits mit dem exterritorialen amerikanischen Gefangenenlager Guantanamo ein Schandmal errichtet habe. Dort tragen alle Insassen orangefarbene Overalls. Die Terroristen machten auch eine Filmaufnahme, die auf YouTube zu sehen war; sie trägt den Titel: „Botschaft an die Nation des Kreuzes, geschrieben mit Blut.“[3] Darunter ist

---

2 Martin Mosebach: Die 21. Eine Reise ins Land der koptischen Martyrer, Rowohlt (Reinbek bei Hamburg) 2018, 49.

3 A. a. O., 30.

außerdem zu lesen, dass die Gefesselten „Mitglieder der feindlichen Kirche Ägyptens“[4] seien.

Hier geht es nicht um eine intellektuelle Wahrheit – ob der Kommunismus die rettende politische Theorie ist oder ob die Erde die Sonne oder die Sonne die Erde umkreist –, hier geht es um eine existentielle Wahrheit. Eine existentielle Wahrheit umfasst die gesamte menschliche Existenz; oder anders ausgedrückt: Eine intellektuelle Wahrheit kann man mit Worten ausdrücken, aber eine existentielle Wahrheit kann man nur mit der eigenen Existenz, mit dem eigenen Leben bezeugen. Als die IS-Terroristen ihre Messer an die Kehlen der 21 Männer setzten, sind deren Stimmen leise vernehmbar: „Jarap Jesoa! – Herr Jesus!“[5]

Jesus geht auf die Machtspiele der Priester und das Machtgebaren des Pontius Pilatus nicht ein: Mein Reich ist nicht von dieser Welt. So wird er also verurteilt, gefoltert, vor den Menschen zur Schau gestellt, zur Schädelstätte geführt, gekreuzigt. Er stirbt qualvoll und wird bestattet.

Aber die Jünger und einige Frauen, wie z. B. Maria von Magdala, haben Jesus-Erscheinungen. Andere, wie die Jünger, die nach Emmaus unterwegs sind, finden Jesus im Austeilen von Brot und Wein wieder. Sie haben mit Jesus Erfahrungen gemacht, die für ihr Leben grundlegend bleiben. Das hat ihren Glauben begründet und hat ihnen Lebenssinn gestiftet. Selbst der Tod Jesu konnte diese Erfahrungen und ihren Glauben nicht auflösen oder zerstören. Weil Jesu Reich, das Reich Gottes, und auch der, der die Wahrheit ist, nicht von dieser Welt sind. Denn das alles ist nicht bloß ein kluger Gedanke, sondern hier steht die gesamte Existenz des Menschen zur Disposition. Unser eigenes Leben gründet nicht auf den einen oder anderen klugen Gedanken, sondern gründet letztlich in Gott selbst, in der Person Jesu Christi, der die Wahrheit des christlichen Glaubens und Lebens ist. Amen.

---

4 Ebd.

5 A. a. O., 36.

Vorschläge für das Predigtlied

EG 93,1–4 Nun gehören unsere Herzen

EG 75,1–3 Ehre sei dir, Christe, der du littest Not

Fürbittengebet

[Liturg(in):] Gott. Mit Erschrecken und Entsetzen sehen wir die Gräueltaten in unserer Welt. Wir kommen uns oft sehr machtlos vor, da wir Leiden gerne beenden wollen, es aber oftmals nicht können. Darum bitten wir dich: Lass uns den Leidenden nahe sein, so, wie du den Leidenden und Sterbenden nahe bist. Sei du jenen nahe, die für ihren Glauben ihr Leben verlieren. Wir rufen zu dir:
[Liturg(in) und Gemeinde:] Herr, erhöre uns.

[Liturg(in):] Gott. Wir sehen in vielen Staaten Unruhen, Proteste, Ungerechtigkeit und manchmal Krieg und Elend. Wir kommen uns oft sehr machtlos vor, da wir Ungerechtigkeit und Krieg allzu gerne beenden wollen, es aber oftmals nicht können. Wir bitten dich: Lass uns in unsere Welt und in unserem Alltag für Gerechtigkeit, Frieden und Rechtsstaatlichkeit eintreten, so, wie du Frieden und Segen spendest. Wir rufen zu dir:
[Liturg(in) und Gemeinde:] Herr, erhöre uns.

[Liturg(in):] Gott. Wir sehen viele Menschen, die sich für das gute Miteinander von unterschiedlichen Menschen, Nationen, Kulturen und Religionen einsetzen. Wir kommen uns oft sehr machtlos vor, da wir mit ansehen müssen, wie aus dem reichen kulturellen und religiösen Schatz der Menschheit Munition zur gegenseitigen Bekämpfung gemacht wird. Wir würden das gerne beenden, aber oftmals können wir es nicht. Wir bitten dich: Lass uns selbst die Schätze der Menschheit bewahren und mit Freude gebrauchen, so wie du selbst Geber alles Guten bist. Wir rufen zu dir:
[Liturg(in) und Gemeinde:] Herr, erhöre uns.

Jörg Neijenhuis

Palmsonntag 2019

Jesaja 50,4–9

Der Predigttext wird erst im Verlauf der Predigt – gern von einer weiteren Person – verlesen. Die Überschriften werden mitgelesen.

Liebe Gemeinde!

Es ist Palmsonntag – heute beginnt für die Christenheit die spannungsreichste Woche im Kirchenjahr. Diese Woche ist durchzogen von rabenschwarzer Nacht und allerhellstem Morgenlicht. Feigheit und Mut wird die Menschen ergreifen, die zur Geschichte von Passion und Ostern dazu gehören. Es ist Palmsonntag: Jesus wird wie ein König bejubelt und empfangen – und einige führende Köpfe der religiösen Elite sehen darin eine Gefahr für alles, was ihnen heilig ist. Die römische Staatsmacht wird kurzen Prozess machen mit einem, der für einen gefährlichen Aufwiegler gehalten wird. Jesus wird Verrat und feige Verleugnung erleben aber auch unerwartete Treue. Es wird Momente des Vertrauens geben und unerträglich lange Zeiten schierer Gottverlassenheit. Brot und Wein werden geteilt werden, und dann steht auf einmal ein unglaublicher Zusammenhang im Raum: Jesus stirbt einen öffentlich inszenierten Hinrichtungstod, damit die Menschen das Leben haben sollen. Es wird Abend und Morgen, am dritten Tag werden drei Frauen die unfassliche Nachricht weitergeben. Jesus lebt. Gott hat Ja zu ihm gesagt.

Wie soll man diese spannungsvollen Bilder zusammenhalten? Wie kann man verhindern, dass sie auseinanderfallen wie Szenen in einem unverständlichen Monumentalgemälde? Der Predigttext für den heutigen Sonntag wurde schon früh als ein Rahmen angesehen, mit denen Menschen das Geschehen der Zeit vom ersten Palmsonntag bis zum ersten Ostersonntag einordnen können. Immer wieder haben Christen diese Worte herangezogen, um zu verstehen, warum der erste Karfreitag über Jesus hereinbrach. Dabei ist der Text lange vor der Passion Jesu entstanden; er findet sich im Buch des Propheten Jesaja. Ein unbekannter Prophet aus dem 6. Jahrhundert vor Christus, sagt und singt über Erfahrungen mit Gott und Erfahrungen mit der Gewalt von Menschen. Möglicherweise sind es seine eigenen Erfahrungen. Möglicherweise leiht er seine Stimme aber auch einem anderen. Möglicherweise meint der Prophet mit seinen Worten das ganze Volk Israel in seinen Gotteserfahrungen zwischen Leid und Rettung. Wir wissen es nicht genau. Der Prophet redet letztlich von einem Unbekannten. Man nennt ihn den Gottesknecht aus dem Jesajabuch. Mehrmals meldet er sich zu Wort. Wegen ihrer poetischen Form tragen seinc Wortmeldungen den Namen Gottesknechtslieder. Hören wir nun, was der Unbekannte in einem dieser Gottesknechtslieder über sich selbst sagt.

[Lesung des Predigttextes]

Zunächst sollte eines klar gesagt werden: Die Worte aus dem Propheten Jesaja wurden nicht einfach deshalb gesagt und geschrieben, weil man später irgendetwas Sensationelles aus alter Zeit für das Geschick Jesu Christi zur Hand haben sollte. Wenn wir sofort solche Schlüsse ziehen wollten, machten wir die Worte der hebräischen Bibel zu einer Ansammlung von Wahrsagersprüchen. Sie hätten kein eigenes Gewicht, keine eigene Bedeutung in ihrer Gegenwart. Alles wäre pfeilgerade, ohne Umwege, in eine klar umrissene Zukunft, eben auf Jesus Christus ausgerichtet. So einfach aber liegen die Dinge nicht.

In den Worten aus dem Propheten Jesaja erklingen drei akustische Porträtskizzen. Man kann sie wahrnehmen wie Bilder, gemalt aus Worten. Genauer sind es kurze Selbstporträts. Es sind aber keine Worte im Stile von schnellen, locker dahergesagten Wort-Selfies. Warum sich diese Selbstbeschreibungen vom Stil der Selfies unterscheiden, werden wir gleich zu fragen haben. Im 50. Kapitel des Jesajabuches finden sich jedenfalls drei tiefergehende, auch überraschende Antworten auf die Frage: Wer bist du?

1. Das erste Selbstporträt: ein Schüler in der Barmherzigkeitsschule Gottes.

Wer bist du? Die erste Antwort lautet: Ich bin der, der spricht und hört und zwar auf eine ganz bestimmte Weise. Ins Bild gesetzt könnte man sagen: Zunge und Ohr rücken im ersten Selbstporträt in den Vordergrund. Nach dem ersten Erstaunen über diesen Beginn könnten wir einen Moment ins Nachdenken kommen. Wir leben in einer Zeit der Bilder. Fotos sind schnell geschossen und leicht reproduziert. Besonders beliebt ist eben das Selfie, das Selbstporträt mit der Handykamera. Wir sehen und produzieren Selfies vor dem Eifelturm, Selfies mit der Lieblingsspeise, Selfies von mir und dem Star, Selfies von mir und dem bekannten Politiker – und so weiter! Schon spricht man von einem virtuellen Lärm, dessen aufgeblasene Bombastik uns die Sinne vernebelt. Gefragt ist jedenfalls die Inszenierung eines möglichst großen, möglichst überraschenden, möglichst glänzenden Auftritts. Täuschen wir uns nicht! Dergleichen hängt nicht unbedingt an gestiegenen technischen Möglichkeiten. Inszenierungen, Paraden, Aufmärsche, sichtbare Farbenpracht – das wirkte und wirkt schon immer bei der Steigerung persönlicher Größe. Und nicht einmal der Einzug Jesu in Jerusalem ist frei von diesem Effekt. Man kann die Kommentare förmlich hören: „Schaut her, er zieht ein wie ein König!" „Schrille Idee, die Sache mit dem Esel!" „Was hat er sich dabei wohl gedacht?"

Und Jesu Auftritt beim Einzug bleibt nicht ohne Folgen. „Wer bist du?" Man hält königliche Parolen bereit. „Hosianna dem Sohn Davids!" So rufen die Leute. Es sind die „likes" der begeisterten „follower" für einen Tag. Wir wissen freilich aus der Dramatik der Woche, die vor uns liegt: Dergleichen hält nicht lange an.

Wer bist du? Der Unbekannte, der im Propheten Jesaja spricht, lässt erst einmal alles hinter sich, was auf spektakuläre Öffentlichkeitseffekte aus ist. Seine Antwort lautet: „Ich bin derjenige, der mit den Müden redet. Ich bin derjenige, der sich um die kümmert, die bereits aufgegeben haben. Ich bin derjenige, der das rechte Wort zur rechten Zeit findet. Ich bin derjenige, der Worte findet, die heilen."

Kein Zweifel: das klingt durchaus selbstbewusst! Das Selbstbewusstsein speist sich jedoch nicht aus der Gier nach der perfekten Selbstinszenierung. Aber was könnte das heißen? Wir hören aus dem Evangelium von Jesus Christus zum Beispiel einfache, schlichte Sätze. Es sind Sätze, die Mut machen, heilen und aktivieren: „Steh auf und geh." „Dein Glaube hat dir geholfen." „Ich verurteile dich auch nicht." Wir hören aus dem Evangelium die Geschichte von der Liebe eines Vaters zu seinem verloren geglaubten Sohn. Wir hören die Geschichte von einem Menschen, der einem Schwerverletzten hilft, obwohl der Verletzte eigentlich unter die Rubrik „religiös-politischer Gegner" fällt.

Wer bist du? Der Unbekannte, der im Propheten Jesaja spricht, redet in seiner Antwort auch über eine besondere Art zu hören. Der Unbekannte sagt: „Ich bin der, der hört, weil Gott mich dazu in die Lage versetzt hat." Genauer übersetzt heißt es zu Beginn der Selbstbeschreibung „Morgen für Morgen weckt er mein Ohr, zu hören wie ein Schüler hört." Hören, einfach mal zuhören! Das ist keine ganz einfache Lektion, nicht nur für Schülerinnen und Schüler heutiger Tage. Ein scharfsichtiger Beobachter definierte es so: „Was ist der Alltag? Der Alltag ist: alle reden gleichzeitig, keiner hört zu." (Nach Kurt Tucholsky). Allerdings hören wir hier: Alle guten und heilenden Worte entstammen nicht dem eigenen Gutdünken und der eigenen Genialität. Schon gar nicht entspringen sie einem ungebremsten Redeschwall, der stets nur eines im Sinn hat: Die eigene Bedeutsamkeit möglichst lautstark zur Geltung zu bringen. Aber was ist dann zu tun? Wir hören aus dem Evangelium: Jesus zieht sich immer wieder zurück aus dem alltäglichen Trubel, auf Berge, in Wüsten, in die Einsamkeit. An den Orten der Stille lässt sich wohl jenes Hören am besten üben, das von Gott seine Kraft beansprucht und aus dem dann das heilende Wort entspringen kann. „Wer bist du?" Der Unbekannte sagt: Ich bin der, der hören kann; jeden Morgen neu.

2. Das zweite Selbstporträt: ein Erniedrigter im aufrechten Gang

Wer bist du? *Nun* mutet uns der Unbekannte eine Antwort zu, wie sie verstörender und auch missverständlicher nicht sein könnte. Er sagt: „Ich bin der, der auch dem tiefsten und dunkelsten Ort des Lebens nicht ausweicht. Ich bin der, der standhält, wenn die Folterknechte kommen. Ich bin der, der standhält, wenn die Schläger zuschlagen und die Aufhetzer ihr Spiel treiben. Ich bin der, der zu Boden gestoßen wird und dennoch aufrecht bleibt. Ich bin der, dessen Gesicht in all den Plagen und Auseinandersetzungen hart wurde wie Stein."

So beschreibt der Schüler Gottes seine Haltung. Wie kompromisslos sie wirklich ist, kann deutlich werden, wenn man sich klar macht, wie missverständlich diese Worte sein können. Ein Schüler unserer Tage wurde gefragt, welche Verse aus dem Gottesknechtslied ihm am besten gefielen. Er benannte die Verse 6–8. Dort wird geschildert, wie standhaft der Gottesknecht gegenüber äußerer Gewalt ist. Der Kommentar des Jungen aus einer 10. Klasse der Realschule lautete in etwa so: „Da zieht einer seine

Sache gnadenlos durch; er lässt sich nicht beirren. Die Angriffe der anderen machen ihn nur stärker. So möchte ich auch einmal sein, wenn es darum geht, meine Lebensziele durchzusetzen. Diese Ziele lauten: Reichtum, Erfolg und schöne Frauen."

Wenn Ihnen diese Deutung irgendwie merkwürdig vorkommt, sind Sie auf der richtigen Spur. Wenn Sie denken: „So kann man das doch nicht machen!", haben Sie vollkommen recht. Allerdings sollten wir uns nicht zu früh über die Deutung des Jugendlichen erheben. Denn diese Art der Selbstdurchsetzung ist nicht auf einen 16-Jährigen beschränkt. Selbst wenn die eigenen Ziele andere sein mögen als „Reichtum, Erfolg und schöne Frauen" – der verbissene Gestus zu ihrer Durchsetzung dürfte so unbekannt nicht sein. Schlagen Sie die Zeitung auf! Es ist gleichgültig, ob Sie die Seiten „Politik", „Wirtschaft" oder „Bunte Welt" wählen. Surfen Sie im Internet! Sie werden genügend Beispiele für steinharte Hartnäckigkeit finden.

Was aber unterscheidet die Selbstbeschreibung des Gottesknechts von anderen Erfolgs- und Kampfstrategien? Es geht wohl darum: Die leidenschaftliche und leidensbereite Kompromisslosigkeit des Gottesknechts schlägt nicht in Gewalt um. Vor allem aber leidet der Gottesknecht nicht für sich selbst, sondern für andere. Genauer: Es geht gar nicht um seinen Plan, und mag er noch so fromm, sozial gerecht und ehrenhaft sein. Es geht um Gottes Sache.

All diese Beschreibungen sind für Sie vielleicht bekannte Worte, zumal im Zusammenhang einer Predigt. Wie fremd uns die Haltung des Gottesknechtes aber im Grunde ist, mag durch eines deutlich werden. Eine Schülerin, die auch über das Gottesknechtslied befragt wurde, meinte: „Dieser Text sagt mir nichts. Er hat mit meinem Leben nichts zu tun." Das klingt als Gesamturteil schockierend, zumal im Zusammenhang einer Predigt. Was aber im ersten Augenblick förmlich verbietet, über die Jesajastelle weiter zu predigen, berührt in seinem harten Widerspruch die Tiefe des Bibeltextes. Der Gottesknecht ist völlig anders als die anderen Menschen; sein Verhalten ist irritierend verschieden von dem, wie wir gewöhnlich planen und agieren. Er fällt aus dem gewohnten System der üblichen Verhaltensweisen. Ja, man könnte sehr wohl sagen: „Er zieht seine Sache durch". Aber seine Sache ist das unteilbare Dasein für andere, das heilende Wort, die gute Nachricht von der Gnade Gottes. Auch dort, wo wir es gewohnt sind, anzuklagen, zu richten und draufzuschlagen, verbal oder physisch, geht es bei ihm anders zu.

Was fangen wir damit an? Wir hören aus dem Evangelium und immer wieder aus dem Neuen Testament: Der brutale Kreuzestod eines Juden, etwa im Jahr 33, ist der Ort, an dem Gott seine gute Sache zugunsten der Menschen auf irritierende Weise zu Ende brachte. Das Johannesevangelium erzählt es so: Jesus ruft unmittelbar vor seinem Tod am Kreuz „Es ist vollbracht." Am Ort der größten Gottverlassenheit verbindet sich Jesu Leben mit dem unseren. So entsteht ein Echo, das das ferne Gottesknechtslied angesichts des Kreuzes erklingen lässt. Noch ein Letztes bleibt nun zu sagen. Es ist mehr als ein Nachklang.

3. Das dritte Selbstporträt: Recht bekommen zugunsten des Lebens

Der Gottesknecht fällt nicht in ein Nichts. Er ist standhaft, weil er weiß: Gott gibt ihm Recht. Die Stärke des Unbekannten geht auch in der brutalsten Niederlage nicht verloren. Er findet ein letztes Wort, das stellt die Rechtsverhältnisse klar. Nicht die Sieger sind im Recht, sondern der Verlierer. Der Gottesknecht ruft: „Wer will mein Recht anfechten? Der komme zu mir her." Das klingt wie die Kampfansage eines geschlagenen Boxers, der die letzte *eigene* Kraft aufbietet. Es ist aber ein Verweis auf die größere Kraft Gottes. Gott gibt dem Unterlegenen recht. Das Leben ist auf seiner Seite, der Tod aber steht schon bei denen, die sich als überlebensgroße Gewinner wähnen. „Sie alle werden wie Kleider zerfallen, die die Motten fressen."

Was fangen wir mit dieser letzten Wendung an? Diese Umkehrung von Tod und Leben verweist uns an das Geheimnis des Ostermorgens. Wir werden seine unglaubliche Frage bald wieder hören „Was sucht ihr den Lebenden bei den Toten?"

Das Echo aus dem letzten akustischen Selbstporträt des Gottesknechts weist heute schon eine Woche weiter. Dazwischen liegt eine Zeit, in der Dunkel und Hell miteinander streiten. Der glanzvolle und laute Einzug Jesu in Jerusalem ist das erste, aber nicht das letzte und entscheidende Echo, das herüber klingt bis zu uns. Das ferne Lied vom unbekannten Gottesknecht aber ist eine unersetzliche Lernhilfe, um gerade dies zu verstehen.

Vorschläge für das Predigtlied

EG 97,1–4	Holz auf Jesu Schulter
EG 86,1–3+8	Jesu, meines Lebens Leben

Fürbittengebet

Herr Jesus Christus,
öffne unsere Ohren für das Wort, das uns zum Frieden ruft;
öffne unsere Ohren für die leisen Stimmen derer, die gerade unsere Hilfe brauchen;
öffne unsere Ohren für das Wort, das Versöhnung schafft.

Stärke alle Menschen, die dem Bösen widerstehen.
Stärke alle, die der Lüge die Wahrheit entgegenhalten.
Stärke alle, die der Gewalt mit Wort und Tat widerstehen.
Stärke alle die den Mund für die Gerechtigkeit auftun, wo die anderen schweigen.

Setze alle ins Recht, die sich nicht aufhetzen lassen.
Setze alle ins Recht, die nicht aufgeben, gegen den Tod zu arbeiten.
Setze alle ins Recht, die nicht der lautesten Stimme folgen, sondern ihre Füße richten auf den Weg des Friedens.
Amen.

Ulrich Löffler

Gründonnerstag

1. Korinther 11,23–26

Der Gottesdienst am Gründonnerstag wird in vielen Gemeinden am Abend gefeiert, häufig verbunden mit einer besonderen Gestaltung der Abendmahlsfeier. Die folgende Predigt geht aus diesem Grund davon aus, dass die Mahlfeier im Mittelpunkt des Gottesdienstes steht, ist bewusst kurz gehalten und kann, wenn gewünscht, direkt in die Mahlfeier überleiten. Der Predigttext bezieht sich nur auf die Einsetzungsworte und wird im Laufe der Predigt in der hier angegebenen Übersetzung verlesen.

Liebe Gemeinde!
Der Gründonnerstag ist ein eigentümlicher Abend. Sein Name legt nahe, dass es sich um einen traurigen Abend handelt, dass es um „Greinen", also um „Weinen" geht. Werfen wir jedoch einen Blick in die biblische Erzählung vom letzten Abendmahl Jesu mit seinen Jüngern, dann wird uns dort ein anderes Bild gezeigt. Wir haben es hier – zumindest zu Beginn – mit einer frohen Tischgemeinschaft zu tun, die sich am sogenannten Sederabend versammelt, um miteinander das Passamahl zu feiern. Da wird gegessen, getrunken, geschwatzt und auf die alten Worte gehört, die untrennbar mit diesem Abend verbunden sind und von der Befreiung des Volkes Israel aus der ägyptischen Knechtschaft handeln. Sicher, Jesus hat schon seit einiger Zeit Andeutungen gemacht, dass er sterben wird, und dass er sich im Jerusalemer Establishment nicht gerade viele Freunde gemacht hat, das ist auch allen klar. Aber es bleibt letztlich doch nur eine dunkle Ahnung, nichts, was die Feierlichkeit dieses Abends trübt. Weinen wird an diesem Abend nur einer: Jesus im Garten Gethsemane, als ihm die ganze Schwere und Konsequenz des Weges bewusst wird, den Gott für ihn vorgesehen hat. Doch davon ist zu Beginn des Abendmahls noch nichts zu spüren.

Und dann geschieht es: Außerhalb des Protokolls, außerhalb der penibel genau festgelegten Riten und Bräuche des Sederabends geschieht etwas, von dem uns Paulus mit Worten berichtet, die er sich nicht selbst ausgedacht hat, sondern die ihm überliefert worden sind:

> Denn ich habe von dem Herrn empfangen, was ich euch weitergegeben habe: Der Herr Jesus, in der Nacht, da er verraten ward, nahm er das Brot, dankte und brach's und sprach: Das ist mein Leib, der für euch gegeben wird; das tut zu meinem Gedächtnis. Desgleichen nahm er auch den Kelch nach dem Mahl und sprach: Dieser Kelch ist der neue Bund in meinem Blut; das tut, sooft ihr daraus trinkt, zu meinem Gedächtnis. Denn sooft ihr von diesem Brot esst und aus dem Kelch trinkt, verkündigt ihr den Tod des Herrn, bis er kommt.“ (1. Kor 11,23–26)

Paulus betont, dass es nicht seine Worte sind, die er der Gemeinde in Korinth weitergibt, sondern dass ihm diese Worte gegeben worden sind. Und auch das, was diese Worte zum Inhalt haben, hat im Kern mit Geben und Nehmen zu tun: Jesus nimmt Brot und Wein und gibt beides seinen Jüngern. Jesus nimmt den Rahmen einer bestehenden Festtradition und gibt ihr einen neuen Sinn. Jesus nimmt seinen Auftrag und seine Sendung an und wird sein Leben dafür geben. Menschen werden Jesus das Leben nehmen, und er gibt bereits jetzt allen Menschen eine neue Perspektive, denn sooft Menschen das tun, was Jesus an diesem Abend getan hat, sooft sie Brot und Wein nehmen und weitergeben, werden sie hineingestellt in die große Geschichte Gottes mit den Menschen. Dann sind auch sie plötzlich mitten drin, mitten drin im Nehmen und Geben Gottes, das Zeit und Raum umspannt.

Auch wir heute Abend! Denn mit diesem Brot, das wir nehmen und weitergeben, wird uns mehr gegeben als nur ein paar Kohlenhydrate, etwas Wasser und Salz. In ihm gibt sich Gott selbst, damit wir ihn aufnehmen in das, was wir unser Leben nennen. Und mit dem Wein, den wir nehmen und weitergeben, wird uns mehr gegeben als nur der gegorene Saft von ein paar Trauben. In ihm gibt uns Gott seine Nähe als ein Geheimnis. Das Geheimnis der Nähe eines Abwesenden, der doch in, mit und unter Brot und Wein gegenwärtig ist: manchmal gegen alle Vernunft, manchmal trotz unserer Gefühle, aber immer dort, wo die Worte, die er geprägt hat, gesprochen und Brot und Wein geteilt werden. Der Abwesende wird anwesend in

Brot und Wein und mit ihm seine Geschichte. Eine Geschichte, die von den großen Themen handelt, die uns Menschen in unserem Leben bewegen, von Schuld und Vergebung, von Liebe und Verrat, von Gnade und Umkehr, von Heilwerden an Leib und Seele, von Gemeinschaft und Freundschaft, von Gerechtigkeit und Frieden, von Leben und Tod. Darum: Werden wir Teil dieser Geschichte, indem auch wir geben und nehmen; indem wir unsere eigene, ganz persönliche Geschichte nehmen und sie Gott geben; indem wir Brot und Wein nehmen und sie einander weitergeben; indem wir die Worte nehmen, die Paulus uns überliefert hat, und ihnen unser Vertrauen geben: „Unser Herr Jesus Christus, in der Nacht, da er verraten ward …“

Vorschläge für das Predigtlied

EG 221	Das sollt ihr, Jesu Jünger, nie vergessen
EG RWL 667	Wenn das Brot, das wir teilen

Fürbittengebet

[Liturg(in):] Himmlischer Vater, du bist zu uns gekommen: Als Mensch unter die Bedingungen von uns Menschen, in Brot und Wein unter die Bedingungen unserer Welt. Wir sagen dir Dank, dass du uns so nahekommen willst. Wir sagen dir Dank, dass wir Gäste an deinem Tisch sein durften. Und wir bitten dich:

Stärke durch die Erfahrung deiner Gegenwart unser Vertrauen in dich: Dann, wenn unser Leben bunt und froh ist, aber auch dann, wenn es schwer und herausfordernd ist. Zu dir rufen wir:

[Liturg(in) und Gemeinde:] Herr, erbarme dich.

[Liturg(in):] Lass uns aus der Erfahrung der Gemeinschaft mit dir und untereinander heraus einen zweiten Blick auf die Menschen bekommen, mit denen wir unser Leben teilen: Hilf uns zu vergeben, wo Schuld geschehen ist, und einander zu unterstützen, wo Hilfe nötig ist. Zu dir rufen wir:

[Liturg(in) und Gemeinde:] Herr, erbarme dich.

[Liturg(in):] Lass uns aus der Erfahrung deines stellvertretendes Leidens die Gewissheit ziehen, dass uns nichts, auch nicht der Tod, von deiner Liebe trennen kann. Zu dir rufen wir:
[Liturg(in):] Herr, erbarme dich.
[Liturg(in):] Lass uns Zuversicht erfahren aus dem Glauben, dass das Mahl, dass wir hier miteinander gefeiert haben, ein Abbild des himmlischen Freudenmahls darstellt, das wir einst mit dir feiern werden, wenn Welt und Mensch zu ihrem Ziel gebracht werden. Zu dir rufen wir:
[Liturg(in) und Gemeinde:] Herr, erbarme dich.

Christian Plate

Karfreitag

Johannes 19,16–30

Der Text wird als Evangelium des Karfreitags an seiner liturgischen Stelle gelesen. Die Überschriften werden mitgelesen. Die Fürbitten können unter verschiedene Sprecher aufgeteilt werden.

Liebe Gemeinde!

1. Alle Menschen müssen sterben.

Darin sind sie sich gleich, auch wenn sie sich im Leben so unterscheiden wie Kaiser und Bauer, Ratsherr oder Bettelmann. Das Mittelalter hat das in seinen Totentänzen eindrucksvoll vor Augen geführt. Es waren Prediger, die vor 600 Jahren einigen Malern die ersten Aufträge gaben. Sie ließen den Totentanz in ihren Kirchen bildlich darstellen und wiesen die Hörer in ihren Predigten darauf hin. Das war sehr eindrucksvoll und verbreitete sich bald in ganz Europa. Da wurde – vom Papst und Kaiser bis zum Bürgermeister und Bischof – jeder Mächtige von einem Gevatter Tod an die Hand genommen und abgeführt. Dem Hochmut, einer der sieben Todsünden, wurde damit seine unüberwindliche Grenze angezeigt. Auf die Frage: Was wird sein, wenn es dich nicht mehr gibt? Was willst du mitnehmen, wenn nur noch Knochen übrig bleiben? Auf solche Fragen fallen eitle Antworten schwer. Aber es gibt die schlimme, andere Antwort: Dann sollen wenigstens noch weitere Opfer mitgehen. Dann soll wenigstens nach meinem Tod nichts mehr bleiben. Diese Antwort hören wir regelmäßig, wenn von sinnlosen Zerstörungen berichtet wird – oder die Opfer von Amokläufern und Attentätern beklagt werden. Diese Haltung, die auch noch den Nachkommen ihr Leben neidet, war auch in Deutschland vor 70 Jahren ziemlich verbreitet.

Die mittelalterlichen Bilder und Schauspiele zur Ermahnung der Mächtigen und der Schwachen führen wir nicht mehr auf – selten werden sie noch gemalt. Nur, wenn Schüler oder Demonstranten diese alten Formen für sich wieder entdecken, sehen wir einen modernen Totentanz. Aber durch die Kunst der alten Maler und Bildhauer können wir heute noch die Darstellungen bewundern oder mit leichtem Grauen meditieren: wenn reich geschmückte Herren durch ein Gerippe zum Tanz geführt, vom Tod abgeführt werden. Der Tod macht sie alle gleich: Kaiser, König, Edelmann, Bauer, Bürger, Bettelmann.

2. Und doch gibt es Unterschiede. Sogar noch im Tod. Wie kommt das?

Nicht ganz selten können wir die Bemerkung hören: Er ist gestorben, wie er gelebt hat. Und *dabei* sind dann doch nicht alle Menschen gleich, sondern die einen sterben mit einem Fluch auf den Lippen, die anderen müssen sich lange quälen, ehe sie Erlösung finden dürfen. Noch andere verabschieden sich auf eindrückliche Weise von allen, die jetzt ohne sie weiterleben müssen. Sterben kann so verschieden sein.

Wer öfter auf dem Friedhof ist und Beerdigungen erlebt, kann sich die Frage stellen:

Warum spielen bei den Beerdigungen die letzten Wochen und Monate der Verstorbenen in den Nachrufen eine so große Rolle? Zuweilen scheinen sie das lange Leben davor fast zu verdecken. Diese Erfahrung kann uns lehren, dass dieser letzte Eindruck von unseren Verstorbenen wie ein Prisma ist, durch das wir das ganze Leben auch später noch betrachten. Den Tod, die letzten Zeiten des Lebens wollen viele Menschen sich und anderen ersparen. Auch die Historiker sparen meist diese Lebensphase aus. Aber die bekommen sowieso nie das ganze, das volle Leben mit. Sie sehen zumeist nur einzelne Seiten, aber nicht das Ganze. Und doch gehört auch das Sterben zum Ganzen des Lebens. Das zeigt sich besonders in unserem heutigen Predigttext aus dem Johannesevangelium. Denn der Evangelist Johannes schildert den Tod Jesu so, dass wir das ganze Leben dieses besonderen Menschen wie in einem Brennglas sehen. Jesus stirbt, wie er gelebt hat: nicht allein, nicht für sich, unbeachtet in einem Winkel, sondern öffentlich, so wie sein Leben zuvor öffentliches Leben, also auffälliges Leben gewesen ist. An ihm scheiden sich die Geister.

Die einen, die Soldaten, gehen gleichgültig ihrem tödlichen Gewerbe, ihrem Waffenhandwerk, nach. Während ihr Gefangener auf die grausamste Weise stirbt, die sich Menschen ausdenken konnten und können, Stunden um Stunden, da langweilen sie sich. Also zerstreuen sie sich durch ein Spielchen. Sie würfeln – und weil ein Spiel ohne Einsatz keinen Spaß macht, nehmen sie das herrenlose Gut, seine Kleider als Preis. Ihre Aufmerksamkeit gilt nur einem Punkt, dem kostbaren ungenähten Rock. Den wollen sie nicht zerstören! Diese Sache ist ihnen wichtiger als die Person. Was wird ihnen am Abend dieses Tages in Erinnerung bleiben? Wir wissen es nicht. Der Tote aber wird von ihnen vermutlich genauso wenig beachtet wie die vielen anderen, die sie haben sterben sehen. Dass sie selbst einmal wenig beachtet vielleicht auch ohne eine mitleidige Seele an ihrer Seite sterben müssen, daran denken sie noch nicht. Das ist noch nicht in ihrem Blickfeld, obwohl sie meinen, Fachleute für Todesarten zu sein.

Jesus jedoch stirbt, wie er gelebt hat. An ihm scheiden sich die Geister. Nicht einmal die, die das Todesurteil gemeinsam zu verantworten haben, sind sich als Komplizen einig. Man würde eigentlich annehmen, dass sie die Befriedigung über diesen Tod eint. Doch selbst die streiten sich – angesichts der Hinrichtung. Aber auch das ist nicht so schrecklich neu: Es gibt viele Kämpfe, in denen es nicht um Gut oder Böse geht, sondern um den Kampf der widergöttlichen Mächte untereinander. In diesen Kämpfen ist keine Parteinahme anzuraten. – Worüber streiten denn die Verbündeten des Todes? Über die Aufschrift am Kreuz, scheinbar also nur über Buchstaben, über Worte. Soll die Inschrift dem Judenkönig oder nur dem angeblichen Judenkönig gelten? Pilatus, dem Machtmenschen, war das egal. „Was ich geschrieben habe, das habe ich geschrieben! Basta!“ So ein kleines Volk im Nahen Osten sollte ihn nicht unnötig belästigen. Seinen politischen Partnern war das aber nicht egal. Sie wollten es etwas genauer haben, um mit diesem Galiläer nicht in einen Topf geworfen zu werden. Froh, ihn los zu sein, wollten sie dokumentieren, dass nicht alle Juden politisch so gefährlich waren. Zu Lebzeiten hatten sie diesen Wanderprediger gefürchtet, weil er unberechenbar war. Mal voller Verständnis, mal voller Zorn. Mal ganz unpolitisch, mal überaus gefährlich. Er passte in kein Schema.

3. Jesus stirbt überraschend anders.

Er entspricht nicht dem, was sonst natürlich wäre. Statt sich auf sich selbst zu konzentrieren, mit seinen Schmerzen beschäftigt zu sein, spricht er auf andere ein. Noch im Todesschmerz wendet er sich zu denen hin, die ihn begleiten und in seiner letzten Stunde bei ihm ausharren: Wir sehen diese eindrucksvolle Szene in vielen Kirchen dargestellt. Die Frau, Maria, und der Jünger, den Jesus liebte, sie könnten als Figuren nicht allein für sich stehen. Sie wären verlassen, mutterseelenallein – ohne ihn. Sie werden erst zusammengehalten durch die ausgebreiteten Arme dessen, der noch im Tod für seine Familie, noch im Tod für seine Gemeinde sorgt. Es gibt Andeutungen in den Evangelien, dass die Mutter Jesu, seine Familie, auf der einen Seite und seine Freunde und Anhänger auf der anderen zunächst nicht ein Herz und eine Seele waren. Jesus konnte auch seinen Jüngern manchmal ein Entweder-Oder abverlangen: entweder Familie oder Nachfolge. Spätestens aber mit diesem Sterben und Tod hat einer der Nachfolger für die verwaiste Mutter zu sorgen, als Vertreter der Gemeinde, der Gemeinschaft. Der Herr hat es ihm aufgetragen. Und dieser verwaiste Jünger gewinnt mit Maria eine neue Familie. Nicht nur diese Mutter spielt dann in der frühen Gemeinde eine wichtige Rolle. Auch ein anderer von ihren Söhnen, Jakobus, der „Bruder des Herrn“, wie Paulus ihn respektvoll nannte, gehörte zu den Gemeindeleitern in Jerusalem. Familie und Gemeinde waren spätestens seit diesem Moment keine Gegensätze mehr, sondern sie gehörten zusammen, waren durch die Worte Jesu zusammengefügt. Anders als man es oft erlebt, dass der Tod letzte Verbindungen zwischen Familienangehörigen beseitigt, verbindet dieser Sterbende noch durch seinen Tod. Er schafft Zusammenhalt und Zukunft, wo doch eigentlich der Tod seinen Triumph feiern will. In seinem Sterben zeigt sich, was ihm lebenslang wichtig war. Er stiftet Beziehungen zwischen denen, die ihm anvertraut waren, liebevolle Beziehungen.

4. Jesus stirbt, wie er gelebt hat.

So schildert es das Johannesevangelium: Am Ende darf er sagen: Es ist vollbracht. Was heißt das? Seine Aufgabe ist gelöst, er hat die Liebe, von der er gesprochen, die er gepredigt hat, selbst verwirklicht. Er kann das für sich selbst und zu sich selbst sagen. Doch wie klingt das in den Ohren derer, die ihn scheitern sehen, der Soldaten, der politischen Parteien, des mächtigen Richters? Jesu Triumph ist nahezu unhörbar, jedenfalls für die, die an die dröhnenden Lautsprecher der Macht gewöhnt sind. Er ist unglaublich für die, die es erleben und erleiden, wie sich die Mächtigen dieser Welt über alle Warnungen hinwegsetzen, alle weltweit geltenden Regeln verletzen und nur noch ihre eigenen Interessen durchsetzen – durchsetzen wollen.

Und doch erzählt Johannes diese Szenen mit der Zuversicht, dass dieses letzte leise Wort, dieser Seufzer unendlich viel mehr vermag als jedes laut gebrüllte Kommando, jeder hämische Zuruf, jede gleichgültige Unterhaltung. Was macht ihn so sicher, was lässt ihn diesen Tod nicht nur als die große Niederlage ansehen und berichten?

Es sind fast unmerkliche Zeichen, mit denen wir als Leser hineingenommen werden in diese Deutung, in diesen Hintergrund: Als die Soldaten um das Gewand würfeln, da heißt es plötzlich: So sollte die Schrift erfüllt werden, die sagt: »Sie haben meine Kleider unter sich geteilt und haben über mein Gewand das Los geworfen.« Wenn es aber schon in der Schrift stand, wenn es bereits vom Wort Gottes her so vorhergesehen war, dann ist das keine wirkliche Überraschung und keine Überwältigung mehr. Wenn solches schon den Gerechten des Alten Bundes geschah, denen Gott half, dann ist offenbar selbst in dieser tiefsten Erniedrigung deutlich: Gott selbst wirkt hier, er wird helfen, obwohl zunächst alle Anzeichen dagegen sprechen. Auch die Ohnmacht des Sterbenden, die Nacht des Todes und des Verderbens wird durchdrungen von dem Licht der Liebe Gottes und von seiner Zuwendung, die die Liebe unter den Trauernden ermöglicht. Die Macht der Mächtigen wird an ihm ihre Grenze finden und die Ohnmacht der Getretenen und Geschundenen wird sich nicht in alle Ewigkeit so fortsetzen. Ihre Niederlagen werden auf dieser Erde nicht ein für allemal aufhören. So wie die Leidenden sich wiedererkennen in dem Mann am Kreuz, so dürfen sie hoffen, dass der Sieg über das Sterben und den Tod möglich ist und eintreten wird – gegen allen Augenschein. Darum drückten unsere Großmütter und Großväter Sterbenden ein Kruzifix in die Hand, als Bild des Schmerzes und der Hoffnung.

Und so wird sich wider Willen bewahrheiten, was Pilatus über das Kreuz schreiben ließ: König der Juden, König für die Juden, König für die Leidenden und Verfolgten. Er wird nicht ein Kaiser oder König sein, wie ihn Pilatus kannte, ein Kaiser, der seine Statthalter fallen lassen kann und bitter bestraft. Pilatus wurde später in die Verbannung geschickt, als er in Palästina nicht mehr haltbar war. Da hat er sich das Leben genommen, weil sein göttlicher Kaiser nicht zu ihm hielt.

Anders der König am Kreuz. Er hat zu seinem Herrn und Vater die Verbindung nicht verloren. Er hat seiner Familie, seiner Gemeinde Leben geschenkt. Darauf hoffen wir gegen allen Augenschein, so wie Jesus am Kreuz sagt: Es ist vollbracht, also: Vater, ich habe meine Aufgabe erfüllt. Und darin hören wir auch: Ich habe keinen von denen verloren, die du mir gegeben hast. Amen

Vorschläge für das Predigtlied

EG 85,1.2.4.9.10	O Haupt voll Blut und Wunden
EG 97	Holz auf Jesu Schulter

Fürbittengebet

[Liturg(in):] Unter dem Kreuz deines Sohnes, der unsere Schuld trug, damit wir frei sind, beten wir zu dir, barmherziger Gott, und rufen gemeinsam zu dir:
[Liturg(in) und Gemeinde:] Erbarme dich, Gott.

[Liturg(in):] Sieh an, die sich opfern und ihr eigenes Leben einsetzen für andere Menschen und für deine Botschaft: Lass das Gute gelingen, das sie um anderer Menschen willen tun. Für sie, aber auch für die, die anderen Lasten aufbürden, bitten wir:
[Liturg(in) und Gemeinde:] Erbarme dich, Gott.

[Liturg(in):] Sieh an die Menschen, die nichts haben als das nackte Leben, die fliehen müssen vor Gewalt, Terror, Hunger und Krieg, die auf der Suche nach einer Zuflucht ihr Leben riskieren. Für sie, für ihre Familien, aber auch für die, die ohne Gewissen Menschen ihren Interessen opfern, bitten wir:
[Liturg(in) und Gemeinde:] Erbarme dich, Gott.

[Liturg(in):] Sieh an die Menschen, die gegen ihren Willen zu Tätern werden und andere zu Opfern machen – weil sie zu wenig wissen über diese Welt, weil sie zu beschäftigt sind mit eigenen Fragen, weil sie sich unter Druck fühlen und meinen, Konflikte nicht durchstehen zu können. Für sie und für die, die dadurch zu Opfern werden, bitten wir:
[Liturg(in) und Gemeinde:] Erbarme dich, Gott.

[Liturg(in):] Sieh an die Menschen, die mit ihrem Leben nicht zurechtkommen, die sich verweigern, langsam an Drogen zu Grunde gehen. Für sie, für ihre Angehörigen, aber auch für die, die damit gewissenlos Geschäfte machen, bitten wir:
[Liturg(in) und Gemeinde:] Erbarme dich, Gott.

[Liturg(in):] Sieh an die Menschen, die in unserer Welt täglich zu Opfern werden, die auf den Straßen sterben durch eigene oder anderer Menschen Unachtsamkeit und Schuld. Für sie, für ihre Angehörigen, aber auch für die Verursacher bitten wir:
[Liturg(in) und Gemeinde:] Erbarme dich, Gott.

[Liturg(in):] Unter dem Kreuz deines Sohnes, der unsere Schuld trug, damit wir frei sind, danken wir dir, barmherziger Gott: für das Opfer seines Lebens, das er für uns gebracht hat, damit die Welt durch seine Liebe heil würde. Lob sei ihm, Christus, unserm Herrn.
[Liturg(in) und Gemeinde:] Amen.

Christoph Kähler

Osternacht 2019

1. Thessalonicher 4,13–18

Der Predigttext wird erst im Verlauf der Predigt verlesen.

I.

Liebe Gemeinde!
Tot. Tot. Tot. Mit den Geschichten von der Auferstehung Jesu haben viele Zeitgenossen ein Problem. Mit der Verheißung der eigenen Auferstehung erst recht. Aber fast jeder Mensch kennt das Gefühl, das die Frauen umtreibt, die sich am Ostermorgen zum Grab Jesu aufgemacht haben: Der Tod legt sich wie Mehltau über das Leben. Über die Hoffnung. Den Glauben. Die Liebe.

Tot. Tot. Tot. Die Christen in Thessaloniki, denen Paulus seinen Brief schreibt, dürften vom selben Gefühl umgetrieben worden sein. Was ist mit unseren Lieben nach deren Tod? Was wird mit uns? Um diese Frage kommt niemand herum. Ein Mensch ist verstorben. Eine vertraute Stimme schweigt. Eine Tür, die sich immer wieder geöffnet hat, bleibt geschlossen, und am Tisch ist ein Stuhl frei, der doch jahrelang vom gleichen Menschen besetzt wurde. Denn ein Mensch, mit dem wir gelebt und den wir geschätzt, gar geliebt haben, ist gestorben. Ob dieser Mensch nun Jesus heißt oder Elfriede, ist erst einmal egal. Das Gefühl ist das gleiche, abgründig, grau, alles klein machend.

Tot. Tot. Tot. Diese Erfahrung führt uns an eine Grenze: Hier ist in dieser Welt etwas unwiderruflich zu Ende gegangen. Keine zweite Chance, kein neuer Versuch, kein Morgen. Das macht uns oft Angst. Und doch müssen wir damit umgehen. Nun müssen wir den Alltag meistern ohne die Mutter, den Vater, den Partner oder die Freundin. Wege allein gehen, Zeiten allein verbringen, die man vorher miteinander geteilt hat. Erinnerungen statt neuer Begegnungen. Alle Kommunikation ist abgebrochen. Dabei gäbe es doch noch manches zu sagen, zu klären. Wir müssen damit umgehen. Es sind viele Fragen, die da in uns aufsteigen. Und eine davon, die immer wieder kommt, laut oder leise, drängend oder vorsichtig, und erst recht in der Osternacht, ist so einfach – und so schwer zu beantworten:

„Wo sind die Toten jetzt?" Wo sind sie? Der Tod ist wie ein Vorhang. Wir ahnen vielleicht, dass noch etwas dahinter kommt. Aber wir können nicht dahinter blicken und auch nicht hindurchsehen. Der Vorhang ist zu dick. Und niemand kommt von der anderen Seite zurück, um unsere Fragen zu beantworten. Ganz selten aber zieht Gott den Vorhang ein paar Zentimeter weg. Lässt Menschen etwas sehen von dem, was hinter dem Vorhang auf uns wartet. Nicht, dass er den Vorhang einfach wegschieben würde. Aber er lässt uns etwas wissen und gibt so unserer Hoffnung Kraft und Nahrung. So dass wir hoffen können – und lernen, mit dem Verlust umzugehen.

Auch die ersten Christen vor 2000 Jahren haben sich schon diese Frage gestellt. *Wo sind die Toten jetzt?* Auch sie wollten wissen, was mit ihren Verstorbenen ist – und damit auch wissen, was sie selbst nach dem Tod erwartete. Auch das kennen wir ja: Der Tod geliebter Menschen lässt uns gleichzeitig spüren, dass auch wir sterben müssen. Auch wir blicken der Endlichkeit ins Gesicht. Und das ist schwer. Der Apostel Paulus war einer der Menschen, die Gott hinter den Vorhang blicken ließ. Nicht, dass er danach das Geheimnis vom Leben nach dem Tod gelöst hätte. Aber Paulus durfte so viel sehen, dass seine Hoffnung stark wurde – so stark, dass sie bis zu uns herüberklingt. Er schreibt im 1. Brief an die Christen in Thessaloniki im 4. Kapitel:

[Lesung des Predigttextes]

In diesen wenigen Zeilen steckt eine ganze Welt. Es beginnt mit Jesus. Seine Auferstehung ist der Grundstein des christlichen Glaubens und die Wurzel aller Hoffnung. Gott hat Jesus Christus nicht im Tod gelassen, sondern auferweckt – das heißt vor allem: Gott ist stärker als der Tod. Nicht der Tod hat das letzte Wort – Gott hat es. Und dieser Gott will das Leben. Wenn Gott einmal den Tod besiegt hat – warum sollte er es nicht immer wieder tun? Warum sollte er uns einfach verloren gehen lassen? Er hat *uns* doch gewiss nicht so liebevoll und individuell geschaffen, um uns nach einigen Jahrzehnten einfach erlöschen zu lassen wie eine abgebrannte Kerze!

Nein, Gott lässt uns nicht verloren gehen, niemanden, so sagt es Paulus: Jesus hat uns sozusagen den Weg gebahnt aus dem Dunkel des Todes zu Gott, in ein Leben, das kein Leid, keine Tränen, keine Abschiede und keine Krankheit und keinen Tod mehr kennt. Ein Leben, in dem Gott uns alle Lasten von den Schultern nimmt, die uns im Leben hier oft so sehr niederdrücken. Wir wissen nicht, wie das genau sein wird. Aber es wird bei Gott sein, der die Liebe ist und das Leben will.

Schön und gut – aber wie können wir das glauben? Welche Anzeichen gibt es in unserer Welt, in der ja das alles noch da ist, der Tod und die Abschiede und die Tränen auch? Wir brauchen wohl Anzeichen, Fingerzeige, Hoffnungslichter, damit wir diese ungeheure Botschaft vom Sieg Gottes über den Tod hören und glauben können. Spuren von Gottes Liebe in unserer oft dunklen Welt. Wo können wir sie finden?

„So tröstet euch mit diesen Worten untereinander", schärft uns Paulus zum Schluss ein. Und das ist mehr, viel mehr als eine banale Aufforderung: Wenn wir einander zuhören und einander trösten, einander beistehen und miteinander wie füreinander beten, dann tun wir im Kleinen etwas Großes: Wir teilen Gottes Liebe mit unseren eigenen Händen aus. Wir setzen Zeichen des Lebens und der Liebe gegen den Tod. Wir finden uns nicht mit dem Tod ab, der auch in unser Leben greift. Wir stellen ihm die Liebe entgegen. Und das ist nicht wenig. Die Frauen, die Jünger haben es genauso gemacht – sie waren nicht allein unterwegs zum Grab Jesu an jenem Ostermorgen. Sie gingen gemeinsam.

Andere Spuren Gottes finden wir immer wieder in den Lebensgeschichten der Verstorbenen – und auch in unseren eigenen: Die Liebe, die ein Leben prägte – die Kinder, die es reich machten – die Freunde, die es erfüllten, die Aufgaben, die gelangen, die Musik, die unser Leben geprägt hat – all das können solche Spuren sein. Alles, was gut war, was unter Gottes Segen stand oder steht, das weist über sich selbst hinaus. Das erzählt von Gottes Liebe zu uns. Die Neuanfänge und die zweiten Chancen, die Auswege, wo schon alles verloren schien, das kleine Glück mitten im Weltgetriebe, der Glaube, der dem Zweifel standhielt – Spuren dieses Gottes, der uns schon in diesem Leben reich beschenkt. All das hat uns Gott nicht vergebens geschenkt. All das will er vollenden, ganz nahe bei sich, an dem Ort, den wir Ewigkeit nennen. Und all das, was uns belastet hat nimmt er weg.

Es tut gut, nach solchen Hoffnungszeichen zu suchen – im Leben der Verstorbenen. Und in unserem eigenen Leben. Es müssen keine spektakulären Zeichen sein, keine Sensationen. Manches bleibt auch schier unverständlich, manche Frage ungelöst. Aber bei solchen Rückblicken finden sich doch auch immer wieder die Fußspuren Gottes. Diese Fußspuren markieren einen Weg, der auf den Vorhang zuläuft. Dort, wo wir nicht mehr weiterkommen. Wo die Grenze zwischen Leben und Tod verläuft. Und ich vertraue darauf, dass dieser Weg der Fußspuren Gottes auch hinter dem Vorhang weitergeht.

Wo also sind die Toten? „Bei Gott", ruft uns Paulus zu. Sie leben. Wie das ist, sein wird, dafür haben wir nur Bilder. Aber es wird in guter, ins segensreicher Gemeinschaft sein mit Gott und den Menschen – wie auch immer das aussehen mag. Und alles Gute, aller Segen, den unsere Verstorbenen erlebt haben, alle Taten der Liebe, die wir selbst erfahren, sie geben unserer Hoffnung Nahrung – bis zu dem Tag, an dem wir selbst hinter den Vorhang treten – vom Leben zu Leben und in Gottes gute Arme.

Mir selbst tut diese Hoffnungsbotschaft unendlich gut. Aber gleichzeitig sehe ich in die Gesichter selbst guter Freunde, die mich anschauen und fragen: Das glaubst du? Echt jetzt? Und ich höre schon die lautstarken Kritiker des christlichen Glaubens und manchmal auch die eigenen Zweifel, und sie sagen: Tot. Tot. Tot.

Wie kriegt man das zusammen – die Naturgesetze und den Glauben? Das, was vor Augen ist, und das, was wir „getrost belachen, weil unsre Augen es nicht sehen" – und wonach wir uns gleichzeitig so sehr sehnen? Diese Hoffnung, die größer ist als der Tod? Die Antwort auf diese Frage kann naturgemäß kein Patentrezept sein und schon gar keine naturwissenschaftliche Gleichung. Wenn es im Leben ans Eingemachte geht, braucht es Geschichten, Berichte, Erzählungen. Es braucht Hoffnungstexte wie den von Paulus für die Thessalonicher oder Erzählungen wie die Evangelien vom leeren Grab.

Die Journalistin Sabine Rückert, stellvertretende Chefredakteurin der Wochenzeitung „Die Zeit", hat vor zehn Jahren einen solchen Hoffnungstext geschrieben. Er ist weniger eindeutig ausgefallen als der des Paulus. Er ist zutiefst subjektiv. Aber aus ihren Worten sprechen der gleiche tiefe Ernst und die gleiche heitere Gelassenheit wie bei Paulus. Sie zeigt beispielhaft, wie das gehen kann: Osterglaube heute. Rückert schreibt:

„Wenn ich sage, ich glaube an die Auferstehung, meine ich nicht die historische Bejahung, das physikalische Für-real-Halten eines widernatürlichen Vorgangs. Diese Frage stellt sich mir ebenso wenig wie die nach dem Jüngsten Tag. Und was meine eigene Auferweckung angeht – da lasse ich mich überraschen. […] Christen sind Protestleute gegen den Tod in all seinen Varianten: Sie bieten der Bedeutungslosigkeit, der Depression, der Feindseligkeit, der Feigheit, der Inhumanität, der Selbstsucht die Stirn. Gegen alles anzustürmen, was klein, hässlich und verzagt macht, das ist ihre Aufgabe. Das ist meine Aufgabe. Und mein Verständnis von Auferstehung."[1]

Was das „Für-real-Halten" der Auferstehung angeht, würde Paulus der Journalistin wohl widersprechen. Und er hat ja gute Argumente auf seiner Seite: Warum sollten wir uns für klüger halten als die Osterzeugen damals? Warum sollen Gottes Grenzen so eng sein wie die Grenzen unserer Vorstellungskraft? Und warum sollten die Erfahrungen des Lebens vor dem Tod, die wir in der Erinnerung an Verstorbene erinnern, nicht Spuren der Auferstehung sein, die sich mit den Augen des Glaubens viel zutreffender und tiefer verstehen lassen als mit physikalischen Formeln?

Aber was die Auswirkung des Auferstehungsglaubens im Leben vor dem Tod angeht – da sind sich Paulus und Sabine Rückert ganz nah: Wer „nicht traurig ist wie die anderen, die keine Hoffnung haben" – der lebt anders. Besser. Befreiter. Dann kommt der Protest gegen den Tod von ganz allein. Dann wird es Ostern, mitten in der Nacht. Tot. Tot. Tot? Auferstanden! Lebendig! Bei Gott!

Amen.

Vorschläge für das Predigtlied

EG 115	Jesus lebt, mit ihm auch ich
EG 112	Auf, auf, mein Herz, mit Freuden

1 Sabine Rückert, Warum ich daran glaube. In: Die Zeit, 8. April 2009 (www.zeit.de/2009/16/Ostern, Recherche vom 3.4.2019.

Fürbittengebet

Du Gott des Lebens,
dein Licht hat unsere Nacht hell gemacht. Dein Leben überwindet unseren Tod. Dafür danken wir dir. Und wir bitten dich: Hilf uns, dein Licht hinaus in die Welt zu tragen! Gib uns Mut und Ideen, leise und laute Töne, Zärtlichkeit und Wut ins Herz; um aufzustehen und anzupacken: für die, deren Hoffnungslicht nur noch glimmt; für die, denen Krankheit und Trauer den Atem nimmt; für die, die schon lange nichts mehr erwarten; für die, die sich verloren haben; für die, die mit Armut kämpfen; für die, die auf der Flucht sind. Für alle. Das Leben soll siegen – auch vor dem Tod. Dein Leben. Amen.

Steffen Groß

Ostersonntag

Johannes 20,11–18

[Lesung des Predigttextes]

I.

Liebe Gemeinde!

Maria Magdalena weint am Grab Jesu. Natürlich weint sie. Sie weiß nicht, was wir längst voller Osterfreude gesungen haben: „Christ ist erstanden!" Maria ist noch lange nicht so weit. Sie ist am Grab und heult. Drei Mal in den wenigen Versen aus dem Johannesevangelium wird erwähnt, dass sie geweint hat.

Eine heulende Frau am Grab. Ich stelle mir das nicht als dezentes Tupfen mit einem Spitzentaschentuch am Augenwinkel vor. Ich sehe eine klagende, jammernde Frau. Sie schluchzt, weil sie einen lieben Freund verloren hat. Ja, mehr noch, den Mann, in dem sie Gott selbst hörte, einen Mann, mit dem sie jahrelang durchs Land gezogen war, den sie mit anderen Frauen umsorgt hatte. Sie stand unterm Kreuz, als er starb. Sie war immer dabei, wenn etwas Wichtiges passierte. Der Kirchenvater Hippolyt gibt ihr darum den Ehrennamen: „Apostelin der Apostel." Ich will gar nicht auf die Romane und Filme eingehen, die in ihr die Geliebte Jesu sehen. Dafür gibt es keine alten Quellen, aber vielleicht blühen gerade deshalb die Phantasien über ihr Verhältnis zu Jesus.

Dennoch, da ist noch mehr: Maria Magdalena trauert, weil ihr nicht nur der lebende Freund, sondern auch sein Leichnam genommen wurde. Wenigstens anständig Abschied nehmen! Es ist eine tief verwurzelte Sehnsucht. Sie wollte den toten Körper einbalsamieren, zur Ruhe betten. Was man so tut. – Traueranzeige, Briefe von Enkeln ins offene Grab, Butterkuchen und Schnittchen mit den Geschichten von damals. – Maria weiß nicht nur, was sich gehört; es ist ihr ein Herzensanliegen. Damals die Pflege des toten Körpers. Heute? Nachlass sortieren, über alte Fotos sinnieren, Unkraut auf einem Grab zupfen, den lockeren Sand um das Grab herum harken, den Gedanken nachhängen, sich erinnern. Grabpflege als Trauerbewältigung.

Diese kleinen Stützen des Abschieds. Maria ist am Boden zerstört: „Soll mir die Trauer nun auch noch genommen werden?" Sie sieht das leere Grab und sackt zusammen. Petrus und die anderen Jünger sind schon wieder weg, und sie bleibt. Gibt es einen Anhaltspunkt zur Hoffnung?

II.

In Jerusalem gehört zu den Attraktionen für Touristen das sogenannte Gartengrab in der Nähe des Busbahnhofs. Dort zeigen Führer eine Felsformation, die mit etwas gutem Willen als Gesicht eines Menschen gedeutet werden kann, zwei tiefe Höhlen in zerklüfteten Felsen – Augenhöhlen eines Schädels? Führer müssen kaum noch raunen: „Golgatha – Schädelstätte", viele Touristen kennen sich in ihrer Bibel aus, spüren die Nähe zur Überlieferung von Jesu Tod und Auferstehen. Ist es eine alte Grabanlage? Immerhin sind schöne Blümchen gepflanzt, einige Palmen; dazu natürlich Parkplatz und Andenkenkiosk. Als Hauptattraktion wird eine offene Höhle gezeigt, davor ist eine Steinplatte angelehnt. Hier könnte Jesus nach seinem Tod hingelegt worden sein. Vielleicht hat hier an der Seite Maria Magdalena gesessen, sich vorgebeugt und ins leere Grab geschaut?

In der Höhle hängt ein Holzschild mit dem darauf geschnitzten Satz: „Er ist nicht hier – denn er ist auferstanden!" Das ist in doppelter Weise richtig. Maria sah einst das leere Grab und rief aus: „Sie haben meinen Herrn weggenommen, und ich weiß nicht, wo sie ihn hingelegt haben." Das ist die uralte Überlieferung der Christen: „Das Grab ist leer!" – Und es stimmt auch, wenn man sich eingesteht, dass der Auferstandene nicht da ist, wo mit den Geschichten von seinem Sterben und neuen Leben Touristen unterhalten werden. Wir können noch so viel zusammentragen an guten Beobachtungen, Postkarten und biblischen Belegen – letztlich bleibt die Auferstehung nun mal ein Geheimnis – ein Geheimnis, dem man weder mit Garten und Andenkenkiosk noch mit wiederholtem Nachsehen in einer leeren Höhle beikommen kann.

III.

Maria sieht nichts mehr von Jesus, so sehr sie sich auch danach sehnt! Nur vage Botengestalten, die andeuten sollen: Hier wurde nicht ein Leichnam gestohlen, hier ist Großes passiert. Ihre Sinne sind gefordert. Sie schaut und sieht nur ein leeres Grab und einen Gärtner. Sie hört die Frage: „Warum weinst du, was suchst du!" Und weder ihr Hören noch ihr Sehen helfen weiter. Sie sieht und *erkennt* doch nicht; sie hört und *versteht* doch nicht. Dann die Stimme: „Maria!" Und plötzlich wird aus dem Gärtner Jesus selbst.

Es gibt eine bemerkenswerte Sammlung von Bildern dieser Szene. Viele Klassiker haben sich daran versucht. Dabei wurde Jesu Abbild unterschiedlich akzentuiert. Entweder ist das ein entrückter Heiland in wallendem Gewand, Fra Angelico gibt ihm immerhin eine kleine Hacke in die Hand, damit man deutlich erkennt, wer sich hier von der sehnsüchtig schauenden Frau wegdreht. Oder es ist ein locker bekleideter junger Mann, ein wirklicher Gärtner wie bei Dürer. Schlapphut ins Gesicht gezogen, den Spaten geschultert. Aber dazu eben mit gut erkennbaren Wunden in der Seite und in der Hand.

Wie kann man bildnerisch ausdrücken, was Maria sieht? Ist es eher der Gärtner oder der auferstandene Christus? Die Künstler versuchen immer beides ins Bild zu bringen, gewichten aber unterschiedlich. Aber Maria erlebt etwas anderes: Sie sieht und hört einen Gärtner, und ein Gärtner ist ein *Gärtner* und kein halber Jesus. Aber dann hört sie das *eine* Wort aus seinem Munde: „Maria." – Maria! Und der Gärtner ist verschwunden und kein Thema mehr: *Jesus* steht neben ihr. Sie spricht ihn an wie all die Wochen und Monate zuvor: Rabbuni, mein Meister und Lehrer. Mein Rabbi!

IV.

Gleich mit dem *erkennenden* Sehen und *verstehenden* Hören will sie *fassen,* will zupacken und sich rückversichern. Sie streckt die Hand aus. – Jesus sagt: „Nein, noch nicht! Rühr mich nicht an!" Und weil es solch eine berühmte Szene ist, hat sie in der Kunstgeschichte sogar einen lateinischen Namen bekommen: „Noli me tangere – Rühr mich nicht an!"

Maria und der Auferstandene – eine Ikone des Glaubens. Das Ineinander von menschlicher und göttlicher Wirklichkeit ist einprägsam. Vorher ging es um Klageweib und Gärtner, jetzt um den Auferstandenen und die Apostelin aller Apostel. Er *hält* sich Berührungen buchstäblich *vom Leibe* und signalisiert, dass Maria, die ihm einst so nahe war, ihn nicht festhalten soll, sich nicht an die fassbare Erfahrung klammern kann. Sonst wäre der Glaube an seine *leibhafte* Gegenwart gekoppelt.

Die Gesprächssituation von Maria und Jesus stellt den paradoxen Gegensatz des christlichen Glaubens dar: Der abwesende Christus ist zugleich der anwesende und berührende Christus. Er spricht, um zu sagen, dass er da ist und dass er gleich gehen wird. Er spricht, um den anderen zu sagen, dass er nicht dort ist, wo man ihn vermutet. Nein, er ist bereits anderswo, aber dennoch gegenwärtig: *Das* muss Maria sehen und hören, erfassen – und glauben.

Die Osterbotschaft der Maria von Magdala ist dann ein Ausdruck ihrer Beziehung zu Christus – einer Beziehung, die den Abwesenden als anwesend erlebt und glaubt. Sie fasst in Worte, worin es im nachösterlichen Glauben bis heute geht: Sich berühren, bewegen, ansprechen lassen vom nicht berührbaren Gott in Jesus. Vielleicht will sie ihn nicht nur zart berühren, sondern richtig festhalten. Beides ist vorstellbar.

„Rühr mich nicht an" – heißt : „Halt mich nicht fest. Ich bin nicht mehr, wie ich war und du wirst mich nicht halten können." Der Auferstandene passt nicht in unsere Welt. Jedenfalls nicht so, dass wir ihn am Rockzipfel festhalten könnten, um uns seiner Gegenwart zu vergewissern: „Da ist er. Ich hab ihn. Ich halt ihn ganz fest."

V.

Die Mimose hat einen Ruf als Blümlein „Rühr mich nicht an!" – Eine Samenhandlung warnt ihre Kunden vor dem Kauf von Mimosensamen: „Exotische Pflanze, blüht überschwänglich in feinem puscheligem Rot. Pflanze für Menschen, die sich etwas zutrauen." – Nichts also für gärtnerische Grobfinger.

Die Osternähe Gottes ist keine deutsche Eiche, deren Anfang wir selbst mit einer Eichel im Boden einpflanzen, begießen, nach reichlich 30 Jahren bewundern und der wir dann ein Herz in die Rinde ritzen.

Der Osterglaube fordert uns umfassend heraus. Er ist die *Zumutung des Glaubens* überhaupt! Sich Gott anvertrauen, ihm zutrauen, dass er bei uns ist. Er ist da, wenn wir die Scherben unseres Scheiterns ratlos in den Händen halten. Er ruft uns bei unserem Namen, wenn alle anderen ihn scheinbar vergessen haben: „Maria" – „Rabbuni." Ein kurzes Erkennen. Maria ist die Erste. Sie ist hier die Einzige, von der berichtet wird, dass sie Jesus im Übergang begegnet. Vielleicht weil sie schon *im Leben seinen Tod* gesehen hat, als sie ihn mit duftendem Öl gesalbt hat. Jetzt kann sie auch *im Tod das Leben,* den Auferstandenen sehen. Sie sieht den, der eigentlich nicht sichtbar ist. Sieht ihn und wird ergriffen.

Zu dieser Maria passt zunächst kein lauter Osterjubel, sondern ein getröstetes Abwischen der Tränen. Die christliche Lebenserfahrung ist ja auch nicht triumphierend. Wir leben immer noch in diesem Pendeln zwischen Karfreitag und Ostern. Vorgestern haben uns die Worte Jesu am Kreuz bewegt und heute singen wir unsere Osterlieder dagegen an. Sollte ich ein musikalisches Gleichnis für Marias Begegnung mit dem Auferstandenen finden, es wäre nicht das triumphierend geschmetterte „Halleluja" aus Händels Messias, sondern die unmittelbar folgende zarte Sopranarie: „Ich weiß, dass mein Erlöser lebt."

VI.

Wir leben mit Einschnitten der Trauer, nehmen trauernd Abschied von Verstorbenen. Wir bringen Blumen zu den Gräbern und pflanzen dauergrüne Bodendecker. Es ist nicht nur ein Gärtnern zur Erinnerung, jede Blume auf einem Grab ist ein Zeichen der Hoffnung auf neues Leben von Gott her. Immer neu bringen wir Blumen zu Gedenk- und Feiertagen. So wird die Fülle der eng bepflanzten Gräber oder neuerdings auch der Gemeinschaftsanlagen, vom Bauerngarten bis zur Heidelandschaft oder dem Rosenfrieden, zu einem Hoffnungsort auf Friedhöfen. Der Gärtner bei Maria war ein Missverständnis, unser Gärtnern auf Friedhöfen und darüber hinaus ist – recht verstanden – ein Hoffnungszeichen der Auferstehung. Die Blumen blühen gegen den Staub an.

Am Ende hören wir bei Maria wieder von einer Sinneswahrnehmung: „Ich habe den Herrn *gesehen*!" Das sagt Maria den Jüngern. Ich habe mit neuem Durchblick, durch die Tränen hindurch gesehen. Ich habe den Herrn gesehen – gesehen und erkannt, nicht aber festgehalten. So geht es weiter. So geht Maria weiter.

Sie geht zu den anderen Freunden Jesu, die machen sich bald auf und erzählen von der Begegnung mit dem Auferstandenen. Sehen allein wäre schon beeindruckend, aber Maria sieht *und geht los.* Vom Lebendigen erkannt und beim Namen genannt. Das genügt für den Weg. Amen.

Vorschläge für das Predigtlied

EG 107	Wir danken dir, Herr Jesu Christ
EG 503, 10.13–15	Welch hohe Lust, welch heller Schein wird wohl in Christi Garten sein

Fürbittengebet

Wir danken dir, Herr Jesu Christ,
Zu dir kommen wir mit unserem Dank, unserer Zuversicht und neuer Hoffnung, auf dich schauen wir und sehen heute dein Kreuz im Licht der Osterfreude, unser Kreuz in deinem Licht.
Wir danken dir, Herr Jesu Christ, dass du vom Tod erstanden bist.
Groß baut sich der Tod vor uns auf, schüchtert uns ein, doch größer ist die Kraft neuen Lebens, als erster bist du aus dem Tod erstanden und nimmst uns mit hinein in das neue Leben von Gott.
Wir danken dir, Herr Jesu Christ, dass du vom Tod erstanden bist und hast dem Tod zerstört sein Macht.
Wagen wir es, das zu denken? Unerhört scheint uns: die Macht des Todes zerstört? Oder doch der immer gleiche Trott? Kalt haucht er über die Schulter.
Wir danken dir, Herr Jesu Christ, dass du vom Tod erstanden bist und hast dem Tod zerstört sein Macht und uns zum Leben wiederbracht.
Leben, neues Leben, Leben von Gott! Darauf vertrauen wir, hoffen, dass es aufblüht mitten unter uns. So wie du auferstanden bist zu neuem Leben, Leben in uns und in Gottes Herrlichkeit. Dir sei Lob und Ehre! Halleluja!
Amen.

Volkmar Latossek

Ostermontag

Jesaja 25,6–9

[Lesung des Predigttextes]

I.

Liebe Gemeinde!

Sie ist immer noch ergreifend. „I have a dream“, unter diesem Titel ist sie bekannt geworden – jene ergreifende Rede. Martin Luther King hat sie im Sommer 1963 in Washington gehalten. Eine viertel Million Menschen hatte sich dort versammelt. Sie wollten die Bürgerrechte der farbigen Amerikaner endlich verwirklicht sehen. Pfarrer Martin Luther King war ihr Sprecher. In seiner Rede brachte er die Sorgen und Hoffnungen der Bürgerrechtsbewegung auf den Punkt. „I have a dream.“ „Ich habe einen Traum, dass meine vier kleinen Kinder eines Tages in einer Nation leben werden, in der sie nicht nach ihrer Hautfarbe, sondern nach dem Inhalt ihres Charakters beurteilt werden.“ So lautet eine Aussage seiner bewegenden Rede.

Inzwischen ist schon wieder Geschichte, was damals noch undenkbar war. Ein afroamerikanischer Präsident regierte im Weißen Haus: Barak Obama. Nicht die Hautfarbe ist entscheidend, wenn es um die Regierungsfähigkeit geht, sondern der Charakter, das Können eines Menschen. „Ich habe einen Traum“. Träume können wahr werden. Vor allem, wenn man sie in ergreifende Worte fassen kann.

Gilt das auch für die Worte Jesajas? „Er wird den Tod verschlingen auf ewig. Und Gott der Herr wird die Tränen von allen Angesichtern abwischen und wird aufheben die Schmach seines Volks in allen Landen; denn der Herr hat's gesagt.“ Für viele Israelis ist das wahr geworden. Einst verstreut in viele Länder, leben die Juden wieder in einem eigenen Staat. Wohl glänzt noch manche Träne in den Augen, wenn Juden an ihre Toten in den Gaskammern denken. Doch sieht man in vielen Gesichtern zugleich Stolz auf das Erreichte.

Für viele Palästinenser ist das anders. Sie sehen sich um ihr Land gebracht. Und da kommt Jesaja ins Spiel. Er formuliert einen Traum – und so fängt er damit an: „Und der Herr Zebaoth wird auf diesem Berge allen Völkern ein fettes Mahl machen, ein Mahl von reinem Wein, von Fett, von Mark, von Wein, darin keine Hefe ist. Und er wird auf diesem Berge die Hülle wegnehmen, mit der alle Völker verhüllt sind, und die Decke, mit der alle Heiden zugedeckt sind."

II.

Da wird ein Traum in Worte gefasst. Die Völker der Erde werden sich in Jerusalem zu einem großen Freudenmahl versammeln. Alle haben mehr als genug zu essen. Man schenkt sich nur noch reinen Wein ein. Keiner lügt mehr. Keiner übervorteilt den anderen mehr. Krieg gibt es nicht mehr. Mord und Totschlag ebenso nicht. An die Stelle des Terrors ist Toleranz getreten. An die Stelle des Tötens das Trösten. Israelis und Palästinenser feiern ebenso miteinander wie Iraner und Amerikaner, Chinesen und Japaner, Muslime und Christen – und jene, die Jesaja Heiden nennt. Sie alle tun das, weil das weggezogen wurde, worin sie sich eingehüllt hatten: Zwietracht und Feindschaft. Gott hat das getan. Darum feiern alle. Sie haben Grund dazu: „Er – Gott – wird den Tod verschlingen auf ewig."

Das ist eine belebende Aussicht. Freilich nur dann, wenn sie recht verstanden wird. Die Heiden, von denen Jesaja spricht, wissen das. Sie erzählten in alter Zeit eine Geschichte. Sie handelt von einer Frau namens Sibylle. Die war in den griechischen Gott Apollon verliebt. Und der in sie. Sibylle wünschte sich unsterblich zu sein – so wie Apollon. Dieser erfüllte ihren Wunsch. Doch da Sibylle vergessen hatte, sich auch die ewige Jugend zu wünschen, wurde sie alt und älter. Dabei schrumpfte sie immer mehr zusammen. Doch sie konnte nicht sterben. Vor solch einem endlosen Leben kann man nur warnen. Die Geschichte der Sibylle tut es. An sie knüpft ein Ausleger der Jesajaworte an. Er stellt fest: „Eine in ihrem endlosen Dasein endlos schrumpfende Person ist … Sinnbild und Inbegriff dessen, was die Bibel für tödlich hält. Die Macht des Todes beginnt nicht erst da, wo der biologische Lebensprozess sein Ende findet. Mit Leichen gibt sich der Tod nicht zufrieden. Er greift nur zu gern mitten hinein ins volle Menschenleben. Seine Herrschaft beginnt bereits überall dort, wo unser Leben beziehungslos und verhältnislos wird, wo Gemeinschaft zerbricht und freiwillige und unfreiwillige Isolation das Dasein verödet. Deshalb wohnen z. B. die Gefangenen im Schatten des Todes. Und die lebenslangen Haftstrafen, die wir durch unsere Gerichte über Schwerverbrecher verhängen lassen, sind nach biblischem Urteil nichts anderes als Varianten der Todesstrafe, kaum weniger grausam als diese."[1]

Den Tod zu überwinden, ihn gar zu verschlingen, das ist in der Bibel also noch etwas anderes, als das Lebensende zu beenden. Den Tod zu überwinden, das beginnt für die Bibel vielmehr mitten im Leben.

III.

Um das endgültig deutlich zu machen, setzt nun aber Gott dem Lebensende eines ganz bestimmten Menschen ein Ende. Jesus von Nazareth, seinen eingeborenen Sohn, lässt Gott nicht im Tod. Darum feiern wir bekanntlich Ostern. Und auf das erste Ostern, auf die Auferstehung Jesu, haben darum Christen immer wieder die Worte Jesajas angewandt: „Zu der Zeit wird man sagen: ‚Siehe, das ist unser Gott, auf den wir hofften, dass er uns helfe. Das ist der Herr, auf den wir hofften; lasst uns jubeln und fröhlich sein über sein Heil.'"

Von Jesaja verheißen – in Jesus erfüllt. Auf dieses Schema ließen sich die Worte Jesajas bringen. Viele haben das schon so gesehen. Freilich, Gott lässt sich nicht auf ein Schema bringen. Wir können uns seinen Werken gedanklich zwar nähern, doch sie nie ganz erfassen. Wir sind Menschen und nicht Gott. Immerhin können wir jedoch sehen: Jesus erfüllt nicht einfach die Verheißung Jesajas. Vielmehr erneuert er sie und gibt ihr einen neuen Grund: sich selber!

So spricht denn das Neue Testament auch von einer neuen Zeit, die mit Jesus und seiner Auferstehung begonnen hat. Gott arbeitet an einer neuen Schöpfung. Er will einen neuen Himmel und eine neue Erde. Die Auferstehung der Toten ist darum im Neuen Testament nicht einfach bloß das Ende des Lebensendes jedes einzelnen. Sie ist der Beginn von etwas radikal Neuem.

---

1 Eberhard Jüngel: Jesaja 25,8 V*ernichten wird er den Tod auf ewig.*, in: Unterbrechungen. Predigten IV, München 1989, S. 59 f.

Im letzten Buch der Bibel hat der Seher Johannes dieses radikal Neue formuliert. Er knüpft dabei an Jesaja an: „Und ich sah einen neuen Himmel und eine neue Erde; denn der erste Himmel und die erste Erde sind vergangen … Und ich hörte eine große Stimme von dem Thron her, die sprach: Siehe da, die Hütte Gottes bei den Menschen! Und er wird bei ihnen wohnen, und sie werden sein Volk sein und Gott selbst wird mit ihnen sein; und Gott wird abwischen alle Tränen von ihren Augen, und der Tod wird nicht mehr sein, noch Leid noch Geschrei noch Schmerz wird mehr sein; denn das Erste ist vergangen. Und der auf dem Thron saß, sprach: Siehe, ich mache alle neu!“

IV.

Das ist nun erst recht ein Traum, die Vision von einem ganz anderen Leben. Man kann diese Vision als Vertröstung abtun. Man kann in ihr eine Utopie für Leichtgläubige sehen. Oder aber sich darauf einlassen und sagen: „Ich habe einen Traum.“

Martin Luther King hat das getan. Auch er bekannte: Gott arbeitet an einem neuen Himmel und an einer neuen Erde für uns. „Und Gott der Herr wird die Tränen von allen Angesichtern abwischen“ – egal ob sie eine gelbe oder eine rote, eine weiße oder eine dunkle Hautfarbe haben. Dieser neue Himmel und diese neue Erde sind für alle da. Gott ist dabei, dafür den Tod zu überwinden.

Der Tod gibt sich nicht mit Leichen zufrieden. Er nagt nicht bloß mit dem Zahn der Zeit an uns. Immer da, wo Menschen Tränen des Schmerzes, der Einsamkeit, der Verzweiflung weinen, lacht sich der Tod ins Fäustchen. Er greift nur zu gern hinein ins volle Leben. Er freut sich darüber, wenn Menschen durch Not und Leid, durch Zwietracht und Feindschaft gleichsam zum Schrumpfen gebracht werden.

Doch da, wo Menschen sagen: „Ich habe einen Traum“, stellen sie sich auf die Seite Gottes und werden zu seinen Mitarbeitern. Wir können den neuen Himmel und die neue Erde nicht selber machen. Doch immer dort, wo wir dem Tod entgegentreten, werden wir zu Zeugen der Auferstehung. Ärzte werden es, wenn sie Leben retten. Therapeuten werden es, wenn sie Depressiven zu neuer Lebensfreude verhelfen. Politiker werden es, wenn sie friedliche Lösungen für kriegerische Konflikte finden. Menschen werden es, die anderen mit ihren bewegenden Worten Mut machen. Immer, wenn das geschieht, bekommen wir einen Vorgeschmack, dass ein neuer Himmel und eine neue Erde auf uns warten – und Gott abwischen wird alle Tränen.

Ich jedenfalls habe diesen Traum – und will ihn mir nicht nehmen lassen. Warum sollte ich auch? – Hat doch Jesus Christus mit seiner Auferstehung die Hoffnung auf die Erfüllung dieses Traums für dich und mich erneuert. Und darum bewahre der Friede Gottes, welcher höher ist denn alle Vernunft, unsere Herzen und Sinne in Christus Jesus, unserem Herrn. Amen.

Vorschläge für das Predigtlied

EG 108,1–3	Mit Freuden zart
EG 117,1–3	Der schöne Ostertag

Fürbittengebet

[Liturg(in):] Gott, allmächtiger Vater im Himmel. Dein Sohn hat den Tod überwunden und ist auferstanden. Nun ist eine Hoffnung in der Welt, die nicht stirbt, auch nicht zuletzt. Dafür danken wir dir und bitten dich:

Mach wahr, was du verheißen hast: Versöhne die Völker, die miteinander in Streit und Krieg leben. Aus tödlichem Trotz mach Toleranz, aus der Zwietracht Eintracht. Wir rufen:
[Liturg(in) und Gemeinde:] Herr, erbarme dich.

[Liturg(in):] Gott, allmächtiger Vater im Himmel. Dein Sohn hat den Tod überwunden und ist auferstanden. Darum bitten wir dich: Verschlinge den Tod auf ewig. Wisch ab die Tränen derer, die weinen müssen: die Tränen der von Krieg heimgesuchten, die Tränen der Vergewaltigten, Verletzten, Versehrten. Wir rufen zu dir:
[Liturg(in) und Gemeinde:] Herr, erbarme dich.

[Liturg(in):] Gib denen, die gegen den Tod in allen seinen Formen angehen, Kraft, Mut und Ausdauer. Besonders denken wir heute an die Ärzte, die Leben retten; an die Therapeuten, die

neue Lebensfreude wecken; an die besonnenen Politiker, die friedliche Lösungen für bewaffnete Konflikte finden. Wir rufen zu dir:
[Liturg(in) und Gemeinde:] Herr, erbarme dich.

[Liturg(in):] Gott, allmächtiger Vater im Himmel. Dein Sohn hat den Tod überwunden und ist auferstanden. Darum bitten wir dich für die Menschen in unserer Gemeinde, die leiden: Für die ohne Arbeit, für die Kranken und Trauernden. Wo die Hoffnung wankt, gib neuen Mut; wo Verzweiflung quält, schenke neue Kraft. Wir rufen zu dir:
[Liturg(in) und Gemeinde:] Herr, erbarme dich.

[Liturg(in):] Uns allen, die wir zu deiner Gemeinde gehören, erhalte den Glauben daran, dass du, allmächtiger Gott, an einem neuen Himmel und einer neuen Erde arbeitest. So singen wir dir unsere Lieder und loben dich. Denn du bist unser Gott, der uns erhält und trägt, jetzt und allezeit. Amen.

Dieter Splinter

Quasimodogeniti

1. Petrus 1,3–9

Der Predigttext wird erst im Verlauf der Predigt in der hier angegebenen Übersetzung verlesen. Die Zwischenüberschriften gliedern den Text, werden aber nicht vorgelesen.

[1. Und täglich grüßt das Murmeltier]

Liebe Gemeinde!

Stellen Sie sich einmal folgendes vor: Sie erleben einen Tag, der nicht „rund" läuft. Solche Tage gibt es ja. Schon am frühen Morgen geht es los: der Wecker klingelt, und Sie sind unausgeschlafen, denn Sie haben in der Nacht eine ganze Zeit lang wachgelegen und Probleme hin und her gewälzt. Und dann geht es nach dem Aufstehen auch nicht besser weiter. Die Nerven liegen blank. Und das bekommen die Mitmenschen leider zu spüren.

Gut, dass auch solch ein Tag irgendwann zu Ende geht und dann nach einer hoffentlich erholsameren Nacht der neue Tag einen neuen Anfang ermöglicht. Was aber, wenn der Radiowecker beim Aufwachen am nächsten Morgen dasselbe Datum zeigt, dasselbe Lied im Radio erklingt und derselbe verkorkste Tag noch einmal beginnt?

So ergeht es dem Wetterreporter Phil Connors aus Pittsburgh in dem Film „Und täglich grüßt das Murmeltier"[1]. Im Auftrag seines Fernsehsenders ist er in eine Kleinstadt in Pennsylvania gereist, um dort wie jedes Jahr vom „Tag des Murmeltiers" zu berichten: Am 2. Februar wird nämlich ein Murmeltier aus seinem Bau gelockt. Wenn das Tier „seinen Schatten sieht", wenn also die Sonne scheint, dann soll der Winter noch weitere sechs Wochen dauern. Ist es bedeckt, soll der Frühling

1 Originaltitel: Groundhog Day, 1993.

kommen. Als Phil nach seinem Bericht wieder nach Hause fahren will, zwingt ihn ein aufkommender Schneesturm, noch eine Nacht in seinem Hotel zu verbringen. Am nächsten Morgen stellt er verwundert fest, dass immer noch der 2. Februar ist: Denn Phil ist in einer Zeitschleife gefangen. Der verhasste Tag wiederholt sich nun immer wieder, und jeder Tag beginnt gleich. Schnell stellt sich heraus, dass es egal ist, wie Phil den Tag verbringt. Er erwacht jeden Morgen wieder am 2. Februar in seinem Hotelzimmer.

Zunächst nutzt der Wetterreporter die Wiederholungsschleife für ein extravagantes und zügelloses Leben. Auf Dauer kann er das jedoch nicht durchhalten. Verzweifelt versucht er schließlich, seinem Leben ein Ende zu setzen: Aber auch das hilft nicht. Selbst nach seinem „Tod" gibt es das gleiche böse Erwachen am nächsten Morgen. Im Verlauf der unzähligen wiederholten Tage verliebt er sich in seine Kollegin Rita. Durch sie beginnt er allmählich, seinen Tag möglichst sinnvoll zu verbringen und ein besserer Mensch zu werden. Und siehe da: Er erwacht, und es ist der 3. Februar. Phil hat es auf diese Weise geschafft, die Schleife der endlosen Wiederholungen zu durchbrechen.

[2. Wiedergeburt]

Das Grundmotiv des Films ist das der Wiedergeburt: Der Mensch muss sich in zahllosen Reinkarnationen immer wieder neu bewähren, bis er endlich zu einem besseren Menschen wird. Erst dann gelingt es, sich aus dem Rad des Lebens zu befreien und in den Himmel aufzusteigen[2]. Eine Lehre, die dem Christentum gänzlich fremd ist. Und doch spricht der Apostel im 1. Petrusbrief von der Wiedergeburt:

> Gelobt sei Gott, der Vater unseres Herrn Jesus Christus, der uns nach seiner großen Barmherzigkeit wiedergeboren hat zu einer lebendigen Hoffnung durch die Auferstehung Jesu Christi von den Toten, zu einem unvergänglichen und unbefleckten und unverwelklichen Erbe, das aufbewahrt wird im Himmel für euch, die ihr aus Gottes Macht durch den Glauben bewahrt werdet zur Seligkeit, die bereitet ist, dass sie offenbar werde zu der letzten Zeit.

2 Die Lehre der Reinkarnation stammt aus dem Hinduismus (Upanishaden 8.–6. Jh. v. Chr.).

Dann werdet ihr euch freuen, die ihr jetzt eine kleine Zeit, wenn es sein soll, traurig seid in mancherlei Anfechtungen, auf dass euer Glaube bewährt und viel kostbarer befunden werde als vergängliches Gold, das durchs Feuer geläutert wird, zu Lob, Preis und Ehre, wenn offenbart wird Jesus Christus.
Ihn habt ihr nicht gesehen und habt ihn doch lieb; und nun glaubt ihr an ihn, obwohl ihr ihn nicht seht; ihr werdet euch aber freuen mit unaussprechlicher und herrlicher Freude, wenn ihr das Ziel eures Glaubens erlangt, nämlich der Seelen Seligkeit.

[3. Wiedergeboren in der Taufe]

Natürlich ist hier nicht von der Reinkarnation die Rede. Die Wiedergeburt in der christlichen Lehre ist die Taufe. Der Apostel meint: Wie gut, dass wir getauft sind und zu Christus gehören! Dass uns in der Taufe ein Neuanfang geschenkt wurde! Wie ein neues Leben! Wir sind wie die neugeborenen Kinder!

So bezeichnet der Apostel die Gemeinde: Die Getauften sind wie neugeborene Kinder, begierig nach Gottes Wort wie Säuglinge nach Milch, um im Glauben zu wachsen (1. Petr 2,2)[3]. Dieser Vers gibt dem heutigen Sonntag seinen Namen: Quasimodogeniti – „wie die neugeborenen Kinder". In der Katholischen Kirche wird dieser Sonntag auch „Weißer Sonntag" bezeichnet: Nach dem alten Brauch, dass die in der Osternacht Getauften bis zu diesem Sonntag ihre weißen Taufgewänder tragen durften. Was für ein kraftvolles Zeichen, die Neugeburt in der Taufe auf diese Weise am eigenen Leib zu erfahren! Auch unsere heutige Taufpraxis kennt ja noch den Brauch weißer Taufkleider für Täuflinge.

Die Bedeutung der Taufe als Neuanfang muss in unserer Kirche, in der auch heute noch mehrheitlich Kinder in den ersten Lebensmonaten getauft werden, immer wieder neu erschlossen werden. Und der heutige Sonntag ist ein guter Anlass dafür! Unser Leben steht seit der Taufe unter dem Zeichen des Neuanfangs. Hat

3 „Wie neugeborene Kinder nach Milch schreien, sollt ihr nach der unverfälschten Nahrung von Gottes Wort verlangen. Durch sie wachst ihr im Glauben heran, sodass ihr gerettet werdet" (Basisbibel), Luther übersetzt wörtlicher: „Seid begierig nach der vernünftigen lauteren Milch wie die neugeborenen Kindlein, damit ihr durch sie zunehmt zu eurem Heil").

also von Anfang an ein positives Vorzeichen. Es ist ein Leben, das von Anfang an auf Zukunft angelegt ist, „dessen Erbe im Himmel aufbewahrt wird".

Kein stets wiederholtes Sich-Bewähren und Kämpfen um Glück und Heil, so wie Phil Connors das auf schmerzliche Weise erfuhr. Statt dessen stellt der Apostel der Gemeinde schon jetzt die Rettung am Ende der Zeit in Aussicht: „So erlangt ihr durch den Glauben die Rettung, die am Ende der Zeit offenbar werden soll." (1. Petr 1,5 Basisbibel). Die Taufe ist damit nicht nur der Neuanfang des irdischen Lebens, sondern zugleich „Ticket to Heaven".

Der Apostel versucht mit diesen Worten, seine Gemeinde zu trösten: Denn offenbar befand sie sich in einer ähnlichen Verfassung wie der Wetterreporter am Tag des Murmeltiers: „Darüber könnt ihr euch freuen. Allerdings müsst ihr nach Gottes Willen jetzt erst einmal eine kurze Zeit leiden. Denn ihr werdet mehrfach auf die Probe gestellt. Das dient dazu, dass euer Glaube sich als echt erweist." (1 Petr 1,6 Basisbibel)

Aha, also doch: Auch die neugeborenen Christen müssen sich bewähren und zeigen, dass ihr Glaube „echt" ist. Dass man dafür unter Umständen sogar durch die „Hölle" gehen muss, das steht sozusagen zwischen den Zeilen: „Er (euer Glaube) ist wertvoller als vergängliches Gold, das im Feuer auf seine Echtheit geprüft wird. Dafür werdet ihr bei der Offenbarung von Jesus Christus Lob, Herrlichkeit und Ehre erfahren." (1 Petr 1,7 Basisbibel) Hier wird sicherlich auf die Christenverfolgungen im Römischen Reich angespielt, die z. B. unter Nero auch mit Feuer und Brand einhergingen[4]. In dieser konkreten Bedrohung wird der Gemeinde Rettung in Aussicht gestellt: „Ihr glaubt an ihn, obwohl ihr ihn jetzt nicht seht. Deshalb könnt ihr jubeln in unaussprechlicher Freude, die schon von der künftigen Herrlichkeit erfüllt ist. Denn ihr empfangt, was das Ziel eures Glaubens ist: eure endgültige Rettung." (1 Petr 1,8b–9)

Wonach sich die Gemeinde, an die der Apostel schreibt, sehnt, ist also die Rettung aus einer lebensbedrohlichen Situation, einer Situation von Verfolgung und

[4] Die Datierung und Verfasserschaft des 1. Petrusbriefs ist umstritten. Sehr wahrscheinlich stammt er aber nicht von dem Apostel Petrus selbst und ist erst gegen Ende des 1. Jahrhunderts entstanden, vgl. www.bibelwissenschaft.de/bibelkunde/neues-testament/katholische-briefe/1-petrusbrief.

Angst. Die Wiedergeburt durch die Taufe soll den Adressaten des Briefs die Kraft verleihen, durchzuhalten und trotz widriger Lebensumstände schon jetzt einen Vorgeschmack auf die himmlische Seligkeit zu bekommen. Denn sie sind wiedergeboren: Nicht in einen immer gleichen, bedrohlichen Alltag, sondern wiedergeboren zu einer lebendigen Hoffnung!

[4. Wiedergeboren zur lebendigen Hoffnung]

Was Phil Connors erst durch Versuch und Irrtum, genauer nach unzähligen Versuchen, versteht, das ist uns als christlicher Gemeinde sozusagen schon in die Wiege gelegt. Wir sind wiedergeboren zu einer lebendigen Hoffnung. Und diese lebendige Hoffnung ist keine Vertröstung auf die Ewigkeit, kein: „Nach dem Tod wird alles besser." Denn die christliche Gemeinde soll kein Friedhof sein, sondern ein Haus der lebendigen Steine, so bezeichnet der Apostel seine Gemeinde ein paar Zeilen weiter (1 Petr 2,5). Das Neue hat bereits begonnen, der Grundstein ist gelegt!

Zu welcher lebendigen Hoffnung sind also wir heute wiedergeboren? Was trägt uns heute? Und wie stehen wir auf, wenn uns der Wecker am Morgen weckt? Die Dichterin Marie Luise Kaschnitz findet dafür Worte:

Manchmal stehen wir auf / Stehen wir zur Auferstehung auf / Mitten am Tage / Mit unserem lebendigen Haar / mit unserer atmenden Haut.
Nur das Gewohnte ist um uns. / Keine Fata Morgana von Palmen / Mit weidenden Löwen / Und sanften Wölfen.
Die Weckuhren hören nicht auf zu ticken / Ihre Leuchtzeiger löschen nicht aus.
Und dennoch leicht / Und dennoch unverwundbar / Geordnet in geheimnisvolle Ordnung / Vorweggenommen in ein Haus aus Licht.[5]

Wir kommen von Ostern her, von der Feier der Auferstehung. Jetzt aber kommt der Alltag wieder auf uns zu mit seinen Herausforderungen. Jetzt gilt es, die Auferste-

5 Dein Schweigen - meine Stimme, Gedichte, 1962

hungshoffnung auch im Alltag zu bewähren. Denn sie ist ja eine lebendige Hoffnung, die unser ganzes Leben durchdringt. Die Auferstehungshoffnung ist keine Vertröstung auf ein Leben nach dem Tod. Nein, die Auferstehung beginnt jetzt, mitten am Tage, mit lebendigem Haar und atmender Haut! Nicht jenseits der Zeit. Schon heute in Leichtigkeit und Seligkeit statt in Erdenschwere und Depression.

„Vorweggenommen in ein Haus aus Licht“, schreibt Marie Luise Kaschnitz. Das Haus der lebendigen Steine! Die Hoffnung, die uns trägt, ist eine lebendige Kraft. Eine Kraft, die die Christen des ersten Jahrhunderts stark gemacht hat, auch Feuer und Verfolgung zu widerstehen. Und eine Kraft, die uns stark machen möchte, den Herausforderungen unseres Alltags zu widerstehen: Dem Leistungsdruck, den Belastungen von Beruf und Familie. Der Hektik und Unruhe unserer Zeit.

All dem setzen wir als Wiedergeborene eine heitere Gelassenheit entgegen und eine unaussprechliche und herrliche Freude. Denn Gott schenkt uns an jedem Tag einen neuen Anfang. Jeden Tag dürfen wir aufstehen in lebendiger Hoffnung und in dem Vertrauen, dass dieser Tag unseres Lebens ein guter Tag ist, weil Gott mit uns ist – selbst dann, wenn wir das Gefühl haben, mit dem falschen Fuß aufgestanden zu sein. Amen.

Vorschläge für das Predigtlied

EG 108	Mit Freuden zart
EG 116	Er ist erstanden, Halleluja

Fürbittengebet

Gott, unser Vater, durch unsere Taufe hast du uns zu einem neuen Leben berufen. Wir bitten dich nun aufs Neue um deinen Geist, den Geist der Hoffnung und der Geduld, der Liebe und der Besonnenheit.

Wir beten für die Kinder, die wir getauft haben, und für die Jungen und Mädchen, die wir konfirmieren, dass Gott ihnen helfe, Menschen zu werden nach seinem Bilde, Menschen, die andere lieben können wie sich selbst.

Wir sehen unsere Aufgabe an Kindern und Enkeln, an allen, die uns besonders anvertraut sind. Wir bitten Gott um offene Ohren für ihre Fragen, um ein offenes Herz für ihre Probleme.

Wir vereinen uns mit den Menschen, die sich am Leben freuen können. Hilf uns, Gott, unsere Freude, unser Glück mit anderen zu teilen. Wir sehen aber auch die Leidenden und Alleingelassenen, die von Unrecht, Gewalt und Krieg Bedrohten in aller Welt. Gott bewahre uns davor, dass wir so leben, als gäbe es sie nicht.

Wir gedenken der Menschen, die der Tod uns genommen hat. Wir vertrauen sie Gott an – dankbar für alles Gute, das sie uns getan haben.

Du hast dich unser erbarmt, Herr, unser Gott. Dein Sohn ist unser Licht im Dunkel der Welt, ein Licht der Hoffnung für alle Menschen. An ihn halten wir uns, auf ihn verlassen wir uns, jetzt und in Zukunft. Amen.

Simone Rasch

Miserikordias Domini

Johannes 10,11–16

Über Zumutung und Mut

Der heutige 2. Sonntag nach Ostern ist der Sonntag vom guten Hirten. Sein Evangelium steht bei Johannes im 10. Kapitel. Jesus Christus spricht: [Lesung des Predigttextes]

[Zumutungen: oberflächlich betrachtet]

Liebe Gemeinde!

Zunächst einmal: Die Bildrede vom Hirten und den Schafen ist eine Zumutung. Sie mutet mir zu, mich mit einem Schaf zu vergleichen – aus menschlicher Perspektive nicht gerade das intelligenteste Tier in Gottes Schöpfung. Sie mutet mir zu, Christus zu verstehen als den, der sein Leben lässt für uns – Frage: schon wieder diese Opfertheologie samt ihrer unseligen Wirkungsgeschichte? Sie mutet mir zu, dass die Kirche eine Herde ist – eine autoritätsgläubige Gruppe, die ihrem Hirten (auf lateinisch heißt das übrigens: Pastor) blindlings folgt. Außerdem kennt kaum jemand von uns – Bewohner der Lüneburger Heide und der Nordseeinseln einmal ausgenommen – noch Schafhirten und Herden. Die Kritischen unter uns wissen außerdem, dass barocke oder romantische Schäferszenen als falsche Idylle zu entlarven sind. Und auch die „Schäferstündchen" sind aus der Mode gekommen. Und selbst wenn ich im Bild vom Hirten ein Urbild erkenne für die menschliche Sehnsucht nach Heimat und Geborgenheit, ist vor Projektionen und Realitätsflucht zu warnen. Der Text ist eine Zumutung. Die Bilder sind fremd. Die Assoziationen stimmen nicht mehr.

Jedoch! Diese Zumutungen bleiben an der Oberfläche. Wer sich von ihnen beeindrucken lässt, wird die eigentlichen Zumutungen nicht wahrnehmen. Das sind Zumutungen für christlichen Glauben und für christliches Leben. Sie möchte ich heute Morgen vor Augen führen.

[Zumutung: Lohnhirten und der wahre Hirte]

Der erste Abschnitt beschreibt Christus als guten Hirten im Gegensatz zum Mietling. Mit diesem alten Lutherwort ist der bezahlte Lohnarbeiter gemeint. Dieser Lohnarbeiter arbeitet als Hirte. Dennoch wird im Evangelium gesagt: Er sei kein Hirte. Denn wenn die Gefahr kommt, bringt er nicht seine Schäflein, sondern sich selbst in Sicherheit. Hierzu ist Christus das Gegenbild. Aber die Kritik am Mietling erfolgt nicht aus einer heroischen, also immer auch überheblichen Perspektive. Dem Mietling wird nicht Feigheit vorgeworfen. Aus den antiken jüdischen Rechtsbestimmungen geht vielmehr hervor, dass die Lohnhirten ausdrücklich das Recht hatten, sich bei Lebensgefahr zu retten. Der Lohnhirte ist also ein Hirte, und er hat das von allen akzeptierte Recht, sein Leben zu retten.

Die gegenteiligen Hinweise im Evangelium signalisieren dann: Achtung, es folgen die typisch johanneischen Missverständnisse, durch die wir etwas tiefer und genauer verstehen! Hier ist nämlich nicht die vordergründige Bildebene gemeint, sondern eine hintergründige Wahrheit: Christus ist das Gegenbild zum Lohnhirten, weil er kein Lohnhirte ist; er ist wie der Vater der Besitzer der Herde. Er ist der wahre Hirte – nicht weil er ethisch überlegen handelt, sondern weil er überlegen ist. Er und der Vater sind eins, wie es am Ende der gesamten Hirtenrede heißt.

Hier wird uns ein hoher Glaube zugemutet, der zugleich bescheiden macht: Die christliche Kirche ist Gottes Besitz; und alle menschlichen Lohnhirten sind nicht selbst Besitzer, sondern dem Besitzer verantwortlich. Und sogar die wohlmeinenden Lohnhirten – Pastorinnen und Pastoren, Superintendentinnen und Pröpste, Bischöfinnen und Kirchenpräsidenten – bleiben vom wahren Hirten unterschieden und sind immer auch Schafe wie du und ich. Allmachtsphantasien ausgeschlossen!

[Wer ist der Wolf?]

Die nächste Zumutung versteckt sich in einem Rätselbild: Wer ist mit dem Wolf gemeint? Natürlich steht der Wolf auch für die großen Bedrohungen des einzelnen und der Gemeinschaft, für Tod, Zerstörung, letzte Einsamkeit. Aber auch hier geht es nicht um vordergründige, sondern um hintergründige und konkrete Wahrheit.

Der Wolf ist nicht einfach ein allgemeines Sinnbild für Bedrohungen; dann hätte man wie in den zeitgenössischen jüdischen Rechtsbestimmungen auch den Löwen loslassen können. Der Wolf ist transparent für die staatliche Gewaltherrschaft und Tyrannei, für Krieg und Zerstörung. Der Wolf verweist auf die römische Wölfin. Sie hatte Israel im Jüdischen Krieg verwüstet, Menschen versklavt; sie hatte Kult und Kultur zerstört bzw. durch eigenen imperialen Export ersetzt.

Der wahre Hirte kämpft nicht mit Waffen gegen die römische Wölfin. Er tritt ihr unbewaffnet, aber frei und hoheitlich entgegen. In der Johannespassion wird er nicht von der Tempelpolizei verhaftet, sondern von einer „Kohorte" (Joh 18,3). Auch wenn in deutschen Bibelübersetzungen hier nur von einer „Schar" die Rede ist, hat Johannes die römische Militärsprache gewählt. Jesus offenbart sich vor ihnen; auf wunderbare Weise weichen sie beim ersten Mal zurück und fallen zu Boden. Die römische Kohorte – so lesen wir – erkennt wider Willen Jesu Herr-sein an.

Die Kirche, Gottes Herde, hat in ihrer Geschichte oft mit diesem Wolf getanzt. Dadurch ist sie ihrem Herrn und Hirten untreu geworden, hat den prophetischen Protest gegen Gewalt und Unrecht verstummen lassen. Wir leben hier und heute nicht unter staatlicher Gewaltherrschaft, sondern – Gott sei Dank – in einer freien und offenen Gesellschaft. Sie zu pflegen und zu fördern, ist für die Kirche und jeden Christenmenschen bleibend wichtig. Umgekehrt bleibt für diese Gesellschaft wichtig, dass die Kirche dabei ihren Mund auftut für die Stummen, die Schwachen, die Minderheiten.

[Der gute Hirte setzt sein Leben ein]

„Der gute Hirte lässt sein Leben für die Schafe." Die Lutherübersetzung kann das Missverständnis nahe legen, hier sei an das sühnende Opfer für uns gedacht. Genau übersetzt heißt es allerdings: Der gute Hirte setzt sein Leben ein für die Schafe. Christus setzt sein ganzes Leben ein für uns. Sein Leben und Wirken, sein Reden und Heilen, sein Sterben und Auferstehen geschehen für die Menschen. Der gute Hirte sorgt, dass die Schafe neue Lebensmöglichkeiten haben – jetzt und hier und darüber hinaus.

2002 geschah der schreckliche Amoklauf am Erfurter Gutenberg-Gymnasium. Ein ehemaliger Schüler erschoss damals 16 Menschen, darunter zwei Schüler, und anschließend sich selbst. Ich möchte hier nur auf die entscheidende Situation hinweisen; sie macht deutlich, was Lebenseinsatz, Lebenshingabe ist. Es wurde berichtet, dass ein Lehrer zwischen den Täter und weitere mögliche Opfer regelrecht dazwischengetreten ist. Es kam zu einem kurzen Gespräch. Der Lehrer soll gesagt haben: „Jetzt kannst du mich erschießen. Aber wenn du's tust, dann guck mir in die Augen." Wie immer das genau gewesen ist: Damit hörte das grauenhafte Morden auf. Der Lehrer setzte sein Leben ein, damit die anderen nicht zu Opfern werden, damit eine Wende eintritt, damit die anderen neu leben können. „Niemand hat größere Liebe als die, dass er sein Leben einsetzt für seine Freunde", sagt der johanneische Jesus in seinen Abschiedsreden (Joh 15,13). Er verkörpert diese Liebe mit seinem Leben und seinem Sterben. Er verkörpert sie, damit die Menschen nicht zu Opfern werden, damit am Ende auch die Täter sich nicht selbst richten müssen.

[Die Schafe urteilen über die Hirten]

Die Kirche ist die Herde des guten Hirten. Er kennt die Seinen, und die Seinen, also auch wir in unserer Kirche, kennen ihn. Ihnen wird zugemutet, also der Mut zugetraut, sich nicht auf die menschlichen Lohnhirten – auch nicht auf die wohlmeinenden – letztlich zu verlassen. Deshalb wird seit der Reformationszeit dieser Bibeltext gebraucht, um zu zeigen: Die Gemeinde ist nicht eine autoritätsgläubige Herde; vielmehr hat sie Macht und Recht, über Predigt und theologische Lehre zu urteilen.

Ich kann es natürlich nicht besser sagen als Martin Luther. Der predigte 1522: „So soll ein Christ sagen: Ich bin ein Schaf Gottes. Sein Wort will ich haben und aufnehmen. Wo ihr mir das Wort geben werdet, will ich euch für einen Hirten halten. … Find man nun, dass einer ein Hirte ist, so soll man ihn annehmen; wo aber nicht, so soll man ihn absetzen. Denn die Schafe sollen urteilen die Stimme des Hirten. Wenn er nicht rechte Weide gibt, soll man dem Hirten, das ist dem Bischof, den Hut abnehmen. … Darum habt ihr Gewalt und Macht zu urteilen alles, was gepredigt wird."[1]

Der Maßstab zur Beurteilung sind nicht meine engen Glaubensgrenzen. Der Maßstab ist das vielfältige Zeugnis der Bibel. Den Maßstab zur Beurteilung besitzt nicht die eine Gemeinde oder die eigene Gruppe, sondern die weltweite Christen-

1 Nach WA 10, 3, 174 f.

heit – sofern sie auf Christus hört. Nicht auf den eigenen Stallgeruch kommt es an, sondern auf die ganze Herde aus Männern und Frauen, Freunden und Fremden, Alten und Jungen, Glaubenden und Zweifelnden, Inländern und Ausländern. Deshalb schließt der gute Menschenhirt mit der großartigen Verheißung: Es wird eine Herde und ein Hirte werden.

Dieser eine Hirte ist Christus – auf seine Stimme lasst uns hören! Amen.

Vorschläge für das Predigtlied

EG 274	Der Herr ist mein getreuer Hirt
EG 268	Strahlen brechen viele

Fürbittengebet

[Liturg(in):] Herr Jesus Christus,
du bist der gute Hirte. Du führst uns auf deinen Wegen, führst uns zu dir. Anfang und Ende, Altes und Neues liegen in deiner Hand.
Wir bitten dich für die Menschen und die Welt:
Für die Menschen in den Kriegs- und Krisengebieten. Wie bringen dir die Konfliktherde dieser Welt, die Orte, die scheinbar vergeblich auf Frieden hoffen: ... Weltweit sind Menschen auf der Flucht, denen es am nötigsten fehlt. Wir bitten für die Generationen von Kindern und jungen Menschen, denen dadurch der Zugang zu Bildung verwehrt wird. Eröffne Zukunft, wo die Gegenwart zum Gefängnis wird. Gott des Lebens, brich der Hoffnung und Veränderung die Bahn. Wir rufen gemeinsam:
[Liturg(in) und Gemeinde:] Herr, erbarme dich.

[Liturg(in):] Wir bitten für die Menschen, die an Körper oder Seele krank sind, deren Alltag vom Leiden bestimmt wird, die keinen Ausweg für sich sehen. Wir bitten um Genesung und, wo dies nicht mehr möglich ist, um Linderung von Schmerz und Leid. Sei bei den Schwerkranken und Sterbenden, lass sie deine tröstende Nähe spüren. Wir bitten auch für Ärztinnen und Ärzte, die

Pflegenden, für Psychologen und Seelsorger, für Angehörige und ehrenamtliche Helfer, gib ihnen Kraft, damit sie anderen eine Stütze sein können. Wir rufen gemeinsam:
[Liturg(in) und Gemeinde:] Herr, erbarme dich.

[Liturg(in):] Wir bitten dich für die weltweite Kirche und die Gemeinden unserer Stadt.
Für die Ökumene: dass sie gute Früchte trage und das Verständnis untereinander fördere.
Für die Diakonie: dass sie im rechten Geist Gutes tue und dich wahrhaft bezeuge.
Für die kirchlichen Mitarbeiterinnen und Mitarbeiter: dass sie sich von dir leiten lassen.
Für unser Auftreten außerhalb der eigenen Mauern: dass es friedenstiftend sei.
Für unseren Stillstand: dass Du uns den Geist der Erneuerung schenkst. Wir rufen gemeinsam:
[Liturg(in) und Gemeinde:] Herr, erbarme dich.

[Liturg(in):] Herr Jesus Christus,
Du bist der gute Hirte. Von dir werden wir nicht verlassen. Gutes und Barmherzigkeit schenkst du uns, solange wir leben und darüber hinaus.
Mit deinen Worten beten wir gemeinsam:

Vater unser

Helmut Schwier

Jubilate

Sprüche 8,22–36

[Lesung des Predigttextes]

Liebe Gemeinde!
In letzter Zeit mehren sich wieder die Stimmen, die Christentum, Religion und Glauben für rückständig ansehen. Ja sogar als überholt. Weil Glauben mit Vernunftgründen in Frage gestellt werden kann. Gibt es Gott? Kann man nicht beweisen. Gibt es die Auferstehung der Toten? Kann man nicht beweisen. War Jesus Gottes Sohn? Weiß man nicht, weil er selbst keine schriftlichen Aussagen hinterlassen hat. Und so geht es munter weiter.

Wenig populär ist es jedoch, wenn man sagt, die Vernunft kann sich nicht nur irren, sondern hat auch Grenzen. Dabei ist das selbstverständlich. Gibt man in eine Suchmaschine ein: „Ungelöste Rätsel der Physik", erhält man eine Fülle von Treffern. Einige seien hier genannt: Was war vor dem Urknall? Was sind Dunkle Materie und Dunkle Energie? Wie endet das Universum? Welche Form hat das Universum? Wie entstand Leben aus Leblosigkeit?

Und fragt man nach ungelösten Rätseln der Biologie, finden sich ebenfalls Treffer: Was ist Bewusstsein? Wie entsteht es? Wieso hat sich sexuelle Reproduktion entwickelt? Wie weit gehen Emotionen und Bewusstsein bei Tieren und Pflanzen? Welche genauen Ursachen gibt es für alle Arten von Kopfschmerz? Wir wissen in der Tat vieles nicht. Wir wissen nicht, was die unzähligen Lebewesen in einer Handvoll Erde wirklich tun und warum sie wichtig sind. Wir wissen nicht, warum es Tiere gibt, die sehr viel länger leben als Menschen.

Und so kann man fortfahren. Ja, auch die Vernunft hat Grenzen. Sie kann vieles nicht erklären und weiß vieles einfach nicht. Oft glaubt sie nur zu wissen. Aber was wir sehen können, ohne es zu verstehen, ist, dass die Welt, die Lebewesen auf ihr, die Berge, Meere und Flüsse auf wunderbare Weise Leben ermöglichen und erhalten. Dass das, was wir Ökosystem nennen, auf höchst komplizierte und noch längst nicht verstandene Weise Lebensräume für unendlich viele Lebensformen ermöglicht. Es ist ein weises System.

Damit sind wir mitten im Predigttext. Er vermittelt die Botschaft, dass von Anbeginn der Welt Weisheit an ihrer Entstehung beteiligt war. Der Blick geht weiter über die Schöpfungserzählung des ersten Kapitels der Bibel hinaus, in die Vorwelt, in eine Zeit, in der es die Welt noch nicht gab. Da gab es nur Gott und die Weisheit. Von Anbeginn an. Die Erde war noch nicht da, die Urflut nicht, auch keine Quellen, Berge, Hügel und Ackerland, aber die Weisheit war schon da. In der Bildsprache der Antike bedeutet es: Alles, was von Gott geschaffen worden ist, ist weise, denn Gott hat sein Tun von Weisheit begleiten lassen.

Zwar erscheint die Weisheit hier fast wie eine Person – in den anderen Stellen im Buch der Sprüche wird sie als Frau gezeichnet –, aber sie wird Gott untergeordnet. Er ist der Schöpfer, die Weisheit begleitet ihn dabei. Sie ist bei allen Schöpfungswerken dabei. Gipfelnd in dem Satz: „Da war ich beständig bei ihm; ich war seine Lust täglich und spielte vor ihm allezeit; ich spielte auf seinem Erdkreis und hatte meine Lust an den Menschenkindern." Früher hat man das Spielen vor Gott so gedeutet: Die Weisheit ist wie ein spielendes Kind. Aber die Weisheit wird nie als Kind, immer als Frau dargestellt. Das Spielen vor Gott erinnert deshalb sehr viel mehr an Musizieren, an ein Spielen eines Instruments, mit dem sie Gott erfreut. Und sie, die Weisheit, freut sich über die Menschen.

Dieses eine kleine Sätzchen ist wie ein Evangelium: Die Weisheit freut sich über die von Gott geschaffenen Menschen. Das ist die Gegenwirklichkeit zu einer Atmosphäre, in der Hass und Schlechtmachen, Mobbing und Diffamierung die Seelen vergiftet. Die Weisheit kann sich noch freuen, weil sie die Vielfalt der Geschöpfe Gottes schön findet. Sie will durch ihr Spielen nicht nur Gott erfreuen, sondern auch die Menschen. Sie sollen Freude bekommen, wenn sie Weisheit sehen und erleben.

Es ist dies ein großartiger Text. Er bejaht die Schöpfung Gottes und vermittelt die Freude an ihr. Und er vermittelt uns das Gefühl, dass Schöpfung, die wir wahrnehmen und in der wir leben können, ein weises durchdachtes System ist. Von

Gott mit Weisheit gestaltet. Eigentlich ein Grund, sich zu freuen, dass wir auf der Erde leben können. Dass wir lachen, tanzen, lieben und gestalten können. Jubilate, heißt der heutige Sonntag: Freut euch und jubelt dem zu, der alles so weise gemacht hat.

Der Text zeigt das tiefe Nachdenken der biblischen Autoren über die Welt, ihre Entstehung und die Zeit vor ihrer Entstehung. Kein Mensch war dabei. Nur Weisheit war von Anfang an dabei. Das ist zugleich die tiefste Art der Achtung vor der Schöpfung und des Lobes des Schöpfers, die man sich denken kann. Diese Achtung vor der Schöpfung ist heute zu einer überlebenswichtigen Angelegenheit geworden. Der Text aus dem Buch der Sprüche kann helfen, dies als weise, klug, vernünftig zu begreifen.

Könnte es nicht sein, dass diese großartige Botschaft von der Weisheit, die bei der Erschaffung der Welt dabei war, eine Brücke bilden kann in dem großen Streit zwischen naturwissenschaftlichem Weltbild und der biblischen Schöpfungstradition? In dem Sinne, dass wir, die Glaubenden, sagen: Für uns ist die Schöpfung Gottes ein weises System, dessen Weisheit vor allem darin liegt, dass es eine Vielzahl von Lebensformen ermöglicht. Und dass Naturwissenschaftler sagen: Für uns ist die Schöpfung ein weises System, dessen Entstehung und Entwicklung wir nur teilweise verstehen, das aber Leben ermöglicht? Das wäre ein schöner Schritt aufeinander zu.

Liebe Gemeinde, Vernunft und Glauben gehören zusammen. Sie haben viel mehr Berührungspunkte als wir gemeinhin wahrnehmen. Dass wir Vernunft haben, um Dinge zu ergründen, die wir noch nicht oder nur bruchstückhaft verstehen, ist eine weise Einrichtung des Schöpfers. Er hat sie uns gegeben. Wohl nicht, um ihn als Schöpfer der Welt zu verdrängen, sondern damit wir die Weisheit wahrnehmen und bewundern können, die in der geschaffenen Welt wirkt.

Wohl darum endet der Text mit einer Mahnung an uns. Sie hat die Form einer Mahnung des Vaters an seine Kinder oder des Weisheitslehrers an seine Schüler. Eine Mahnung, weise zu werden. Und das kann man am besten, wenn man auf Gott und sein Wort hört. Denn auf ihn zu hören und ihn für sich in seinem Leben gefunden zu haben, ist nicht nur der Gipfel der Weisheit – oder wie die Sprüche an anderer Stelle formulieren: deren Anfang –, sondern der Zugang zum wahren Leben. Weisheit eröffnet den Weg zum Leben, Dummheit eröffnet den Weg zur

Zerstörung. Denn Weisheit war von Anfang an bei Gott, wer Weisheit für sich sucht, sucht die Nähe zu Gott.

Unser Predigttext hat eine spannende Wirkungsgeschichte. Das Johannesevangelium beginnt mit den Worten: Im Anfang war das Wort, und das Wort war bei Gott, und Gott war das Wort. Das klingt sehr ähnlich wie unser Weisheitstext. Im Anfang war die Weisheit, und die Weisheit war bei Gott. Aber dann bringt das Johannesevangelium einen neuen Gedanken: Und Gott war das Wort. Das Wort, das wissen wir, steht im Johannesevangelium für Christus. Hier werden Gott und Christus in eins gesetzt. Dieses Wort ist das in Christus auf die Welt gekommene Heil, als Evangelienwort und Vergebungshandeln. Auch das ist, wie Paulus es sagt, in den Augen der Welt eine Torheit, in Wahrheit aber die Weisheit Gottes, die sich im Heilshandeln mit und in Christus auf wunderbare Weise zeigt. Noch ein Grund zum Jubeln. Jubilate. Amen.

Vorschläge für das Predigtlied

EG 506,1–6	Wenn ich, o Schöpfer, deine Macht
EG BEL 662	Schenk uns Weisheit, schenk uns Mut

Fürbittengebet

Gott, himmlischer Vater, wir verlassen uns darauf, dass deine Weisheit von Anbeginn der Welt bis heute wirkt. Das erfüllt uns mit Dankbarkeit und öffnet unseren Blick für dein Wirken in Wort und Tat.

Breite, weiser Gott, deinen Frieden aus in unsern Wohn- und Lebensgemeinschaften, in den Gruppen unserer Gesellschaft, in Arbeit und Beruf, Staat und Behörden, Schulen und Lehrwerkstätten.

Wir bitten dich um die Weisheit, die Gerechtigkeit, die du allen Menschen zugedacht hast, zu verwirklichen, damit in den Gesetzen und Ordnungen unseres Volkes und andrer Länder dem Bösen Einhalt geboten werde und die Willkür der Mächtigen ihre Grenze finde.

Wir beten um die Kraft, die aus deiner Liebe kommt, für alle Menschen in Armut, Not und Obdachlosigkeit, für die Kranken, Alten und Sterbenden, die Arbeitslosen und die Sozialhilfeempfänger. für die Gefangenen und ihre Angehörigen, für die Verstörten und Verängstigten, für die Misshandelten und alle, die gehindert werden, sich zu entfalten.
Wir bitten dich auch für die Gesunden und Starken, für die heranwachsende Jugend und die Kinder für die Erfolgreichen und die Umschwärmten. Hilf uns, dass wir alle miteinander dem Wegweiser deiner Weisheit und Liebe folgen und deinem Tag entgegengehen, an dem du alles in allem sein wirst.
Dir sei Ehre in Ewigkeit. Amen

Jürgen Kegler

Kantate

Apostelgeschichte 16,23–34

Der Predigttext wird erst im Verlauf der Predigt verlesen.

Liebe Gemeinde!
Ausgesprochen vergnügt reiht er sich ein in die Sonntage der österlichen Freudenzeit. Der Sonntag Kantate. Übersetzt heißt das: Singt! Heute wird nicht nur die Kirchenmusik gewürdigt, die auf besondere Weise unser Innerstes anrührt. Vielmehr bejubelt dieser Tag Kantate das, was zu Ostern geschehen ist: Christus ist auferstanden. Mit ihm sind auch wir befreit. Neues Leben erwacht an allen Orten. In der schönen Maienzeit ist es spürbar mit all unseren Sinnen. Wir werden erinnert daran, dass es Hoffnung gibt und Neuanfänge. Die Natur macht es uns vor. Und vor einigen Wochen haben wir es zu Ostern gefeiert. Singt! Öffnet Mund und Seele. Holt tief Luft und singt. Ihr werdet Befreiung spüren für Körper und Seele. Ihr werdet euch spüren. Nein, nein, setzt euch diesmal keine Kopfhörer auf und lasst euch nicht von heißen Rhythmen zudröhnen. Sucht nach Liedern in euch und fangt an zu singen. Nein, kurbelt nicht die Fenster eurer Autos hoch und dreht den Lautsprecher nicht auf. Steigt aus eurem Käfig, geht ins Freie und singt. Es wird euch gut tun. Welche Kraft vom Singen ausgeht, davon berichtet die Lesung aus der Apostelgeschichte. Hören wir eine Episode aus dem Leben von Paulus:

[Lesung des Predigttextes]

Zwei Männer sind im Kerker eingesperrt und singen Gott ihren Lobgesang. Paulus und Silas. Plötzlich bebt die Erde, und im Gefängnis springen die Riegel vor den Türen auf. Die Fesseln brechen auf. Der Kerkermeister, der für die sichere Verwahrung der Gefangenen zuständig ist, zittert vor Angst, will sich gar das Leben nehmen. Später bittet er Paulus und Silas in sein Haus und lässt sich von dem Gott erzählen, der solche Wunder wirkt im Großen wie im Kleinen. Und er lässt sich und seine Familie taufen. Das geht alles aufregend schnell. Ich werde neidisch. So etwas sollte auch mir einmal passieren.

Dennoch werde ich skeptisch beim Hören oder Lesen der Geschichte. Ich frage, was ist da wirklich geschehen? Und ich stelle fest: Dieses Wunder der Befreiung bleibt für mich voller Geheimnis so wie der Bericht über die Auferstehung Jesu von den Toten zu Ostern. Sie, liebe Schwestern und Brüder, werden einen inneren Zugang zu dem Erzählten finden. Was löst das eben Gehörte bei Ihnen aus? Werden Sie an eigenes erinnert? Vielleicht befremdet Sie der Bericht von der Befreiung des Paulus. Dann ist dies eben Ihre Art, der Geschichte zu begegnen.

Kantate. Singt! – Im Psalm heißt es: „Singt dem Herrn ein neues Lied!" In jedem Gottesdienst ist das zu spüren. Egal aus welchem Alltag wir kommen – manchmal ist es ein Lied oder nur ein Vers, der mich tief berührt. Es löst in mir ein Beben aus. Öffnet eine Tür zu meinem Innern, durch die manchmal neue Hoffnung eintreten kann. Oder ich werde erfüllt von großer Dankbarkeit darüber, dass das Leben doch wunderbar ist. So, wie ich es bisher erlebt habe. Ich stelle fest: Jede meiner Erfahrungen birgt immer auch Gutes. Ebenso kann ich hier im Gottesdienst hören, dass ich mit meinem Gesang nicht allein bin. Wie majestätisch das klingt, wenn die ganze Kirche singt. Also bin ich mit meinem Glauben auch nicht allein. Im gemeinsamen Singen erlebe ich Frieden zwischen uns. Wir finden zusammen in Worten und Törnen, im Rhythmus und Tempo. Da sind wir uns auf einmal einig. Es passiert, dass ich Gott den Höchsten spüre – mitten unter uns. Singen ist eine göttliche Kraft.

Ich möchte mit Ihnen noch einmal in die eben gehörte Geschichte hineingehen. Da begegnet mir ein Mann, von dem in der Bibel so nichts zu lesen steht. Er ist Mitgefangener von Paulus und Silas und sitzt in einer der benachbarten Zellen ein. Der Gesang von Paulus und Silas und das Erdbeben haben ihn zutiefst erschüttert. Er steht da und kann noch nicht begreifen. Lassen Sie mich aus seinem Leben erzählen:

Von Kindesbeinen an nennen ihn alle Orpheus. Das liegt an seiner außerordentlich schönen Stimme, die ihm die Gene und ein guter Geist in die Wiege gelegt haben. Orpheus mit der schönen Stimme. Wie der aus der alten Sage. Ein zweiter

Grund für seinen besonderen Namen ist folgender: Als seine Mutter starb, war Orpheus gerade acht Jahre alt. Sein Vater gab ihn damals in die Sängerschule an einem großen Amphitheater. Orpheus sang in allen großen Dramen mit. Zuerst im Chor, später trat er solistisch auf. Als seine Stimme brach und männlich tief wurde, hatte er nur ein Ziel – er wollte einmal die Gestalt des Orpheus aus der berühmten Sage verkörpern. Und er hat es mit großem Erfolg geschafft. Ab da hieß er nur noch ‚unser Orpheus'. Dabei entging es ihm selbst nicht, dass kaum Bewunderung mitschwang, wenn man ihn so ansprach. Häme und Neid begegneten ihm. Wie das so ist, wenn jemand besondere Begabungen besitzt. Und die hatte Orpheus wirklich. Wenn er zu singen begann, war es im großen Rund des Amphitheaters mucksmäuschenstill. Dieser Junge singt nicht nur mit seiner Stimme. Man merkt, wie er mit ganzem Herzen dabei ist. Das spürt man bis in die letzte Reihe.

Seine Dienstherren nutzten Orpheus' Begabung aus. Er musste jeden Abend auf die Bühne und singen. Schließlich wurde seine Stimme krank, und er wurde rausgeschmissen. Im wahrsten Sinne des Wortes saß er auf der Straße. Was nun? Er bewarb sich um Sold beim Heer. Er quälte sich bei den Kampfübungen, die ihm mehr schlecht als recht gelangen. Er zog mit seinen Kameraden in die Schlacht. Fünfmal. Er wurde verwundet. Zog wieder los. Er tötete. Weil er überleben wollte. Das Dröhnen der Harnische brachte seine Lebensmelodie aus dem Rhythmus. Das Grölen der aufgezwungenen Kampflieder tat Orpheus weh. Er sang mit, weil man ihm eingetrichtert hatte: Wessen Brot ich esse, dessen Lied singe ich.

Als er das Gemetzel nicht mehr aushielt, türmte er bei Nacht und Nebel. Er war wieder frei und war es doch nicht. Denn das Leben stellte seine Aufgaben an ihn und zwang ihn, sich zu versorgen. Er versuchte sich als Knecht auf den Feldern und als Gehilfe beim Schmied. Nichts gelang ihm so gut, dass er eine feste Anstellung gefunden hätte. Er verliebte sich. Jedoch der Vater seiner Liebsten verbot seiner Tochter den Umgang mit dem Taugenichts.

Eines war Orpheus geblieben: seine Stimme – wenn auch gebrochen und rauh geworden. Manchmal setzte er sich vor die Stadt und sang leise ein für ihn sehr wichtiges Lied. Seine Mutter sang es ihm früher beim Einschlafen. Das Lied erzählte von den Sternen, vom Mond und von einer göttlichen Kraft. Es war von Vertrauen beseelt. Immer wenn Orpheus diese wenigen Verse sang, war ihm so, als säße seine Mutter bei ihm. Ja, er spürte sogar ihre Hände. Das gab ihm Kraft und Vertrauen für die bevorstehende Nacht und den nächsten Tag. Orpheus meinte sogar, etwas von dieser göttlichen Kraft zu spüren, die ihn, trotz allem nicht verlassen würde.

Orpheus geriet auf die schiefe Bahn. Zuerst war es nur ein Apfel, den er sich vom Tisch des Händlers stahl. Er rannte mit dem Apfel wie um sein Leben und hatte keinen Genuss, als er ihn aß. Später waren es Geldbörsen, die er geschickt den Leuten abnahm. Nun lief er auch nicht mehr davon. Die Versuchung zu stehlen barg für ihn einen großen Reiz. Abgebrüht sagte er sich: Warum sollte ausgerechnet ich ein anständiger Mensch bleiben in einer Welt, in der einer den andern betrügt und an jeder Ecke die Korruption herrscht?! Doch es musste ja so kommen – Orpheus wurde auf frischer Tat ertappt und ins Gefängnis überführt. Die Richter verurteilten ihn zu Peitschenhieben und Haft. Er war mit dem Leben davon gekommen. Es hätte ihn durchaus schlimmer treffen können.

Die Zeit im Gefängnis war hart für ihn. Am Abend jedes überlebten Tages kratzte Orpheus mit einem Stein einen Strich an die Wand. Er zählte die Striche nicht mehr und wusste darum nicht, dass es weit über zweitausend waren. Er saß beinahe sieben Jahre in diesem Loch ein. Er lebte nur noch, um zu überleben. Zum Glück hatten ihn die Jahre beim Heer hart gemacht und die Erfahrungen beim Klauen abgebrüht. Er sang auch nicht mehr. Das Singen war in seiner Kehle erstickt. Wem sollte er auch singen? Sich selbst? – Das kam ihm nicht in den Sinn. Er hatte wohl den Kontakt zu sich selbst verloren. Sollte er anderen singen? – Ihm würde niemand zuhören. Hier hatte jeder mit sich selbst zu tun und mit dem Überleben. Sollte er etwa dieser göttlichen Kraft singen? Dem da oben auch noch Dankeslieder singen? Wenn es wirklich so etwas gab, dann hatte diese göttliche Macht Orpheus längst verlassen. Mit der Zeit wurden der Kerker, in dem er saß, und sein inneres Gefängnis eins. Er kam aus beiden nicht mehr raus.

Und dann der Tag heute. Orpheus steht am Kerkerfenster und klammert sich mit beiden Händen an den Gittern fest. Was war da gerade geschehen? Er versuchte seine Gedanken zu ordnen: Es war nicht nur das Beben, das ihn erschütterte. Es war der Gesang der beiden Fremden, der Orpheus wie aus einem Dämmerzustand geholt hatte.

Am liebsten hätte er sich die Ohren zugehalten, denn es klang für seine geschulten Ohren wahrlich nicht schön, was die beiden von sich gaben. Immer wenn sie ihre Stimmen anhoben, hörte es sich an wie ein Krächzen. Am meisten verblüffte ihn jedoch, dass die zwei Männer überhaupt zu singen wagten. Sie lobten einen Gott, für den es hier in diesem Verließ keinen Raum gab. – Nicht in gebrochenen Herzen wie seinem. Auch nicht in dem, was Menschen außerhalb der Gefängnismauern in dieser Zeit dachten und wie sie in dieser Gesellschaft lebten.

Die zwei Fremden mussten also ihr ganzes Vertrauen auf einen Gott setzen, den es in Wirklichkeit gar nicht geben konnte. Trotzdem öffnete der Gesang der beiden Männer in Orpheus eine Pforte zu einem längst verschlossenen Raum in ihm selbst. Zuerst machte ihn das wütend. Am liebsten hätte er geschrien: Haltet das Maul! Singt auf eurer Hochzeit oder auf eurer Beerdigung – wenn ihr dazu dann noch in der Lage seid. Bleibt mir weg mit euerm frommen Getue. Als die Wut weg war und die Männer immer noch sangen, kam die Erinnerung. Denn der Gesang ließ ihn zum ersten Mal seit langem wieder spüren, dass er überhaupt noch lebte. Er. Orpheus. Er erinnerte sich an die Kraft des eigenen Singens von damals. Ja, das Singen war sein Leben. Es ist sein Leben.

Er erinnerte sich an seine Mutter und an das Lied, das sie ihm immer beim Einschlafen sang: von den Sternen, vom Mond und von einer guten göttlichen Kraft. Er spürte es wieder – dieses Gefühl, geliebt und angenommen zu sein. Schmerz und Freude: Beides zugleich zerrissen ihn in diesem Augenblick und trieben ihm die Tränen in die Augen. Sollte im Gesang der beiden Fremden ihn noch ein ganz anderer rufen? Seine Mutter? Ein Gott, der es gut mit ihm meinte? Konnte so etwas sein? Er erinnerte sich an seine Liebste von damals. Wenn es keiner sah, liefen sie Hand in Hand durch ihre kleine verliebte Welt wie zwei von Liebe Verrückte. Ach, er hätte immer nur singen wollen vor lauter Glück. Sie hatte ihm gern zugehört und manchmal mitgesungen. In Erinnerung spürte er ihre Küsse.

Das hatte er alles erleben dürfen. Dafür war er unendlich dankbar. Keine Macht der Welt konnte ihm dieses Gefühl nehmen. Nicht einmal in diesem Kerker. Er erinnerte sich ebenso an eine Situation nach einer der Schlachten: Ein Kamerad lag tödlich verletzt am Boden. Orpheus sah, wie sich ein anderer neben ihn kniete und leise zu singen begann. Damals war Orpheus entsetzt darüber. Wie kann man jetzt ans Singen denken. Man muss doch was tun, um den Verletzten zu retten. Der Sterbende atmete ruhiger. Sah wie durch alle hindurch zum Himmel. Als sähe er eine andere Seite des Lebens. Bis er aufhörte zu atmen – scheinbar ganz ohne Schmerzen. Alle Umstehenden wurden ruhig. Als ahnten auch sie eine andere Seite. Der Singende sang sein Lied zu Ende. Voller Vertrauen.

Heute erst, an diesem Tag begreift Orpheus, was damals geschah. Dass das Singen nicht nur die schönen Seiten des Lebens berührt. Dass es Menschen in Not trägt und Vertrauen schenkt. Orpheus steht am Fenster. Seine Hände klammern sich an den Gittern fest. Trotzdem ist die Spannung von ihm abgefallen. Viele Gedanken kommen. Einerseits denkt er, dass er jetzt sterben könnte. Er ist mit seinem Leben an einen guten Punkt gelangt. Im Gefängnis. Sonderbar. Doch hat er nicht genug erlebt? Und was eben mit ihm geschieht, das versöhnt ihn mit seinem eigenen Leben, mit Menschen und mit Gott. Er hat singen und lieben dürfen. Er trägt gerade diese gute Gewissheit in sich, ein guter Mensch zu sein und ein guter Sänger dazu. Die Gewissheit, dass er sich nach Frieden sehnt. Im Grunde seines Herzens ist er keiner, der sich selbst durch eine verschlagene Gesellschaft hindurchschlägt. Mit diesen Einsichten könnte er doch das Leben verlassen? Er fühlt sich reich.

Da sind auch andere Gedanken dabei. Die erzählen ihm vom Leben. Orpheus möchte leben. Bisher öffneten sich ihm doch immer Wege und Möglichkeiten, die er riskieren konnte. Wie wäre es, wenn er darauf baute? Ob die Frau noch lebte, in die er verliebt war? Ob sie auch an ihn dachte? Was möchte er ganz bestimmt noch erleben? Welche Möglichkeiten gibt es für ihn, seine Gabe zu leben, die Musik? Die große Karriere auf der Bühne gibt es für ihn nicht. Orpheus will singen. Ist es nicht seine Pflicht und Schuldigkeit, Menschen zu einer anderen Lebensmelodie einzuladen? Damit nicht nur alle mitgrölen, was unsere Brotgeber hören wollen. Hätte er dazu den Mut? Den Mut wie diese beiden Fremden. Gerade würde es ihm allerdings genügen, diesen beiden die richtigen Töne beizubringen. Für die guten Worte, die sie singen.

Aber die beiden Fremden sind nicht mehr da. Der Kerkermeister hat sie in sein Haus rufen lassen. Was wird dort bloß vor sich gehen? Egal. Plötzlich beginnt Orpheus leise das Lied seiner Mutter zu singen. Es erzählt von den Sternen, vom Mond und von einer göttlichen Kraft, die nicht aufhört zu sein. Plötzlich fallen Orpheus neue Verse zu diesem Lied ein. Er singt weiter. Seine Worte erzählen von Menschen und Tieren. Von der Frau, die er immer noch liebt. Von einer Erde, die mit ihrer Schönheit die Menschen einlädt zu leben. Die nicht aufhört unsere Erde zu sein. Er – Orpheus – merkt: Er ist mittendrin in seinem Lied. In seinem Leben. Seine Füße stehen fest und spüren die Erde, die ihn trägt. Durchs Fenster sieht er den Himmel, der ihn nährt. Kann es sein, dass hinter ihm Türen offen stehen. Ein seltsames Gefühl. Soll er sich einfach umdrehen und schauen? Losgehen? So soll es sein – Amen.

Vorschläge für das Predigtlied

EG 302	Du meine Seele singe
EG 117	Der schöne Ostertag

Fürbittengebet

Lieber Vater, göttliche Kraft,
unseren Dank bringen wir vor dich für unser Leben, unser Fühlen und Denken, für unser Tun und Lassen. Wir danken dir für die uns eigene Gabe des Singens. Mit ihr erzählen wir dir und anderen vom Leben – vom Leben mit dir.
Wir bitten dich: Lass uns erinnert werden, dass wir die Gabe des Singens in uns tragen. Lass uns im Gesang spüren, mit dir und mit Schwestern und Brüdern verbunden zu sein. Öffne uns für das Leben und öffne uns für andere.
Wir denken vor dir an Menschen, die verstummt sind. Sei bei ihnen – mit deinem Gesang. Lass dich von ihnen hören. Segne das Singen und Musizieren. Lass es zum Guten geschehen. Segne das Wirken der Organisten und Kantoren und die Menschen, die mit Freude und Leidenschaft in Chören singen und musizieren.
Bewahre uns das Hören aufeinander und den Frieden, der daraus erwachsen kann. Lege du deinen Trost und deine Zuversicht für uns in die Musik, die uns erreicht, damit wir leben können.
Amen.

Christian Schoberth

Rogate

Johannes 16,23b–28(29–32)33

[Lesung des Predigttextes]

[1. In der Welt habt ihr Angst …]

Liebe Gemeinde!

Sechs junge Leute treffen sich zu einem Fernsehabend. Sie haben es sich auf dem Sofa und den Sesseln bequem gemacht. Getränke und Knabbereien stehen bereit. Die Mädchen sind eng an ihre Freunde gekuschelt. Zwei Mädchen blinzeln durch ihre Finger, die sie sich vor die Augen gelegt haben, eines hat schockiert den Kopf abgewandt. Auf der Mattscheibe flimmert ein Horrorfilm. Die Jungs wollten den Mädchen mal so richtig Angst einjagen. Und das ist ihnen ziemlich gut gelungen.

Eine Frau sitzt im Krebszentrum einem Spezialisten gegenüber. Der Hausarzt hatte auffällige Blutwerte festgestellt und geraten, das Ganze überprüfen zu lassen. Es folgte die Computertomographie, etliche quälende Stunden der Ungewissheit und nun der Augenblick, vor dem sie sich so gefürchtet hatte. Der Arzt blickt stirnrunzelnd aus den Unterlagen hervor, rückt sich seine Brille zurecht und sagt: „Ich möchte Ihnen keine Angst machen, aber es sieht ernst aus."

Ein Abiturient starrt mit geweiteten Augen auf seine Prüfungsunterlagen. Er weiß, dass er nicht der Beste in diesem Fach ist. Aber er hat versucht, sich auf alle Eventualitäten vorzubereiten. Es geht schließlich um seine Zukunft. Und es geht um einen Studienplatz, den er nur bekommt, wenn er heute gut abschneidet. Mit schweißnassen Fingern hebt er die Blätter mit den Aufgaben an und spürt, wie sich kalte Angst in ihm ausbreitet.

In den Räumen einer Krankenkasse sitzen unterschiedliche Menschen in einer Runde. Eine Verkäuferin berichtet von ihrer Angst vor Spinnen. Eigentlich wüsste sie ja, wie nützlich diese Tierchen sind, aber wenn sie eine sieht, kann sie sich nicht mehr bewegen und schreit um Hilfe. Ein Geschäftsführer berichtet davon, wie er jeden Tag neu seine Panik vor der engen Aufzugkabine niederkämpfen muss. Mit vielen Menschen in einem engen Raum eingezwängt zu sein, fällt ihm aus unerklärlichen Gründen schwer. Ein anderer Mann berichtet von seiner Angst vor Bakterien und Infektionen. Immer müsse er sich die Hände waschen und auch zu Hause müsse alles geputzt sein, sonst gerät er in Panik. An diesem Gesprächsabend kommen neben Versagensangst und Platzangst viele Formen der Angst zur Sprache.

[2. Grundformen der Angst]

Liebe Gemeinde! In der heutigen Predigt geht es um die Angst. Angst ist in ihrer biologischen Funktion ein Schutzmechanismus des Körpers. Die Angst vor dem wütenden Mammut oder dem Säbelzahntiger steckt uns in den Genen und ermutigt uns, zum richtigen Zeitpunkt wegzurennen. Angst gehört irgendwie zum Leben dazu. Wenn man Glück hat, kann Angst als Nervenkitzel genossen werden. Aber in allen anderen Beispielen zeigt sich, dass Angst etwas Existenzbedrohendes hat. Und dass die Überwindung der Angst oftmals eines Impulses von außen bedarf.

Wenn Jesus mit seinen Jüngern redet, dann redet er oft in Gleichnissen. Oder er denkt sich Beispiele aus. Manche dieser Beispiele leuchten einem sofort ein. Es gibt aber auch Gleichnisse, die sich einem nicht sofort erschließen. Sie bedürfen der Interpretation. Jesu Jünger haben diese Erfahrungen gemacht. Besonders, wenn Jesus versucht hat, seinen Auftrag, seinen Tod oder seine besondere Beziehung zum Vater zu verdeutlichen. Die Evangelien berichten immer wieder vom Unverständnis der Jünger und von ihren Missverständnissen in der Deutung des Weges und der Aufgabe Jesu.

Im Johannesevangelium macht Jesus kurz vor seinem Leiden und am Ende des gemeinsamen Weges mit seinen Jüngern die Ankündigung, dass er sie verlassen muss. Die Jünger bleiben allein in der Welt zurück. Diese Ankündigung versetzt sie in tiefe Traurigkeit und Angst. Es ist die Angst vor dem Verlust bzw. vor dem Alleinsein und die Angst vor der eigenen Zukunft bzw. vor Veränderung.

In der modernen Psychologie werden die Angst vor dem Alleinsein und die Angst vor Veränderung sogar als „Grundformen der Angst“[1] bezeichnet, die den ganzen Charakter eines Menschen bestimmen können. Und im Angesicht dieser Angst wird Jesus konkret. Er verlässt die Bildsprache der Gleichnisse und Beispiele und redet mit seinen Jüngern offen und klar von Angesicht zu Angesicht. Oder besser: von Gott zu Mensch: „Ich bin vom Vater ausgegangen und in die Welt gekommen; ich verlasse die Welt wieder und gehe zum Vater.“ Wie auch sonst im Johannesevangelium erweist sich Jesus hier als die personifizierte Verbindung zwischen Gott und Welt. Er nimmt in diesem Jüngergespräch eine Grundangst des Menschen ernst: das Verlassensein. Er nimmt damit die Angst der Jünger ernst, dass für sie eine Welt ohne Jesus eine Welt ohne Gott ist, ohne Liebe und ohne Hoffnung.

[3. Angst lehrt Beten?]

Dabei – und das will Jesus hier verdeutlichen – ist genau das Gegenteil der Fall. Gerade weil Jesus zum Vater zurückkehrt, kann er für alle da sein. Jesus ist die Verbindung vom Vater zur Welt und von der Welt zum Vater. Jesu zentrale Aussagen über die Angst und die Überwindung der Angst ist im Predigttext in enge Verbindung gebracht mit einer intensiven Abhandlung über das Thema „Gebet“. Angst und Gebet – das gehört irgendwie zusammen. Und in Anlehnung an ein Sprichwort könnte man sagen: Angst lehrt Beten. Darum sagt Jesus hier vieles über das Bitten, das in einem tieferen Zusammenhang steht mit der Angst. Denn das richtige Bitten und die Überwindung der Angst gehören auch für Jesus untrennbar zusammen:

Wenn ihr den Vater um etwas bitten werdet in meinem Namen, wird er's euch geben. So beginnt der Predigttext. Beten ist Bitten, das legt jedenfalls die deutsche Sprache nahe. Der Sonntag Rogate untersucht dieses Bitten in seinen vielen Facetten. Ursprünglich ein Sonntag in der österlichen Zeit, der mit Bittprozessionen für eine gute Ernte begangen wurde, ist er heute ein Themensonntag zum Gebet. In seinen Texten und Lesungen kommt das zum Ausdruck:

Paulus ermutigt im ersten Timotheusbrief nicht nur zum Gebet für alle Menschen, sondern ermutigt besonders zum Gebet auch für die Regierung und die Obrigkeit. Er schließt damit eine politische Dimension des Gebets ein. Im Fürbittenge-

1 Riemann, Fritz. Grundformen der Angst. München 1990. Ich beziehe mich hier im internen Jüngerdialog auf die sog. „depressive“ und „zwanghafte“ Persönlichkeitsstruktur, indem ich die Riemannsche „Angst vor Selbstwerdung“ als Angst vor dem Alleinsein bzw. Allein-Verantwortlich-Sein und die „Angst vor Wandlung, Risiko und Vergänglichkeit“ als Angst vor der Veränderung deute.

bet für das Volk wendet *Mose* den Zorn Gottes über Israels Abtrünnigkeit ab. Gnade und Verzeihung werden hier zum Schwerpunktthema. Der Evangelist Lukas betont, dass der Mensch sich den Bitten der Armen und Hilflosen öffnen soll und dass Gott sich um ein vieles Mehr den Bitten der Gläubigen öffnen wird. Damit rückt Lukas die soziale Komponente des Gebets ins Zentrum. Der *Kolosserbrief* mahnt zur Beharrlichkeit im Gebet und weist darauf hin, dass es neben dem Bitten auch das Danken geben soll. Er weitet das Thema Gebet also von einem bloßen Bitten hin zum Loben und zum Danken. Und der Evangelist *Matthäus* nimmt die Gebetspraxis in den Blick und stellt den vielen Worten und dem aufgeregten Geplapper das konzentrierte Gebet des Herrn entgegen, wenn er das Vaterunsergebet Jesu überliefert: Warum beim Beten viele Worte machen?

Das wäre auch eine Erkenntnis im Sinne des Johannes. In der Religionswissenschaft wird das Gebet definiert als eine mündliche oder rituelle Zuwendung an ein höheres Wesen, zum Beispiel einen Gott. In der Weltgeschichte haben sich viele Menschen mit viel Mühe und mit noch viel mehr Worten an ihre Götter gewandt. Jesus lehnt diese Art von Beten ab. Es kommt ihm nicht auf die vielen Worte, sondern auf die Inhalte an, oder mehr noch, auf die Haltung. Für Jesus ist ein Gebet ein Kontakt und kein bloßer Hilferuf. Und darum wendet er auch viel Mühe auf, diesen Sachverhalt seinen Jüngern zu erklären. Jesus stellt klar, dass sie nun nicht mehr über Umwege zu Gott zu beten brauchen. Nicht Jesus wird bei Gott um etwas für sie bitten. Sie werden selbst erhört werden. Jesus schließt damit gleichzeitig jeden Aberglauben aus, dass man sich Gott durch Bezahlung oder ein besonderes Verhalten gefügig machen könnte. Gott handelt aus Liebe und nicht aus Verpflichtung.

[4. Ich habe gebetet und du hast nicht erhört!]

Jedes Reden über das Gebet muss sich ernsthafterweise auch dem Scheitern des Gebets stellen. Wenn die Angst das Beten lehrt und wenn der Erfolg des Gebets an Erfüllung gemessen wird, dann wird es schwierig, von einer positiven Bestimmung des Gebets zu sprechen. So viele in der Weltgeschichte haben sich mit viel Mühe und mit noch viel mehr Worten an Gott gewandt und wurden nicht erhört. Auch wir wissen nicht, welche Erfahrungen die Personen aus den Anfangsbeispielen machen würden. Wird die krebskranke Frau wie durch ein Wunder wieder gesund? Wird ein Stoßgebet reichen, damit der Abiturient seine Prüfung besteht? Und wie viele Gebete sind nötig, damit die Menschen aus der Selbsthilfegruppe ihre Ängste überwinden? Wir wissen es nicht. Gott weiß es. Jesus spricht: Wenn ihr den Vater um etwas bitten werdet in meinem Namen, wird er's euch geben. Aber Jesus spricht den Satz nicht einfach so dahin. Denn ganz zu Anfang stellt er fest: Bisher habt ihr um nichts gebeten in meinem Namen.

Das kann doch gar nicht sein. Sollten die Jünger etwa bis kurz vor Jesu Passion wunschlos glücklich gewesen sein? Das kann ich mir nicht denken. Auch die Jünger kannten Krankheit, Leid und Tod in der Familie, Ausgrenzung, Überforderung und Erschöpfung. Genug Grund zum Jammern und noch mehr Grund zum Beten. Und Jesus? Jesus kannte diese Gefühle auch. Trotzdem macht er eine Ansage: Bisher habt ihr um nichts gebeten in meinem Namen.

Da muss man schon einmal genauer nachfragen: was meint er damit? Ich denke, dass Jesus darauf verweisen will, dass man sich um das Ziel seiner Bitten im Klaren sein muss. Wer bittet, muss erst wissen, um was. Und darum ist es gut, dass uns Not das Beten lehrt. Wir lernen dadurch, dass das Leben in all seinen Formen und Facetten nicht selbstverständlich ist. Dass Gesundheit und Erfolg nicht selbstverständlich sind. Dass ein Leben ohne Angst nicht selbstverständlich ist.

Am Ende seines irdischen Weges ruft Jesus dazu auf, herauszufinden, was uns wirklich wichtig ist und was uns wirklich trägt. Was wir vom Leben wollen und erwarten. Er ermutigt uns, sich den eigenen Ängsten zu stellen und durch sie hindurchzutreten. Beten im Sinne Jesu ist keine Wunscherfüllung, sondern eine Weltbewältigung. In jedem Augenblick unseres Lebens – auch in den schweren und leidvollen – erkennen wir unsere Bestimmung und vertrauen darauf, dass wir mit Gott verbunden sind. Gerade auch im Leiden. Dadurch gewinnt das Beten eine Orientierungsfunktion auf das eigene Leben hin.

Und wer Orientierung hat, der weiß, was er will und was er kann. Wer aber auch seine Grenzen kennt und an den eigenen Beschränkungen arbeitet, der hat einen wichtigen Schritt in Richtung zur Überwindung der Lebensangst getan. Denn die Veränderung der Situation beginnt nicht wunderhaft von außen, sondern setzt immer in mir selbst an.

[5. … doch ich habe die „Angst" überwunden!]

Bitten im Sinne Jesu ist also kein vergebliches Hoffen auf das Eingreifen eines höheren Wesens. Beten im Sinne Jesu stellt das oftmals vergebliche Bemühen Gottes dar, einen Kontakt zum Menschen herzustellen. Darum ist christliches Beten auch immer ein Sich-Öffnen für das, was von Gottes Seite bereits schon Realität ist: Jesus kommt vom Vater zu uns, und er verbindet uns mit dem Vater. Der Sonntag Rogate ist ein Sonntag der Osterzeit. Jesus überwindet Leid und Tod, und er öffnet uns für Gott und für die Welt. Wer in einer solchen Welt bzw. Glaubenswelt lebt, für den ist die Angst überwunden. Amen.

Vorschläge für das Predigtlied

EG 106	Erschienen ist der herrlich Tag
EG 378	Es mag sein, dass alles fällt

Fürbittengebet

Jesus Christus. Du stehst in den vielfältigen Ängsten unserer Zeit an unserer Seite. Wir bitten dich um deine Nähe und Liebe. Wir vertrauen auf deine Gnade, wenn wir dich jetzt bitten:

Erfülle mit Glauben alle, die das Vertrauen in deine Hilfe verloren haben, die sich allein und hilflos fühlen. Stärke alle Kranken und Leidenden in ihrem Schmerz und ihrer Angst. Sei bei den Sterbenden und denen, die um sie trauern. Wir bitten dich: Hilf ihnen in ihrer Angst.

Entzünde die Liebe in allen, die Macht und Verantwortung tragen. Stärke die Verzagten und Mutlosen und gib den Verirrten ein neues Ziel. Heile, was unter den Menschen durch Hass und Gewalt zerbrochen ist, und nimm die Streitenden in deine liebevollen Arme. Wir bitten dich: Hilf ihnen in ihrer Angst.

Erfülle mit Hoffnung alle, die ihren Weg verfehlt haben. Sei bei den Enttäuschten und Trostlosen. Stärke Menschen ohne Arbeit und Perspektive, Menschen ohne Erfüllung und Heil. Wir bitten dich: Hilf ihnen in ihrer Angst.

Jesus Christus, du kommst im Gebet auch zu uns. Du willst uns unsere Angst nehmen und schenkst uns ein Leben in Frieden und Freude. Wir bitten dich: Bleibe bei uns, jetzt und in den dunklen Stunden unseres Lebens. Lass das Osterlicht über uns leuchten jetzt und in Ewigkeit. Amen.

Christian Willm Rasch

Christi Himmelfahrt

1. Könige 8,22–24.26–28

[Lesung des Predigttextes]

Liebe Gemeinde!
Vielleicht haben wir mit einer geheimen Sehnsucht die Schilderung am Anfang unseres Predigttextes verfolgt und gedacht: „Ach ja, wenn doch auch unsere Staatsoberhäupter mit solcher Klarheit das Lob Gottes und den Dank für Sein Wirken an den Anfang ihrer Erklärungen und Weihehandlungen stellen würden – so wie Salomo das tut zu Beginn der Weihe des Tempels, den er in Jerusalem hat bauen lassen!" Heute wird man bei dem Wort „Tempelweihe" allenfalls an einen „Einkaufstempel" oder etwas ähnliches denken. Und der ständige Kampf darum, an Sonn- und Feiertagen die Einkaufstempel öffnen zu dürfen, ist ja getrieben von dem Bemühen, Konsum an die Stelle von Kirchgang und Einkauf an die Stelle von Einkehr zu stellen. Und den Menschen die Ruhe zu nehmen, die ihnen möglicherweise zum Nachdenken verhelfen würde!

Der Kampf „Wirtschaft und Gewinn gegen Wohlbefinden und Zur-Ruhe-Kommen" beunruhigt und verärgert ja nicht nur uns Alltagsmenschen, er bindet auch viel mehr Kräfte von Politikern, als wir es über Nachrichten etc. wahrnehmen. Aber immerhin erleben wir es ja, dass Präsidenten oder Minister bei der Vereidigung auf ihr Amt die „kirchliche Formel" wählen und die Hand auf die Bibel legen, wenn sie ihren Eid sprechen. Und wenn sie „Ja, mit Gottes Hilfe!" sagen, wird uns – und ihnen selbst – deutlich, dass sie nicht allein kraft ihrer eigenen Fähigkeiten ihr verantwortungsvolles Amt ausüben wollen, sondern in Hoffnung und Verantwortung Gott gegenüber. Wenn allerdings der amerikanische Präsident Trump bei seiner Vereidigung gleich zwei Bibeln bemüht, kann man zumindest fragen, welche Absicht hinter solcher Inszenierung steht.

Aber nicht solcher Überlegungen wegen hat die Kommission für Auswahl der Predigttexte diese Verse aus dem ersten Königsbuch ausgewählt, sondern weil da mehrfach das Wort Himmel vorkommt, „aller Himmel Himmel“ sogar, wie Martin Luther so eindrucksvoll übersetzt. Woran denken wir am Tag von „Christi Himmelfahrt“, wenn unsere Gedanken um das Wort „Himmel“ kreisen? In manchen Kirchen ist die Himmelfahrt Christi dargestellt durch das Bild der zurückgebliebenen Jünger, die nach oben blicken, wo aus einer Wolke gerade noch die Füße von Jesus herausgucken. Auch wenn wir dieses Bild ein wenig belächeln, es gibt doch der Erkenntnis Ausdruck: Gott, den wir mit unserem Verstand nicht fassen können, er kann nur in einer Weltgegend zu finden sein, die unserem Verstand ebenfalls verschlossen ist, also „da oben“, im Weltraum. Als Juri Gagarin seinen ersten Weltraumflug gemacht hatte, beeilte sich die Sowjetpropaganda mitzuteilen, dass er Gott „da oben“ jedenfalls nicht getroffen hätte. Ein pfiffiger Zeitgenosse hatte damals darauf geantwortet: „Da hätte Gagarin mal aussteigen müssen, dann wäre er Gott begegnet!“

In einer Dorfkirche hatte mal der Pfarrer die Christenlehrekinder gebeten, in eine Wolke auf einem Blatt Papier hineinzuschreiben, was ihnen zum Wort Himmel einfällt. Die Blätter waren dann festgemacht an den Bankseiten des Mittelganges, und alle hatten beim Eintreten und der Platzsuche schon ein bisschen überlegen können, worum es gehen würde im Gottesdienst. Ein Mädchen hatte auf ihr Blatt geschrieben: „Der siebte Kartoffelhimmel von Maggi“ – das war damals eine Werbung für Kartoffelbrei aus der Tüte. Und eine ältere Dame, als sie dieses Blatt passiert hatte, sagte mit leicht verklärtem Lächeln: „Ich tanze mit dir in den Himmel hinein, in den siebenten Himmel der Liebe“ – das wiederum war wohl ein Schlager aus den Dreißigerjahren des vorigen Jahrhunderts.

Das Wort „Himmel“ bringt uns nicht wirklich „näher, mein Gott, zu dir“, wie es in einem Kirchenlied heißt (das sinnigerweise in dem Film „Titanic“ als letztes Musikstück von der Bordkapelle intoniert wurde). Auch dem Pfarrer in dem erwähnten Dorfgottesdienst gelang kein klärender Ausweg aus der verzwickten Himmels-Situation mit seiner Erklärung, dass im Englischen der astronomische Himmel „sky“ heißt und der andere, eben der „Himmel Gottes“, „heaven“. Aber ein Lied kam ihm und der Gemeinde zu Hilfe:

Weißt du, wo der Himmel ist? / Außen oder innen? / Eine Handbreit rechts und links, / Du bist mitten drinnen.
Weißt du, wo der Himmel ist? / Nicht so tief verborgen. / Einen Schritt aus dir heraus, / aus dem Haus der Sorgen.
Weißt du, wo der Himmel ist? / Nicht so hoch dort oben. / Sag doch Ja zu dir und mir: / Du bist aufgehoben.

Sicher dürfen wir ein wenig lächeln über die Vorstellung unserer Vorfahren von Himmel und Himmelfahrt, aber nicht überheblich, denn auch unsere Überlegungen werden nicht allen einleuchten. Wir müssen Gott nicht ins Weltall „verbannen“: Er ist „da oben“ genau so wie bei uns auf der Erde, um uns herum. Gerhard Ebeling, einer der bekanntesten Theologen des vorigen Jahrhunderts, sagt das mit dem Satz: „Nicht wo der Himmel ist, ist Gott, sondern wo Gott ist, ist der Himmel.“

Auch wenn wir dennoch Gott mit unserem Verstand nicht fassen und nur bruchstückhaft beschreiben können, so wird doch aus jedem Bruchstück heraus uns seine Gegenwart begegnen. Und solche Begegnung wird uns Halt geben und Zuversicht und Mut. Und die Hoffnung, dass manchmal auch durch die Art, wie wir selbst unseren Mitmenschen begegnen, ihnen und uns ein Stück der Gegenwart Gottes begegnen kann.

Und der Frieden Gottes, der höher ist und mehr vermag als wir Menschen uns vorstellen können, der bewahre unsre Herzen und Sinne in Jesus Christus, damit wir Menschen Seiner Liebe bleiben – und immer wieder werden. Amen.

Vorschläge für das Predigtlied[1]

EG 123 Jesus Christus herrscht als König

EG 124 Nun bitten wir den heil'gen Geist

Fürbittengebet

Gott, Vater im Himmel! Deine Güte will unsere Erde verwandeln: dass Vertrauen unter uns wächst, Hilfsbereitschaft, Verantwortung und Freundlichkeit. Wir können nicht den „Himmel auf Erden" schaffen, aber du, Gott, kannst uns helfen, dass wir einander nicht das Leben zur Hölle machen. Öffne uns die Augen für die Schönheit Deiner Schöpfung. Lass uns dankbar annehmen und genießen, was du uns reifen lässt in Gärten und Feldern und womit du sonst uns beschenkst. Lass uns achtsam umgehen mit all deinen Gaben und nichts gering schätzen und verderben von dem, was doch Menschen satt machen kann. Öffne uns das Herz, damit wir teilen und weiterschenken können. Öffne uns die Ohren für dein Wort, damit wir begreifen und weitersagen, was du uns an ermutigenden und entlastenden Hoffnungen immer wieder zusprichst. Lass auch durch uns etwas von deinem Himmel auf unsere Erde kommen.

Vater unser

Arnd Morgenroth

1 Da Gott uns auch in der Schönheit seiner Schöpfung begegnet, sind die Lieder „Wie lieblich ist der Maien" (EG 501) und „Geh aus, mein Herz, und suche Freud" (EG 503) gut für diesen Gottesdienst geeignet. Sie entsprechen ja auch dem Charakter des Tages, der in vielen Gemeinden mit einem „Gottesdienst im Grünen" begangen wird. „Jesus Christus herrscht als König" (EG 123) ist von den unter „Himmelfahrt" im Gesangbuch zu findenden Liedern sicher das am besten geeignete. Da Himmelfahrt mit der Ausgießung des Heiligen Geistes eng zusammenhängt, wäre auch folgende Übertragung von EG 124 für den Gottesdienst geeignet:
Nun bitten wir den Heil'gen Geist / um den rechten Glauben allermeist, / daß er uns behüte auf unsern Wegen, / durch uns wachsen lasse seinen Segen. / Kyrieleis. // Du wertes Licht, gib uns Deinen Schein. / Lehr uns Jesus Christ kennen allein, / der zum Herrn und Bruder uns gegeben, / daß wir folgen ihm den Weg zum Leben / Kyrieleis. // Du höchster Tröster in aller Not, / aufstehn hilf uns gegen G'walt und Tod. / Brüderlich zu teilen laß gelingen, / schwesterlich der Erde Frieden bringen. / Kyrieleis.

Exaudi

Epheser 3,14–21

Der Predigttext wird erst im Verlauf der Predigt in der hier angegebenen Übersetzung (Zürcher 2007) verlesen.

[1. Ein Kniefall bewegt die Welt]

Am 7. Dezember 1970 besuchte Kanzler Willy Brandt das Denkmal für die Kämpfer des Aufstands im Warschauer Ghetto 1943. Ganz im Rahmen des Protokolls legte er einen Kranz nieder. Eben dieses Protokoll aber brachte er im Anschluss völlig durcheinander – und viele der Zeitgenossen in Europa und der Welt und, wichtiger noch, viele Gewissheiten im Nachkriegseuropa der beiden gegnerischen Blöcke ebenfalls: Der bundesdeutsche Kanzler, sozialdemokratischer Widerstandskämpfer ohne NS-Schatten, kniet nieder. Nicht länger als eine halbe Minute – aber kaum zu überschätzen die Wirkung in der Weltöffentlichkeit, im Westen wie im Osten.

Bei diesem Besuch wurde auch der Warschauer Vertrag zwischen der Volksrepublik Polen und der Bundesrepublik unterzeichnet – der erste der Ostverträge, die in der Zeit des Kalten Krieges einen Wendepunkt einleiteten. Brandts spontane, mit niemandem abgesprochene Geste der Demut war in jedem Sinne in höchstem Maß kreativ. Der kniende Bundeskanzler vermochte es, Vertrauen keimen zu lassen auf Seiten der Polen, ja auch in der jüdischen Öffentlichkeit. Zugleich drückte er, der nachweislich nichts mit den deutschen Verbrechen zu tun hatte, eine tiefe Reue aus – das erlaubte vielen Deutschen der Kriegsgeneration, die die Gelegenheit zu solchen Zeichenhandlungen nicht hatten, Mitgefühl zu empfinden für die Opfer der Verbrechen, die mit dem Namen Deutschland verbunden sind.

Freilich wurde auch vehemente Ablehnung laut: „Dieses katholische [gemeint ist das polnische] Volk weiß, dass man nur vor Gott kniet. Und da kommt ein vermutlich aus der Kirche ausgetretener Sozialist aus dem Westen und beugt die Knie. Das rührt das Volk. Aber rührt es auch die Opfer des Stalinismus?"[1] Ist das so? Kniet man nur vor Gott? Und vor wem kniete Willy Brandt?

[2. Exaudi me – eine interaktive Bitte um Geistesgegenwart]

Exaudi me – Psalm 27 Vers 7 gibt dem heutigen Sonntag seinen Namen: „Herr, *höre meine Stimme,* wenn ich rufe; sei mir gnädig und *antworte mir*!" Das klingt nach gebeugten Knien. Es ist der letzte Sonntag der Osterzeit. Nach dem Abschied von Christus, dem Auferstandenen – dafür steht der Himmelfahrtstag – wartet die Gemeinde auf den von Jesus versprochenen Beistand: Auf die Sendung des Heiligen Geistes. Der Heilige Geist: das ist die göttliche, schöpferische Kraft, die die Leerstelle ausfüllen soll, die Jesus hinterlassen hat, als er „zum Vater" ging. Der Heilige Geist wird den Auferstandenen gegenwärtig machen – Geistesgegenwart der besonderen Art: „Wo zwei oder drei in meinem Namen versammelt sind, da bin ich mitten unter ihnen"; „Nehmt und esst! Nehmt und trinkt!".

Liebe Gemeinde, drängender als an anderen Sonntagen ist zu Exaudi die Bitte um Geistesgegenwart. Vergleichbar einer Kindheitserfahrung, als die Mutter die Kinder allein lässt und sie beauftragt: „Hütet solange das Haus; schaut nach dem Rechten!" – und das, als verantwortliche Erzieherin, ganz bewusst tut. Sie gewährt Freiraum, damit die Kinder die eigenen Kräfte und Fähigkeiten ausprobieren, Verantwortung tragen lernen.

Wie schön, wenn sie dann wiederkommt – und alles ist in Ordnung, ja vielleicht ist sogar ein selbstgebackener Kuchen herausgekommen! „Hilf mir, es selbst zu tun; zeig mir, wie es geht" – das ist der Erziehungsgrundsatz, den Maria Montessori formuliert hat: und damit ist kein Erzieher überflüssig, kein Beistand unnötig – und sei es am Ende auch nur, um zu sehen, zu staunen, das Geleistete anzuerkennen. „Höre meine Stimme": Sieh mich an, steh mir bei, gib mir Antwort – das ist die drängende Bitte der jungen christlichen Gemeinde nach Jesu Weggang: „Sende dein Licht und deine Wahrheit, dass sie mich leiten" – „Komm, Heilger Geist, mit Deiner Kraft, die uns verbindet und Leben schafft": Bitte um Gottes Beistand fürs Selbständigwerden – für das Christenleben in der Geistesgegenwart des Auferstandenen.

[1] Peter Boenisch, damals Bild-Chefredakteur, Bild am Sonntag, 13.12.1970.

[3. Kniefall in Stellvertretung]

Aus der Zeit, in der die Gemeinde das Selbständigwerden lernen musste, hören wir heute eine Fürbitte aus dem Epheserbrief. Absender und Adressat sind beide nicht mit Sicherheit auszumachen. Im Blick sind Menschen, Mitglieder der Gemeinde, die schon vom Evangelium gewonnen sind – aber weiterhin haben sie die Bitte um Geistesgegenwart nötig! Kurz: Es geht um Menschen wie wir. Und es beginnt mit einem Kniefall:

Deshalb beuge ich meine Knie vor dem Vater, von dem jedes Geschlecht im Himmel und auf Erden seinen Namen hat, dass er euch Kraft gebe nach dem Reichtum seiner Herrlichkeit, gestärkt zu werden durch seinen Geist an dem inwendigen Menschen, dass Christus durch den Glauben in euren Herzen wohne. Und ihr seid in der Liebe eingewurzelt und gegründet, damit ihr mit allen Heiligen begreifen könnt, welches die Breite und die Länge und die Höhe und die Tiefe ist, auch die Liebe Christi erkennen könnt, die alle Erkenntnis übertrifft, damit ihr erfüllt werdet, bis ihr die ganze Fülle Gottes erlangt habt. Dem aber, der überschwänglich tun kann über alles hinaus, was wir bitten oder verstehen, nach der Kraft, die in uns wirkt, dem sei Ehre in der Gemeinde und in Christus Jesus durch alle Geschlechter von Ewigkeit zu Ewigkeit! Amen.

[4. Geistesgegenwart – Teilhabe an der göttlichen Fülle]

„Wenn Persönlichkeiten wie Nelson Mandela den Festsaal betreten, steht man auf, um Ehrerbietung zu zeigen. Auch wenn ein Schauspieler große Leistung bringt, gibt es ‚Standing Ovations'. Wenn Gott in unser Leben tritt, müssen wir nicht aufstehen, aber wir dürfen, wenn wir ihn dadurch ehren möchten. Wenn man der Queen begegnet, verbeugt man sich. Bei einem Heiratsantrag geht auch heute noch manchmal der Mann auf die Knie. Beugen und Knien sind Zeichen des Respekts, Ausdruck des Dienens. Nicht ich bin der Herrscher, nicht ich bin der, um den es geht. Eigentlich ein sehr schöner Ausdruck, um Gott die Ehre zu geben" – sagt eine Internetquelle. Respekt und Ehrerbietung – beide sind sicher auch für den Verfasser des Epheserbriefs leitend, wo er seine Knie beugt.

Aber da ist noch ein anderes Motiv: das Staunen – angesichts des Geheimnisses Gottes. Im Glauben wird nämlich eine unerschöpfliche Fülle erkennbar, alle Maßstäbe sprengend, sodass menschliche Erkenntnisfähigkeit gar nicht ausreicht, um diese umfassend ermessen zu können. Ihr Gegenstand ist die Liebe Christi; in Breite und Länge, Höhe und Tiefe werden gewissermaßen vier Dimensionen ausgespannt, damit diese Liebe umso raumgreifender vorstellbar wird. Der Kirchenvater Gregor von Nyssa sieht darin – in allegorisierender Deutung und trotzdem nicht an den Haaren herbeigezogen – in vier skizzierenden Strichen das Kreuz hervortreten, *das* Zeichen der Liebe Christi. Denn die ist ja nichts anderes, als die Liebe Gottes, die seinen Geschöpfen gilt und die darum kosmische Dimensionen hat – und deren heißer Kern die Hingabe Jesu ist: Es geht um eine Liebe, die die eigene Erfüllung und Vollendung in der völligen Hingabe für das Gegenüber findet – ohne sich dabei zu verlieren!

Die Bitte, die der Predigttext für die Christen in Ephesus formuliert, zielt darauf, dass sie vermittelt durch den Heiligen Geist immer weiter, tiefer, höher und besser erkennen, wie sehr diese Liebe Basis ihres Glaubens ist – und daraus folgend auch ihres Lebens. Das ist die Stärkung des inwendigen Menschen, gemeint ist damit die in der Taufe neugeborene Existenz eines Christenmenschen. Dafür beugt der Verfasser des Epheserbriefs sein Knie.

Liebe Gemeinde, gerade dort, wo es spannend wird, häufen sich die Begriffe. Nicht nur das: Die Anschaulichkeit bleibt auf der Strecke – da ist vieles sehr abstrakt. Umso wichtiger, dass wir zwei Dinge verstehen: Die Erkenntnis, die unser Predigttext erbittet, hat den glaubenden Christenmenschen im Blick. Inwieweit bist du innerlich ergriffen von der Liebe Christi? Das Zweite: Diese Liebe soll immer besser erkannt, konkreter erfahrbar werden – und sich so weiter und weiter ausbreiten. Das alles ist Wirkung der erbetenen Geistesgegenwart – das versteht der Epheserbrief als Stärkung.

[5. Geistesgegenwart, die die Welt verändert]

Als Willy Brandt den böswilligen Kommentar der BILD-Zeitung zum Warschauer Kniefall zur Kenntnis nahm, so berichtet Erhard Eppler, fragte er wütend: „Woher wollen die Schweine wissen, vor wem ich gekniet bin?"[2] Die Wortwahl mag nicht ange-

[2] http://fes-online-akademie.de/fileadmin/Inhalte/01_Themen/04_Erinnerung_Demokratie/dokumente/110119_behrens_durfte_brandt_knien.pdf

messen sein, aber der Zorn hat sein Recht. Ja: Vor wem kniete Brandt? Es war kein Gottesdienst. Es gab kein konkret ausmachbares Gegenüber. Anwesend waren wichtige Vertreter der polnischen Gastgeber und der bundesdeutschen Staatsgäste; und da war das Denkmal für die im Warschauer Ghetto gefallenenen Widerstandskämpfer, damit präsent auch die Verbrechen der Deutschen an den Juden während des zweiten Weltkriegs, Täter und Opfer.

Dieser Kniefall hat niemand Bestimmten adressiert – vielleicht erklärt gerade das seine kreative, öffnende Wirkung. Und war vielleicht entscheidend, dass da ein aus der Kirche ausgetretener Sozialist insgeheim vor Gott in die Knie ging – angesichts der großen Schuld, der tief empfundenen Reue und Scham?

Liebe Gemeinde, warum diese ausführliche Würdigung des Brandtschen Kniefalls? Ich erkenne darin genau dieses Element der Geistesgegenwart, die der Epheserbrief für die junge Christengemeinde erbittet: Ist nicht dieses spontane, instinktive Wissen um die rechte Geste im richtigen Moment Geistesgegenwart – und weht der Geist bekanntlich nicht überall dort, wo er will? Ich sehe hier einen Sozialisten, Widerständler, Exilanten, der gerade darum besonders prädestiniert ist, Stellvertretung zu üben. An die Stelle derer zu treten, die nicht können oder wollen; die sich vehement gegen diesen Schritt zur Versöhnung ausgesprochen haben; die aus Schuld und schlechtem Gewissen nicht die Freiheit zu einem Wort oder einer Geste der Einsicht haben.

Darum erkenne ich in diesem weltbewegenden, dabei spontanen Akt der Demut eine Weise, in der der Heilige Geist die kosmische Größe der Liebe Christi wirksam werden lässt. Wir als Christenmenschen sind an den Orten, an die wir gestellt sind, für die Menschen, die uns anvertraut sind, gerufen, die Weite und Fülle der Liebe Christi weiterzusagen und weiterzutragen. Amen.

Vorschläge für das Predigtlied

EG 130	O Heilger Geist, kehr bei uns ein
EG 132	Ihr werdet die Kraft des Heiligen Geistes

Fürbittengebet

Himmlischer Vater,

sende uns deinen Heiligen Geist, der uns in die Wahrheit führt, damit wir die Weite und Tiefe der Liebe Christi erkennen: zu uns – und für deine ganze Schöpfung.

Sende uns deinen Heiligen Geist, der uns das richtige Wort schenkt zur rechten Zeit; Kraft gibt für die Aufgaben, die der Alltag uns vorlegt und Mut für die besonderen Herausforderungen, wenn unser Tun und Reden gefragt sind.

Sende uns deinen Heiligen Geist, der uns die Gegenwart des Auferstandenen schenkt, dessen Weg wir nachfolgen wollen.

Schenke uns Gemeinschaft untereinander, in unserer Kirchengemeinde, mit unseren Mitschülern, Nachbarn, Kolleginnen auch dort, wo wir auf Grenzen stoßen, weil wir auf andere Meinungen, Weltanschauungen, Religionen und Kulturen treffen; dass wir für deine Liebe einstehen. Wir bitten in der Stille für die Menschen, die uns nahe stehen, und die der Fürbitte bedürfen.

[Stille]

Vater unser

Jochen Maurer

Pfingstsonntag

Johannes 14,15–19(20–23a)23 b–27

Der Predigttext wird erst im Verlauf der Predigt in der hier angegebenen Übersetzung verlesen.

I.

Liebe Gemeinde!
Vier Bücher erzählen in der Bibel die Taten und Worte des Jesus von Nazareth. Es sind die Evangelien nach Markus, Matthäus, Lukas und Johannes. Sie erzählen vom Leiden und Sterben und vom Auferstehen Jesu. Und das alles vor dem Hintergrund, dass es eine Gemeinde gibt, die diesen Erzählungen zuhört, ihnen glaubt und sie in ihr Leben aufnimmt. Wenn wir die Evangelien lesen – auch ohne Theologie studiert zu haben –, merken wir, dass die drei ersten Evangelien sich in vielem sehr ähnlich sind. Aber das vierte Evangelium, das Evangelium nach Johannes, unterscheidet sich erheblich von ihnen. Es ist entschieden anders drauf. Zu den Besonderheiten gehört, dass Jesus schon vor seinem Tod und seiner Auferstehung vom Heiligen Geist redet. Der Heilige Geist kommt. Fünfzig Tage nach Ostern widmet ihm die Christenheit dieses Fest – Pfingsten.

Schauen wir ins Johannesevangelium. Es erzählt, dass Jesus mit seine Jüngern zusammensitzt und von ihnen Abschied nimmt – dabei wissen die Jünger noch gar nicht, wohin es geht. Jesus sagt es ihnen: Es geht ans Kreuz und ins Grab, es geht aus dem Grab ins Leben – und in diesem Leben geht es für alle, die Jesus glauben, in die Gemeinschaft mit Gott und miteinander. Zu dem, was Jesus über diese Gemeinschaft sagt, gehören Worte unseres Predigttextes aus Johannes, Kapitel 14. Wir hören einen ersten Abschnitt. Jesus sagt:

Liebt ihr mich, so werdet ihr meine Gebote halten. Und ich will den Vater bitten, und er wird euch einen andern Tröster geben, dass er bei euch sei in Ewigkeit: den Geist der Wahrheit, den die Welt nicht empfangen kann, denn sie sieht ihn nicht und kennt ihn nicht. Ihr kennt ihn, denn er bleibt bei euch und wird in euch sein. Ich will euch nicht als Waisen zurücklassen; ich komme zu euch. Es ist noch eine kleine Zeit, dann sieht die Welt mich nicht mehr. Ihr aber seht mich, denn ich lebe, und ihr sollt auch leben.

Wir feiern Pfingsten. Wir feiern die Wahrheit Gottes in Jesus Christus. In Jesus kommt Gott uns nah. Gott zeigt sich als unser Vater durch seinen Sohn. Der wird unser Bruder im Leiden, führt uns hindurch und schenkt uns neues Leben. Das Neue an diesem Leben ist, dass wir einander Schwestern und Brüder werden. Im Geist Gottes und im Geist Jesu leben wir die Liebe, die uns Gott zukommen lässt. Wenn das nicht ein Fest wert ist – aus dem Plan Gottes und seiner Verwirklichung durch Jesus wird eine Gemeinschaft, in der Gottes Liebe gilt und weitergegeben wird. Eine tolle Sache!

Das meint auch Hape Kerkeling in seinem Buch „Ich bin dann mal weg". Er wandert in Nordspanien auf dem Jakobsweg. Dabei begreift er Gott neu und bekennt sich zu ihm auf seine sehr eigene Weise: „Gott ist für mich so eine Art hervorragender Film …, mehrfach preisgekrönt und großartig!" Unterwegs begegnet er verschiedenen Christen, besucht unterschiedliche Kirchen und bestimmt sein eigenes Verhältnis zur christlichen Gemeinde, zur Kirche neu: „Die Kirche ist das Dorfkino, in dem das Meisterwerk gezeigt wird."

Dorfkino! Manche von uns haben es vielleicht noch erlebt. Die Leinwand schlägt Falten. Die Lautsprecher kreischen und quietschen. Die Sitze sind hart und knarren bei jeder Bewegung. Und nicht selten sitzt einer groß, breit und dick vor dir und nimmt dir die Sicht. Aber du willst den Film unbedingt sehen, schließlich haben wichtige Leute dir gesagt, er sei ein Meisterwerk. Also konzentrierst du dich, lässt dich nicht ablenken und musst schließlich sagen: Der Film ist ein Meisterwerk. Er bewegt und entflammt die Menschen. Er macht uns nachdenklich und glücklich, er hinterlässt in uns bleibende Eindrücke. Er verändert unser Leben. Wunderbar, dass wir ihn im Dorfkino gesehen haben! Gott ist der Film und die Kirche ist das Kino, in dem der Film läuft – allen Widrigkeiten zum Trotz. Kirche ist eine tolle Sache und ein Fest wert.

II.

Die Reden, die Jesus im Johannesevangelium hält, sind keine Monologe. Die Jünger stellen Fragen und bekommen Antworten. So auch im 14. Kapitel:

> Spricht zu ihm Judas, nicht der Iskariot: Herr, was bedeutet es, dass du dich uns offenbaren willst und nicht der Welt?

Jedes Jahr zu Pfingsten merken wir: Viele feiern nicht mit uns. Zu Weihnachten läuft uns die Welt hinterher. Von der Passion hält sie sich zwar zurück, aber der eine oder andere lässt sie doch an sich heran. Ostern legt die Welt wieder zu. Pfingsten hingegen sieht es mau aus. Mit Pfingsten wissen nicht einmal alle Christen etwas anzufangen. Kann daran liegen, dass zu Pfingsten nichts gehört, was dem Weihnachtsbaum oder der Weihnachtsgans, dem Kreuz, dem Osterhasen oder dem Osterei vergleichbar wäre. Mit Pfingsten bleibt die Christenheit irgendwie außerhalb.

Ist das nicht mit der Kirche immer schon so gewesen? Schon die ersten Christen haben es so erlebt. Im Johannesevangelium ein gewisser Judas, ein echter Apostel. Mit Judas, dem Verräter, hat er nur den Namen gemeinsam. Dieser Apostel Judas kommt im Johannesevangelium nur an dieser Stelle vor. Wohl kaum, um auch einmal seinen Auftritt zu haben, sondern weil es jeder gewesen sein kann. Ja, jeder von uns kann so fragen.

Immer wieder fragen wir, warum wir Christen unter uns bleiben. Obwohl wir den besten Film abspielen, den es gibt. Und weil dieser Film sich trotz unseres Dorfkinos bei so vielen Menschen durchgesetzt hat und durchsetzt. Der Geist der Wahrheit und der Liebe hat es schwer sich in der Welt durchzusetzen. Wenige sind bereit, mit Jesus zu leiden, zu sterben und sich wach rütteln zu lassen – und den Leidenden und Sterbenden und denen, die neues Leben suchen, beizustehen. Wenigen ist die Gemeinschaft der Glaubenden und Hoffenden und Liebenden ein Fest wert. Und das kann kaum daran liegen, dass Pfingstochse und Birkengrün es ist nicht mit Weihnachtsbaum und Ostereiern aufnehmen können. Woran liegt es, fragt Judas, dass wir außen vor bleiben?

III.

> Jesus antwortete und sprach zu ihm: Wer mich liebt, der wird mein Wort halten; und mein Vater wird ihn lieben, und wir werden zu ihm kommen und Wohnung bei ihm nehmen. Wer aber mich nicht liebt, der hält meine Worte nicht. Und das Wort, das ihr hört, ist nicht mein Wort, sondern das des Vaters, der mich gesandt hat. Das habe ich zu euch geredet, solange ich bei euch gewesen bin. Aber der Tröster, der Heilige Geist, den mein Vater senden wird in meinem Namen, der wird euch alles lehren und euch an alles erinnern, was ich euch gesagt habe. Frieden lasse ich euch, meinen Frieden gebe ich euch. Nicht gebe ich euch, wie die Welt gibt. Euer Herz erschrecke nicht und fürchte sich nicht.

Eine direkte Antwort auf die Frage des Judas ist das nicht. Sie bestätigt bestenfalls: Es gibt Leute geben, die sich nichts aus Jesus machen. Sie leben nach Art der Welt. Die Welt ist groß und stark und schön und ist sich selbst genug. Sie weiß nichts davon, dass sie sich nicht sich selbst verdankt. Sie übernimmt für sich selbst die Verantwortung – oder auch nicht – und hat damit genug zu tun. So ist das mit vielen Menschen. Aber es gibt auch die anderen.

In ihnen hat die Liebe Gottes eine Bleibe gefunden. Was Gott uns mit seiner Welt gegeben hat, alle Größe, alle Stärke, alle Schönheit, auch alle Sanftmut und Zärtlichkeit, nehmen wir als sein Geschenk an. Das Geschenk entfaltet seine volle Wirkung, wenn wir es mit anderen teilen. So wie Jesus die Gaben Gottes mit uns geteilt hat. Gott bleibt in uns. Wir bleiben in Gott. So kommt es, sagt Jesus zum Abschied seinen Jüngern. Und wenn uns das zu schaffen macht, dass da viele nicht mitmachen – manchmal auch wir nicht –, dann hilft uns Gott selber auf die Sprünge. Er setzt seinen Film immer wieder aufs Programm.

Dorfkino ist nicht mehr. Wir sehen fern. Wir laden eine App herunter. In der Welt ist das von jeder und jedem selbst abhängig. Jesus verspricht seinen Leuten, dass er sich immer wieder selbst herunterlädt. Er erinnert an seine Gaben, bringt sein Leben und Leiden und Auferstehen ins Gespräch mit uns. Es ist nichts Neues, aber es findet neue Wege zu uns und in unsere veränderte und sich verändernde Zeit. Der preisgekrönte Film läuft auf unserem Fernsehapparat und unserem Smartphone. Das sind technische Hochleistungsgeräte, sagenhafte Produkte menschlicher Fähigkeiten – viel mehr als Dorfkino sind sie im Vergleich mit Gott aber auch nicht.

Das Meisterwerk bleibt der Film. Er wird für uns gegeben. Er bewegt und entflammt uns. Er macht uns nachdenklich und glücklich, er hinterlässt in uns bleibende Eindrücke. Er verändert unser Leben. Er bleibt wunderbar, so wunderbar kann das modernste technische Gerät nicht sein.

Jesus verspricht, dass wir ganz ruhig sein können. Gott garantiert uns Frieden. Keine Ruhe auf dem Sofa, auch nicht in der Kirchenbank, wo wir es uns gemütlich machen und uns um die lichte Welt nicht scheren. Womit nichts gegen Sofa, Kirchenbank und Abschalten gesagt sein soll – das kann alles mal dran sein. Aber wenn das andere dran ist – die Auseinandersetzung mit Angst und Leid, der Kampf gegen das Böse und das Ringen um das Gute, die niederschmetternde Passion und der überwältigende Jubel über die Auferstehung, die Verwunderung und die Verzweiflung, dass die Welt uns außen vor lässt – wenn das alles dran ist, dann wird uns Gottes großer Film an seine Liebe und seinen Frieden erinnern. Dann werden wir getröstet. Dann steht er uns bei. Dann wird uns geholfen. Und wir werden trösten und beistehen und helfen. Wir werden tun oder lassen, was Jesus von seiner Gemeinde will.

Wir müssen nicht nur keine Angst haben, wir können feiern. Das Versprechen, das Jesus uns macht, ist ein Fest wert. Alle Jahre wieder – genau wie Weihnachten, Karfreitag und Ostern. Alle Jahre wieder: „Fröhliche Pfingsten!“

Vorschläge für das Predigtlied

EG 125	Komm, Heiliger Geist, Herre Gott
EG 564	Komm, Heilger Geist, mit deiner Kraft

Fürbittengebet

[Liturg(in):] Unser Gott, wir bitten dich um deinen Geist. Er macht uns stark im Glauben, fröhlich und geduldig. Er erfüllt uns mit Hoffnung und beflügelt unsere Phantasie. Wir rufen:

[Liturg(in) und Gemeinde:] Komm, Heiliger Geist.

[Liturg(in):] Wir bitten dich, Gott, um Kraft für alle, die deinen Geist empfangen haben, die versuchen, in deinem Geist zu leben.
[Liturg(in) und Gemeinde:] Komm, Heiliger Geist.

[Liturg(in):] Wir bitten dich, Gott, um Heiligung für alle, denen nichts mehr heilig ist, die sich für nichts mehr begeistern können.
[Liturg(in) und Gemeinde:] Komm, Heiliger Geist.

[Liturg(in):] Wir bitten dich, Gott, um Freude für alle, die die Freude am Leben verloren haben, denen das Lachen vergangen ist.
[Liturg(in) und Gemeinde:] Komm, Heiliger Geist.

[Liturg(in):] Wir bitten dich, Gott, um Verständnis für alle, die sich unverstanden fühlen, und für die, die für andere kein Verständnis aufbringen.
[Liturg(in) und Gemeinde:] Komm, Heiliger Geist.

[Liturg(in):] Wir bitten dich, Gott, um Frieden für alle, denen Macht wichtiger ist als Leben, für alle, die unter Krieg und Gewalt leiden.
[Liturg(in) und Gemeinde:] Komm, Heiliger Geist.

[Liturg(in):] Im Stillen bitten wir Gott um seinen Geist für Menschen, die diesen Geist für sich selbst und andere und auf ihre ganz eigene Weise brauchen. Unser Gott, dein Geist helfe unserer Schwäche auf. Er lasse uns erleben, dass denen, die dich lieben, alle Dinge zum Besten dienen. Im Namen deines Sohnes Jesus Christus und mit seinen Worten beten wir:

Vater unser

Karl-Heinz Weber

Pfingstmontag

Matthäus 16,13–19

[Lesung des Predigttextes]

I.

Liebe Gemeinde!
Wir kennen ihn. Wir haben ihn schon oft gesehen. Vielleicht ist er ja auch hier zu entdecken, in dieser Kirche: Der Mann mit dem Schlüssel.

Dass wir uns nicht missverstehen: Ich meine nicht den freundlichen Menschen mit dem Kirchenschlüssel, der uns möglich gemacht hat, heute – am Pfingsmontag – hier zusammenzukommen. Die Rede ist von einem, der in vielen Kirchen zu sehen ist: Oft mit einem gewaltigen Bart und langem Gewand, gemalt, geschnitzt, manchmal auch bunt im Fenster: der Mann mit dem Schlüssel. Auch in Fantasiegeschichten oder Karikaturen kommt er vor: als freundlicher oder auch bärbeißiger Pförtner an der Himmelstür. Wer kennt ihn nicht? Er gehört zu den prominentesten Heiligen der Kirche. In der Regel sind die Heiligen mit einem Gegenstand dargestellt, an dem man sie erkennen kann. Unser Heiliger könnte eine Angel oder ein Fischnetz dabei haben, denn von Beruf ist er Fischer gewesen. Er hat aber einen Schlüssel. Und das hat mit der Geschichte aus dem Matthäus-Evangelium zu tun, die wir heute bedenken wollen.

II.

Einen weiten Weg ist Jesus mit seinen Jüngern gegangen. Eben sind sie noch am See Genezareth gewesen. Jetzt befinden sie sich ungefähr 40 km nördlich davon, am Fuß des gewaltigen Hermon-Berges. Der Evangelist Matthäus ist eher zurückhaltend mit geografischen Angaben. Es hat wohl eine besondere Bedeutung, wenn er jetzt betont, dass sich die folgende Szene in dem eher unbedeutenden Ort Cäsarea Philippi ereignet. Aufregende Stunden liegen hinter ihnen; mit erstaunlichen Wundern und Streitgesprächen, die noch im Kopf nachklingen. Bald wird der schwere Gang nach Jerusalem anzutreten sein. Das wird Jesus nachher den Jüngern in aller Offenheit ankündigen.

Es hat seinen Sinn, wenn sie vorher noch einen Moment zur Stille kommen; weit abseits vom Trubel. So wie wir ein paar Schritte zurücktreten müssen, wenn wir etwas genauer sehen und überblicken wollen, das zu nahe vor den Augen steht. So wie wir erst einmal Ruhe und Abstand gewinnen müssen, wenn wir Gedanken und Eindrücke sortieren wollen. Jetzt ist der Moment, wo keiner kommt und Hilfe braucht. Jetzt sind jene Leute weit weg, die alles besser wissen und der Botschaft Jesu misstrauen. Jetzt können wir uns auf das Eigentliche besinnen.

III.

„Wer sagen die Leute, dass der Menschensohn sei?" fragt Jesus seine Jünger. Immer wenn Jesus das Wort „Menschensohn" verwendet, geht es um entscheidende Themen. So auch hier. Obwohl es zunächst so scheinen will, als starte Jesus nur eine Meinungsumfrage: „Was sagen denn die Leute so über uns und unser Wirken?"

Zwischen Ablehnung, Gleichgültigkeit und Verehrung hat Jesus in den vergangenen Tagen und Wochen so ziemlich alles erlebt. Was denken die Leute wirklich? Die Jünger haben sich umgehört beim Volk und können Auskunft geben. Allgemein haben die meisten Menschen eine hohe Meinung von Jesus. In nostalgischer Verklärung stellen sie ihn neben die Großen der Vergangenheit. Jesus – bedeutender Prediger wie Johannes der Täufer. Wenn man den gehört hat, ging das durch und durch, hat Hirne und Herzen berührt. Jesus – wie Elia, der einzigartige Prophet aus der Königszeit Israels. Bei jedem großen Festmahl halten wir – noch heute – einen Platz am Tisch für ihn frei und hoffen, dass er kommt und ansagt: Die Zeit der Erlösung bricht an, wenn das Volk zu Gott findet. Jesus – einer wie einst Jeremia; oder auch einer der anderen kühnen Propheten. Der trennt nicht in falscher Rücksichtnahme säuberlich zwischen Sonntagsglauben und Alltagsleben. Jesus – edlich mal wieder einer, der die Scheinheiligkeit der Religionsführer und den Machtmissbrauch der Herrschenden geißelt und keine Rücksicht nimmt auf sein eigenes Wohlergehen.

Ja, so einer ist wohl Jesus auch. Wir verehren ihn und hoffen, dass er uns noch eine Weile zu Diensten sein wird. So einen Jesus könnten wir auch heute noch brauchen. Zwar winken viele gleichgültig ab, und manche glauben immer noch, dass es den wirklichen Jesus nie gegeben habe. Aber alle hoffen, dass endlich mal einer kommt, der ansagt, was Sache ist. Endlich mal einer, der für klare Orientierung sorgt zwischen Gott und Welt!

IV.

Solange man von anderen Leuten reden kann, mag das Gespräch zwischen Jesus und seinen Jüngern ganz munter gelaufen sein. Leicht sagt sich, was „man sagt". Nun aber wird Jesus direkt: „Was sagt denn ihr?" Vermutlich hat sich jetzt das große Schweigen ausgebreitet. Hinter dem Rücken anderer Leute und deren Meinungen ist gut Verstecken. Doch jetzt fällt das Scheinwerferlicht auf dich: Was sagst denn du, wer Jesus für dich ist?!

Der erste, der die Sprache wiederfindet, ist der, der immer schon voran gewesen ist: Petrus. Petrus war der erste, der von der Arbeit weg in die Nachfolge Jesu berufen wurde. Später wird er versuchen, Jesus mit dem Schwert zu verteidigen. Noch später, nach Ostern, wird er für den Zusammenhalt der entstehenden christlichen Gemeinde sorgen. Petrus ist es, der die Frage von Jesus beantwortet und den Glauben der Jünger in Worte fasst: „Du bist der Christus, des lebendigen Gottes Sohn!"

Das erste Glaubensbekenntnis der christlichen Gemeinde! Jesus ist mehr als die Großen dieser Welt. Jesus ist ein anderer als all diese Boten Gottes, die gekommen sind und gegangen. Jesus ist der, durch den Gott selber in unsere Welt kommt. In Gottes Auftrag redet, lebt und handelt Jesus. Und das Bekenntnis des Glaubens an ihn ist mehr als der Ertrag logischen Nachdenkens und die Summe alltäglicher Erfahrung. Das Bekenntnis des Glaubens an Jesus ist eine ganz neue Erkenntnis. Auf die kommt man auch bei intensivem Nachdenken nicht von allein.

„Fleisch und Blut haben dir das nicht offenbart, sondern mein Vater im Himmel." antwortet Jesus dem Petrus. Luther hat es uns viele Jahrhunderte später mit den Worten eingeprägt: „Ich glaube, dass ich nicht aus eigener Vernunft noch Kraft an Jesus Christus, meinen Herrn, glauben oder zu ihm kommen kann, sondern der Heilige Geist hat mich durch das Evangelium berufen."

V.

Christlicher Glaube übersteigt menschliche Möglichkeiten und reicht weit über das menschliche Leben hinaus. Darum gibt Jesus dem Petrus einen einzigartigen Schlüssel in die Hand. Und so – mit einem gewaltigen Schlüssel – sehen wir ihn immer wieder abgebildet – bis heute. Unser Textabschnitt ist in den Bibelausgaben überschrieben: „Das Bekenntnis des Petrus." Aber das ist nur die halbe Wahrheit. In diesem Gespräch in Cäsarea Philippi bekennt sich nicht nur Petrus zu Jesus, sondern auch Jesus zu Petrus.

Das Bekenntnis zu Jesus Christus begründet ein fundamentales Versprechen. Das Bekenntnis zu Jesus Christus ist das Fundament einer Gemeinschaft, in der Menschen Befreiung erfahren; oder auch erfahren, was Unfreiheit ist. Wenn du die Liebe Gottes heute annimmst, wirst du frei sein für immer. Wenn du die Liebe Gottes heute ausschlägst, wirst du immer wieder von unheilvollen Bindungen bedroht sein. Wenn du dich heute zu Jesus bekennst, kannst du sicher sein, dass sich Jesus Christus auch zu dir bekennt; im Leben und im Sterben. Dein Bekenntnis zu Jesus Christus begründet eine Gemeinschaft, die über den Tod hinaus hält. Das sprechen wir einem jeden Menschen in der Taufe zu. Und darauf kannst du dich felsenfest verlassen.

VI.

Im Laufe der Zeit ist das Jesus-Wort manchmal missverstanden worden: so als würde Jesus Gottes Richtergewalt abgeben in die Hände des Petrus – oder eines Menschen, der sich im Moment gerade für einen aktuellen Petrus hält. So hat es immer wieder Menschen gegeben, die sich angemaßt haben, über Glauben und Gewissen fremder Menschen zu richten. Es hat immer wieder Gruppen gegeben, die sich für die wahre Kirche hielten und alle anderen für gefährliche Irrlehrer. Auch außerhalb der Kirche ist ein Bekenntnis zu einer guten Sache oft mit Rechthaberei gegenüber anderen und Diskriminierung abweichender Ansichten verbunden.

Der Zuspruch an Petrus ist kein Ritterschlag der Sonderklasse. Hier wird nicht von nun an ein bestimmter Mensch über alle anderen erhöht. Hier gibt Gott nicht seinen Anspruch auf das letzte, endgültige Urteil an den Petrus ab. Der Zuspruch an Petrus ist Versicherung und Auftrag zugleich. In den Glauben kann man nicht wie in eine Partei oder einen Verein nach Lust und Laune ein- und wieder austreten. Mit meinem Bekenntnis entscheidet sich mein Leben. Wer sich an Jesus Christus bindet, wird frei von allem anderen, was ihn bindet und fesselt.

Darum nimmt das Matthäus-Evangelium zwei Kapitel später das Jesus-Wort vom verbindlichen Binden und Lösen noch einmal auf. Dort ist die Rede davon, wie mit Streitfällen in der Gemeinde umgegangen werden soll. Auf jeden Fall und zuallererst ist das geschwisterliche Gespräch zu führen. Damit soll ausgeräumt werden, was die Gemeinschaft zwischen den Schwestern und Brüdern stört. Das muss dann aber auch für immer gelten!

Und nur in dem äußersten Fall, dass keine einvernehmliche Klärung möglich ist, müssen sich die Wege trennen – und auch das: für immer! Ein- für allemal; nach dem Maßstab: Alles was ihr auf Erden binden werdet, soll auch im Himmel gebunden sein, und alles, was ihr auf Erden lösen werdet, soll auch im Himmel gelöst sein. Die Kirche ist Gemeinschaft von Schwestern und Brüdern, die sich dazu bekennen: Jesus ist der Gesandte Gottes auf Erden! Wenn auch nur zwei oder drei sich in seinem Namen versammeln, verspricht er, dabei zu sein, Gottes Wahrheit und Gottes Liebe unter die Leute zu bringen.

VII.

Ein Gedanke noch zum Schluss: Wie ist das eigentlich mit dem Petrus? Hat sich Jesus gut überlegt, wem der da den Schlüssel über Himmel und Hölle in die Hand gibt? Schließlich handelt es sich um die Verantwortung über Gemeinschaft und Zukunft von Menschen, die Gott vertrauen. Jesus weiß doch, was das für einer ist – der Petrus. Und wir kennen ihn auch. Nicht nur als den Mann mit dem Schlüssel, ersten und prominentesten Jesus-Jünger. Auf vielen Kirchtürmen erinnert ein wetter-wendischer Hahn an eine bittere Stunde.

Im trauten Jüngerkreise, abgeschieden am Rand des Geschehens mag es leicht gewesen sein mit dem Bekenntnis. Aber wenig später starren neugierige Augen auf Petrus, und eine ätzende Stimme fragt: „Warst du nicht auch mit diesem Jesus, den wir eben verhaftet haben?“ Und da ist es nichts mehr mit Bekenntnis und Bekennen. Da bricht er zusammen. Wer sich auskennt im Neuen Testament, stellt überrascht fest: Jesus weiß ganz genau, wem er da so eine Verantwortung anvertraut. Er weiß, wie tragfähig unser Glaube und wie dauerhaft unsere Bekenntnisse manchmal sind. Darum ist Vorsicht geboten. Wir sollen uns nicht auf Menschen und auf menschliche Möglichkeiten verlassen.

Aber unser Bekenntnis zu Jesus Christus hilft uns dort weiter, wo wir mit unserem Menschenwissen am Ende sind. Es trägt uns dort weiter, wo wir mit unseren Kräften nicht mehr weiterkommen. Dann steht Jesus zu seinem Wort und bekennt sich zu seiner Gemeinde. Dann wird sein Geist unter uns lebendig. Dann ist Pfingsten. Amen.

Vorschläge für das Predigtlied

EG 136	O komm, du Geist der Wahrheit
EG 264	Die Kirche steht gegründet allein auf Jesus Christ

Fürbittengebet

Geist Gottes,
du bist in Jesus Christus in diese Welt gekommen. Du hast uns berufen in die Gemeinschaft der Kirche und zum Glauben an Jesus Christus. Du bringst Heil in unsere heillosen Zustände. Dafür danken wir dir. Wir bitten dich: Schenke uns Zuversicht und Mut zum Bekenntnis.
Steh deiner Kirche bei. Rüste uns aus mit Fantasie und Geduld, deine Liebe und deinen Frieden in die Welt zu tragen. Lass unter uns die Botschaft Jesu Christi immer wieder neu Gestalt gewinnen.
Stärke unseren Glauben, wenn wir schwach werden. Stärke unsere Hoffnung, wenn wir nicht wissen, wie es weitergehen soll. Baue deine Kirche mit unserer kleinen Kraft und stärke unser Vertrauen, dass die Zukunft dir allein gehört.
Amen.

Friedrich Teubner

Die besondere Predigt
27. Januar/Tag der Befreiung

Epheser 4,25–32

Der Predigttext wird erst im Verlauf der Predigt in der hier angegebenen Übersetzung verlesen. Im Gottesdienst sollte als alt. Lesung 1. Mose 4, 1–10 gelesen werden

Liebe Gemeinde!
„Die erste russische Patrouille tauchte gegen Mittag des 27. Januar 1945 in Sichtweite des Lagers auf. (…) Es waren vier junge Soldaten zu Pferde; vorsichtig ritten sie mit erhobenen Maschinenpistolen die Straße entlang, die das Lager begrenzte. Als sie den Stacheldraht erreicht hatten, hielten sie an um sich umzuschauen, wechselten scheu ein paar Worte und blicken wieder, von einer seltsamen Befangenheit gebannt, auf die durcheinanderliegenden Leichen, die zerstörten Baracken und auf uns wenige Lebende. (…) Sie grüßten nicht, sie lächelten nicht; sie schienen befangen, nicht so sehr aus Mitleid, als aus einer unbestimmten Hemmung heraus, die ihnen den Mund verschloss und ihre Augen an das düstere Schauspiel gefesselt hatte." (Primo Levi)

Heute vor 84 Jahren wurde das Konzentrationslager Auschwitz von der Roten Armee befreit. Ein kalter Tag im Osten, trübes Licht und frühe Dunkelheit, wie immer Ende Januar. Nur wenige Stunden Tageslicht blieben den Soldaten, um sich überhaupt erst einmal einen Überblick über die Situation zu verschaffen. In den Wochen zuvor waren große Gruppen noch lebendender Gefangener aus Auschwitz und den Nebenlagern weiter nach Westen transportiert worden. Zum Teil mussten sie diesen Weg zu Fuß, auf den sogenannten „Todesmärschen" zurücklegen.

Zum Zeitpunkt der Befreiung findet die Rote Armee nur noch etwa 7000 kranke und zu Tode erschöpfte Häftlinge in den Lagern Auschwitz, Birkenau und Monowitz vor. Die Soldaten teilen ihr Brot mit den Häftlingen und organisieren, so gut es geht, ärztliche Hilfe.

Niemand von uns kann sich wirklich vorstellen, was in ihnen vorgegangen sein mag an diesem Tag der Befreiung. Sie haben einen Blick in einen Abgrund getan, in die tiefste Tiefe dessen, was Menschen anderen Menschen antun können. Primo Levi, der italienische Schriftsteller und Überlebende von Auschwitz, beschreibt die beherrschende Empfindung unter den russischen Soldaten:

„Es war die gleiche wohlbekannte Scham, die uns nach den Selektionen und immer dann überkam, wenn wir Zeuge einer Misshandlung sein oder sie selbst erdulden mussten: jene Scham, die die Deutschen nicht kannten, die der Gerechte empfindet vor einer Schuld, die ein anderer auf sich lädt und die ihn quält, weil sie existiert, weil sie unwiderruflich in die Welt der existenten Dinge eingebracht ist und weil sein guter Wille nichts oder nicht viel gilt und ohnmächtig ist, sie zu verhindern." (Primo Levi)

Die Soldaten, die Auschwitz befreien, empfinden Scham vor einer Schuld. Es ist nicht ihre Schuld. Es ist eine, „die ein anderer auf sich lädt und die (…) quält, weil sie unwiderruflich in die Welt der existenten Dinge eingebracht ist."

Auschwitz gehört in die Welt der existenten Dinge. Es gibt die Stadt heute noch, sie heißt auf Polnisch Oswiecim, ist 50 km westlich von Krakau gelegen, hat 39000 Einwohner. In die Welt der existenten Dinge gehört auch der Massenmord an den europäischen Juden, an den Sinti und Roma, der Zeugen Jehovas, an Zwangsarbeitern, an Homosexuellen, an politischen Gefangenen, an Kranken und Behinderten, an all denen, die die nationalsozialistische Ideologie zu Feinden erklärt und verfolgt hatte. Auschwitz ist zum Begriff für eine Schuld geworden. Unser Land, Deutschland hat sie in die Welt der existenten Dinge eingebracht.

Schuld löst Scham aus. Und Scham ist ein Gefühl, das niemand haben möchte. Im Gesicht steigt die Röte auf, das Herz klopft schneller. Man weiß nicht mehr, wo man hinsehen soll. Schnell schaut man woanders hin. Und schnell kommen Wort, ausweichende, entschuldigende, relativierende. In der Geschichte von Kain und Abel wird erzählt von der Schuld eines Menschen, der seinen Bruder getötet hat. Und von der Scham darüber. „Soll ich meines Bruders Hüter sein?" fragt Kain. Das sind ausweichende Worte. Aber Kain kennt die Antwort und kennt auch seine Schuld. Gesenkt hatte sich sein Blick schon vorher. Er wird ihn nicht wieder erheben. Denn der gesenkte Blick ist der Blick der Scham.

Mit Auschwitz ist eine große Schuld die Welt der existenten Dinge gekommen. Das empfinden Menschen bis heute. Und auch die Scham darüber, dass es unser Land war, von der diese Schuld ausging. Aber nicht alle Menschen gehen in der gleichen Weise damit um. Auch die Leugnung des Holocaust gehört nach Auschwitz zu unserer Geschichte. Es war die Generation der 1968er, in der die Söhne und Töchter nach der Schuld und Verstrickung ihrer Eltern gefragt haben. Sie wollten der deutschen Schuld ins Auge sehen und sich ihr stellen.

Und dann gab es zur selben Zeit andere. Die mochten nicht hinsehen auf diese Schuld. Wie Kinder haben sie sich benommen, die sich die Finger vor die Augen halten: Was ich nicht sehen kann, ist nicht in der Welt. Den Holocaust habe es nie gegeben. Er sei technisch gar nicht möglich gewesen. Die Opferzahlen seien völlig übertrieben. Dahinter steht ihre Scham und der Versuch, so die Schuld zu verdrängen.

Solche Reaktionen gibt es auch über 80 Jahre nach der Befreiung von Auschwitz noch. Sie haben sich in den vergangenen Jahren in die öffentliche Diskussion eingeschlichen. Da wird relativiert und verharmlost, da ist der Zivilisationsbruch des Holocaust auf einmal nur ein „Vogelschiss" in der Geschichte. Das Leid der Gefangenen in Auschwitz wird als Textzeile in einem Rap verwendet. Und in der Hauptstadt Deutschlands stehe ein „Denkmal der Schande". So hat ein führender AfD-Politiker das Holocaust-Mahnmal in Berlin genannt.

Aber hinter solchen Leugnungen steht nicht nur Scham, sondern auch der Wunsch, an die Zeit des Nationalsozialismus besser anknüpfen zu können: „Die meisten Holocaustleugner haben die Zeit des Nationalsozialismus nicht erlebt, favorisieren und erstreben aber ähnliche Staats- und Gesellschaftsmodelle. Sie betrachten das Leugnen und Relativieren des Holocaust als notwendige Voraussetzung dafür, wesentliche Ziele des Nationalsozialismus zu rehabilitieren und politisch zustimmungsfähig zu machen."[1] Je öfter solche Leugnungen wiederholt werden, desto selbstverständlicher werden sie.

1 Wikipedia, Artikel Holocaustleugnung.

Das Gegenfühl zu Scham ist nämlich Stolz. Wo sich der Blick gesenkt hat, erhebt er sich wieder. Sie wollen stolz darauf sein, Deutsche zu sein und damit besser als Menschen anderer Herkunft, anderer Religion, anderer Kultur.

Es ist mühsam, diese Strategien des Leugnen und Verharmlosens zu erkennen. Aber mit der Lüge, der Verleugnung, der Unwahrheit fängt alles an. Sie ist ein Gift, das in unsere Gesellschaft hinein sickert und sich schleichend ausbreitet. Im Brief an die Epheser heißt es deswegen:

> Legt die Lüge ab und redet die Wahrheit, ein jeder mit seinem Nächsten, weil wir untereinander Glieder sind. Lasst kein faules Geschwätz aus eurem Mund gehen, sondern redet, was gut ist, was erbaut und was notwendig ist, damit es Gnade bringt denen, die es hören. Und betrübt nicht den Heiligen Geist Gottes, mit dem ihr versiegelt seid für den Tag der Erlösung. (Eph 4, 25.29 f.)

Dieser Brief ist kein Brief an eine einzelne Gemeinde mit besonderen Problemen. Er ist eher eine Art Rundschreiben an alle Gemeinden und spricht allgemein davon, welche Maßstäbe unter Christen zu gelten haben. Die offensichtlichen Verstöße gegen Gottes Gebot, wie das Stehlen, werden eher am Rande behandelt. Viel wichtiger ist, dass die Lüge sich nicht in den christlichen Gemeinden ausbreitet.

Diese Ermahnung trifft mitten in unsere Zeit. Wir haben noch keine Zeit bewusst erlebt, in der die Lüge sich derart ausgebreitet hat. Die traurige Berühmtheit des Begriffs „fake news“ steht symbolisch dafür. Lügen, leugnen, Wahrheiten verdrehen ist zu einem Mittel der Politik geworden. Und fast immer richten sich diese Lügen und Verdrehungen gegen Menschen, die anders sind, von woanders kommen, eine andere Religion und Kultur haben.

Und mit den vielen Lügen kommt der Zorn. Auch die „Wutbürger“ sind eine Erscheinung unserer Zeit. Menschen, denen es eigentlich nicht besonders schlecht geht, die aber offenbar einen großen und lange verdrängten Zorn in sich tragen, gegen alle, die anders sind. Von Lügen angefeuert und aufgehetzt, geben sie ein abstoßendes Bild nach außen ab. Dieses neue hässliche Gesicht Deutschlands wird sehr bewusst wahrgenommen.

Auch gegen einen sich unbegrenzt ausbreitenden Zorn gibt es im Epheserbrief Ermahnungen:

> Zürnt ihr, so sündigt nicht; lasst die Sonne nicht über eurem Zorn untergehen und gebt nicht Raum dem Teufel. Alle Bitterkeit und Grimm und Zorn und Geschrei und Lästerung seien fern von euch mit aller Bosheit. Seid aber untereinander freundlich und herzlich und vergebt einer dem anderen, wie auch Gott euch vergeben hat in Christus. (Eph 4, 26f.31.f.)

Ein Tag wie heute erinnert uns an die Schuld, die Deutschland auf sich geladen hat. Wir tragen immer noch schwer an ihr. Wir empfinden die Scham, „die der Gerechte empfindet, vor einer Schuld, die ein anderer auf sich lädt". Die Scham darüber, dass von unserem Land solche unfassbaren Verbrechen ausgegangen sind.

Dagegen werden aber weder Lüge noch der Zorn etwas ausrichten, so sehr in unserer Gesellschaft und in der Politik auch versucht wird, diesen Weg zu gehen. Uns Christinnen und Christen erkennt man daran, dass wir der Lüge die Wahrheit und dem Zorn die Bitte um Vergebung entgegen setzen. Dass wir der Schuld ins Gesicht sehen, uns erinnern, auch wenn niemand von uns all das noch miterlebt hat. Denn nur wo Wahrheit und Vergebung sind, da kommt einmal der Tag der Befreiung und der Erlösung. Amen.

Vorschläge für das Predigtlied

EG 366	Wenn wir in höchsten Nöten sein
EG 65	Von guten Mächten

Fürbittengebet[2]

Gott, du hast unsere Geburt gewollt,

unser Aufwachsen, unsere besseren Jahre. Wir bitten dich: Brich in uns die Macht zur Verdrängung, dieses Vergessen, Nicht-Wissen, Nicht-Wissen-Wollen, dieses Selbst-Beschwichtigen, dass wir es ja persönlich nicht gewesen sind; dieses „es muss auch mal Schluss sein".

Gott, du hast uns zu Menschen gemacht, zu Brüdern und Schwestern. Frag uns immer wieder: „Mensch, wo sind deine Geschwister?" Du bist in unserer Welt so mächtig, wie wir Menschen gut sind. Bring uns zur Einsicht, dass wir zu unserem abfälligen Reden, zu unseren Vorurteilen, zu unserem stummem Zuschauen stehen müssen.

Nimm von uns all die Lüge und den Zorn, lehre uns Wahrheit und Vergebung.

Gott, Ursprung allen Lebens, vor deinem Angesicht lass uns der Toten gedenken und aufstehen gegen den Tod in allen seinen Formen. Wecke unser Herz und unseren Verstand, dass wir fähig werden, gegen den Ungeist aufzustehen, wenn schon nicht damals, so dann heute. Vergib uns und mache mit uns einen neuen Anfang, heute noch. Erbarme dich unser, dass wir der Toten gedenken Lass uns nicht hinnehmen, dass unsere Erde noch einmal so verwildert.

Kathrin Oxen

2 Nach einem Gebet von Huub Oosterhuis.

Verzeichnis der Autorinnen und Autoren

Pfrn. Beate Bentrop
An der Christuskirche 2
48165 Münster
zocher-bentrop@arcor.de

Pfrn. Martina Berlich
Schulpfarrerin
Paul-Schneider-Str. 21
99423 Weimar
berlich.belvedere@web.de

Pfr. Matthias Blume
(Theologischer Vorstand des
Evangelischen Diakonissenhauses Berlin
Teltow Lehnin)
Lichterfelder Allee 45
14513 Teltow
matthias.blume@diakonissenhaus.de

Prof. em. Frieder Burkhardt
Brunnenweg 6
14552 Michendorf / OT Langerwisch

Oberkirchenrätin
Pfrn. Dr. Christiane de Vos
EKD Hannover
christiane.devos@ekd.de

Pfrn. Dr. Helke Döls
Heerengasse 8
CH-7208 Malans
helke.doels@malans-reformiert.ch

Pfr. Michael Dorsch
Herweghstr. 9
07749 Jena
michaeldorsch@freenet.de

Pfr. Steffen Groß
Heidelberger Straße 1
68723 Schwetzingen

Rektor Professor Eberhard Harbsmeier
Havnebyvej 154
DK-6792 Rømø
ebh@km.dk

Pfr. Jochen M. Heinecke
Sonneberger Straße 11
98743 Spechtsbrunn
jochen.heinecke@ekmd.de

Pfr. Dr. Frank Hiddemann
Biermannplatz 4
07548 Gera
hiddemann@gmx.de

Landesbischof i.R.
Dr. Christoph Kähler
Feuerbachstr. 9
04105 Leipzig
familiekaehler@gmx.de

Prof. Dr. Jürgen Kegler
Schubertstr. 41
68723 Plankstadt
juergen.kegler@gmx.de

Pn. Dr. Wiebke Köhler
Langer Wall 16A
37574 Einbeck
wiebke.koehler@email.de

Dr. Sebastian Kuhlmann
Götte 1
48683 Ahaus
dr.sebastian.kuhlmann@gmail.com

Pastor Dr. (Ministry/Princeton TS)
Volkmar Latossek
An der Stadtkirche 9
29221 Celle
volkmar.latossek@stadtkirche-celle.de

Dr. Ulrich Löffler
Evangelischer Oberkirchenrat
– Religionspädagogisches Institut –
Blumenstr. 1–7
76133 Karlsruhe
Ulrich.Loeffler@ekiba.de

Pfr. Jochen Maurer
Am Zipfelbach 12
71336 Waiblingen
jochen.maurer@web.de

Pfrn. Dr. Isolde Meinhard
Burgschmietstr. 12
90419 Nürnberg
isolde.meinhard@fau.de

Pfr. Arnd Morgenroth
Kirchplatz 3
98660 Themar

Prof. Dr. Jörg Neijenhuis, Pfarrer
Mombertstr. 11
69126 Heidelberg
joerg.neijenhuis@pts.uni-heidelberg.de

Pfrn. Kathrin Oxen
Leiterin des Zentrums
für evangelische Predigtkultur
Markt 4
06886 Wittenberg
kathrin.oxen@wittenberg.ekd.de

Pfr. Dr. Christian Plate
Ev. Kirchengemeinde Wolbeck
Jochen-Klepper-Str. 13
48167 Münster
Christian.Plate@ev-kirchenkreis-muenster.de

Pfrn. Simone Rasch
Auf der Heide 31
32051 Herford

Pfr. Christian Willm Rasch
Auf der Heide 31
32051 Herford

Pfrn. Dr. Friederike Rüter
Haus-Kleve-Weg 16
48155 Münster
Friederike.rueter@t-online.de

Prof. Dr. Traugott Schächtele
Prälat für den Kirchenkreis Nordbaden
Kurfürstenstraße 17
68723 Schwetzingen
traugott.schaechtele@ekiba.de

Pfr. Jürgen Schilling
Fritz-Koch-Straße 36
99817 Eisenach

Pastor Christian Schoberth
Hartwig-Hesse-Straße 28
20257 Hamburg
c.schoberth@freenet.de

Prof. Dr. theol. Helmut Schwier
Lehrstuhl für Neutestamentliche und
Praktische Theologie
Universitätsprediger
Theologisches Seminar
Kisselgasse 1
D-69117 Heidelberg
helmut.schwier@pts.uni-heidelberg.de

Pfr. Dr. Dieter Splinter
Landeskirchlicher Beauftragter für den
Prädikantendienst an der Evangelischen
Hochschule Freiburg
Buggingerstraße 38
79114 Freiburg

Pfr. Friedrich Teubner
Am Alten Gymnasium 10
16816 Neuruppin
FTFritz@aol.com

Pfr. i. R. Karlheinz Weber
Ernst-Böckel-Straße 10
99817 Eisenach
kh.web@web.de